认罪认罚从宽制度中的控辩审三方关系研究

韩东成——著

RENZUI RENFA CONGKUAN ZHIDU ZHONG DE
KONGBIANSHEN SANFANG GUANXI YANJIU

法律出版社
LAW PRESS · CHINA
北京

图书在版编目（CIP）数据

认罪认罚从宽制度中的控辩审三方关系研究 / 韩东成著. -- 北京 : 法律出版社, 2024. -- ISBN 978 -7 -5197 -9215 -2

Ⅰ. D925.218.04

中国国家版本馆 CIP 数据核字第 2024UF8394 号

认罪认罚从宽制度中的控辩审三方关系研究 **RENZUI RENFA CONGKUAN ZHIDU ZHONG DE KONGBIANSHEN SANFANG GUANXI YANJIU**	韩东成 著	策划编辑 张　珺 责任编辑 张　珺 装帧设计 汪奇峰

出版发行 法律出版社
编辑统筹 法商出版分社
责任校对 裴　黎
责任印制 胡晓雅
经　　销 新华书店

开本 710 毫米×1000 毫米　1/16
印张 16.25　　**字数** 211 千
版本 2024 年 9 月第 1 版
印次 2024 年 9 月第 1 次印刷
印刷 北京虎彩文化传播有限公司

地址:北京市丰台区莲花池西里 7 号(100073)
网址:www.lawpress.com.cn
投稿邮箱:info@lawpress.com.cn
举报盗版邮箱:jbwq@lawpress.com.cn

销售电话:010 -83938349
客服电话:010 -83938350
咨询电话:010 -63939796

书号:ISBN 978 -7 -5197 -9215 -2　　**定价**:76.00 元

凡购买本社图书,如有印装错误,我社负责退换。电话:010 -83938349

序 一

完善认罪认罚从宽制度是党的十八届四中全会作出的重大改革部署。此后，相关制度程序在试点中不断丰富完善，在及时有效惩治犯罪、加强司法人权保障、优化司法资源配置、提高诉讼效率等方面成效显著。2018年修改的《刑事诉讼法》对认罪认罚从宽制度和刑事速裁程序试点的成功经验和有益做法予以充分肯定和吸收，以法律形式巩固了司法改革成果，使认罪认罚从宽成为刑事诉讼的一项基本原则和重要制度。

认罪认罚从宽制度的确立是中国特色社会主义刑事司法制度的重大创新，是近年来我国刑事司法领域一场影响深远的历史性变革，丰富了刑事司法与犯罪治理的“中国方案”。实践证明，认罪认罚从宽制度符合我国现阶段犯罪结构变化和刑事诉讼规律，有利于更好地实现司法公正与诉讼效率的统一，是推进国家治理体系和治理能力现代化的重要举措。

韩东成是我在华东政法大学指导的一名博士生，也是一位从业多年、经历丰富的检察官。他在攻读博士学位期间勤奋好学、刻苦钻研，尤其是他聚沙成塔的学习精神给我留下了深刻的印象。他在博士就读期间就对认罪认罚从宽制度开展了深入研究,并取得了丰硕成果。本书中,他选取“控辩审三方关系”这一刑事诉讼构造的核心问题作为切入点,在我看来对于我国认罪认罚从宽制度的健全和完善能够起到“纲举目张”的作用,实现“以点带面”的功效。书中从目的论、效率论、正义论、真实论等方面多维度阐释认罪认罚从宽制度的立论基础,运用博弈论中的“零和博弈”与“纳什均衡”去解析控审关系的实然与应然状态,其研究方法与个人见解对于完善认罪认罚从宽制度,均颇具启发意义。

首先,本书从刑事诉讼构造理论出发,对控审分离、裁判中立、控辩平等诉讼基本原理以及配合制约、检察监督等具有中国特色的原则进行了准确解读和深刻剖析,并将其置于我国当代刑事诉讼模式转型背景下进行阐释,以此作为检视认罪认罚从宽制度中控辩审三方关系的理论基础,以期对现行认罪认罚从宽的制度设计与实际运行中控辩审三方关系所存在的不足有正确的认识和适当的警醒。

其次,本书对认罪认罚从宽制度在我国确立的时空背景进行了必要的梳理和介绍,包括全球范围内刑事诉讼向“第四范式”的转型,以及因应我国刑事犯罪结构变化,契合从治罪转向治罪与治理并重的司法理念更新,乃至国家治理体系和治理能力现代化的要求。作者尝试提出支撑认罪认罚从宽制度的立论基础,即作为一种纠纷解决方式回归的“目的论”、司法资源有限下现实考量的“效率论”、观察正义多重维度的“正义论”以及实体真实正义相对性条件下的合意真实的“真实论”,并在此基础上进一步解析我国认罪认罚从宽制度的建构原理或者说制度特征,其中不少观点不乏原创性与启发性。

最后,在前述理论指引与必要铺垫的基础上,书中将认罪认罚中的控辩审三方关系分为三组,即控辩关系、控审关系、审辩关系,分别进行深入剖析。为了准确而简要地把握控辩审三方关系的特征,作者为每一对关系提炼了形象又不失精准的关键词。对于控辩关系，作者认为其最大的问题是“失衡”，因此需要走向“平衡”。应当说，在我国刑事诉讼中控辩失衡并非一个新问题，但因为认罪认罚从宽制度的特殊形态，即控辩协商中产生的量刑建议对控辩双方而言有遵守义务，对审判人员而言有尊重职责，而控辩失衡既会影响量刑建议的真实性，也会影响刑事判决的公正性。因此，认罪认罚案件中的控辩失衡，较之普通刑事程序存在更为严重的风险，并将影响该项制度的健康发展。作者分析，控辩失衡的产生，既有传统诉讼观念因素，也有刑事审前程序的“固有缺陷”，更重要的是认罪认罚从宽在制度设计与实际运行中存在的“逻辑错位”。要使控辩关系走向平衡，既需要对传统诉讼观念进行现代转型，也需要对刑事审判程序存在的“结构性风险”加以“系统性防范”，并对认罪认罚从宽制度予以权利逻辑复位。

对于控审关系，作者用“零和博弈”描述一个时期以来在处理认罪认罚从宽案件中被异化了的控审关系。其中，既有诸如“余某平交通肇事案”之类的“积极冲突”，也有“你这般诉，我那般判”的消极对抗，还有实践中一直存在的有违控审分离、审判中立的“沟通过剩”。正如书中指出的，控审关系的异化既有“检察主导”与“审判中心”理念认识上的冲突，也有权责配置上可能存在的“错位”，还有审判机关对于控辩合意真实性以及检察机关量刑能力的担忧。对于这种阶段性控审关系异化现象，作者主张未来二者应该通过理念上的“双向奔赴”建立与权力重构相匹配的责任机制，保障合意的真实性与量刑能力的提升，多措并举，最终走向一种并非截然“你输我赢”的“纳什均衡”状态。

对于审辩关系，作者特别指出，有别于对抗式诉讼模式中的“审辩冲突”，在合意型诉讼模式下，紧张的审辩关系趋于缓解应为正常现象，因为辩方的意见已经蕴含在了由检察机关向法院提出的作为诉讼合意载体的量刑建议中。针对我国认罪认罚从宽制度应从控辩协商走向审辩协商的观点，作者持明确反对意见，认为从世界范围内来看，虽合意型诉讼模式中控辩协商和审辩协商兼而有之，而我国的认罪认罚从宽制度之所以最终选择了控辩协商，主要是基于我国司法制度和诉讼程序的特点，如检察机关的宪法定位、缺少预审法官等配套制度等。因此，未来审辩关系应当是“审辩协同”而非“审辩协商”，通过强化法院审查职能助力控辩失衡纠偏，以保障被告人认罪认罚的自愿性、真实性。

综上所述，作者在诉讼构造理论指导下，针对认罪认罚从宽这一新型诉讼制度中的控辩、控审和审辩关系作了比较全面和深入的研究，阐析了该制度在设计和运行中对这三组关系所产生的深刻影响和存在的问题，提出了健全完善的意见和建议，其中不乏独到见解与改革良策。当然，作者的某些观点仍存在可商榷之处，书中有的内容也需要进一步推敲。例如，书中提出认罪认罚从宽制度的立论基础为目的论、效率论、正义论、真实论，但这四论之间是一种怎样的逻辑关系，尤其是如何协调解决其中可能存在的张力，需要进一步深入思考。又如，从内容上而言，相较于控辩、控审关系，书中对于审辩关系的论述稍显薄弱，需要进一步“补强”等。但整体而言，本书将控辩审三方关系置于同一论域中，使研究更为系统、全面，在逻辑上也更能够自洽和统一。在具体行文中，作者的笔触在应然与实然、理论与实践之间穿梭，时常结合具体案例展开阐述，精彩之处，可谓鞭辟入里、要言不烦。身处司法实务一线，使作者能够“零距离”观察、深切感受三方关系脉动，挖掘“真问题”，提出“实对策”；作为“两栖”研究人员，不仅立基于批判，更是着眼于建构，使本书兼具较好的理论价值与实践意义。

认罪认罚从宽制度在我国的确立与运行经历了一条不平凡之路，当下在司法实践中运用认罪认罚从宽制度处理大量刑事案件已经成为刑事诉讼的新常态。但作为一项新生制度，认罪认罚从宽制度无论是在制度设计上抑或具体适用中仍然存在不少问题和困惑，需要进一步加强理论研究，助力制度完善。正如韩东成博士在书中所言，认罪认罚从宽制度作为一种合意型诉讼模式，在解决控辩审三方关系存在的问题时，也推动着认罪认罚从宽制度的不断完善。党的二十大提出"以中国式现代化全面推进中华民族伟大复兴"的宏伟目标，认罪认罚从宽制度应当在努力实现司法公正与诉讼效率相统一、惩罚犯罪与保障人权相统一的制度探索中，丰富发展，健全完善，以真正作为刑事司法与犯罪治理的"中国方案"，更好地满足社会的多元司法需求，更好地回应人民群众对公正司法的期盼，更好地服务于中国式现代化建设的大局。

中国政法大学教授、博士生导师

2023年8月1日

序　二

《认罪认罚从宽制度中的控辩审三方关系研究》一书是韩东成同学在其博士学位论文的基础上修改完成的著作。该书即将付梓出版，邀请我为其作序，作为合作导师之一，我很高兴。

认罪认罚从宽制度从演变、制度试点到入法确立，已然成为我国刑事诉讼的新常态。可以说，坦白从宽、宽严相济等刑事政策在我国施行已久，称为“家喻户晓”也不为过。然而，这些刑事政策主要针对犯罪嫌疑人、被告人坦白，如实交代自己的罪行后，刑罚上可以得到一定的从轻，在程序上主要体现为简易程序的适用。随着我国社会的发展，新类型犯罪如雨后春笋般出现，传统的重罪案件占比明显下降，诸如酒驾、帮信、赌博、诈骗等轻罪案件呈高位运行状态。由此，普通程序“简化审”的确立与推广、简易程序的扩大适用也成为不得不为的改革方向。与此同时，随着被害人学的兴起及恢复性司法运动的影响越来越大，结合我国传统司法的调解功能，刑事和解制度也被纳入我国刑事诉讼法律制度中。刑事司法针对实践问题的零打碎敲，在不断丰富刑事诉讼制度的同时，也在不同程度上面临理论准备不足、穷于应付实践的问题。“头疼医头、脚痛医脚”的回应性司法改革方式，既缺乏对司法制度的整合，也在一定程度上形成了“按下葫芦浮起瓢”的难题。如果在刑事司法面临大转折的早期还可以勉强应对，也能“积极”回应实践需求。但在面对百年未有之大变局，我国刑事案件数量仍呈增长态势，轻缓案件占比八成以上，控辩互动促认罪认罚已蔚然成风的背景下，对刑事司法程序进行系统性整合和提升将是构建中国式刑事司法现代化、提升刑事司法在国家治理体系和国家治理能力中的地位和作用不可忽视的重要环节。为此，党的十八届四中全会提出了“完善刑事诉讼中的认罪认罚从宽制度”的要求；2014 年 6 月，全国人大常委会授权最高人民法院、最高人民检察院在部分地区开展速裁程序试点，进一步扩大“从宽”的外延和内涵；两年后，刑事速裁改革纳入认罪认罚从宽制度试点工作中，整合的认罪认罚从宽制度改革正式进入公众视野。从 2017 年年底时任最高人民法院院长周强向第十二届全国人大常委会所作的报告来看，认罪认罚从宽制度试点工作“在落实宽严相济刑事政策，确保无罪的人不受刑事追究、有罪的人受到公正惩罚，维护当事人合法权益，促进司法公正等方面，均取得显著成效”，社会公众的满意度也较高。凭此助力，2018 年修改的《刑事诉讼法》正式确认了认罪认罚从宽制度，涉及原则规定和速裁程序适用范围和条件、适用速裁程序审理案件的具体程序规定、简易程序的完善等诸多条款。

在以审判为中心的刑事诉讼制度改革下，认罪认罚从宽制度必将深刻影响我国刑事司法未来的进程。作为“简案快办、繁案精办”的一翼，认罪认罚从宽已经是我国刑事司法最为重要的运行方式。以审判为中心的刑事诉讼制度改革是基于对我国传统的诉讼阶段论与侦查中心论的反思，是对我国线性诉讼结构的纠正，更是对控辩审三方关系的一次纠偏，这一改革理念强调法院在定罪量刑中的核心作用，强调庭审实质化,即保证庭审在查明事实、认定证据、保护诉权、公正裁判中发挥决定性作用,以此来弱化审前程序对审判程序、侦检对法院的强势影响。不过,这一改革必然要伴随认罪认罚从宽制度的普遍实现,方能缓解对当前严格公正司法、提升司法效率等方面的焦虑,为庭审实质化提供资源、时间等方面的保证。从近几年的最高人民检察院工作报告来看,检察环节适用认罪认罚从宽制度办理的刑事案件占比已稳定在80%以上,这不仅体现了认罪认罚从宽制度发挥作用的空间巨大,更为以审判为中心下的“繁案精办”提供了可能。面对当前我国犯罪结构的变化,认罪认罚从宽及其倡导下的简化诉讼程序基本适用于绝大部分案件,也事实上承担了刑事正义实现的基本方式,那么一直以来被视为刑事正义底线保障的普通程序又将如何运行?这既是对认罪认罚从宽制度作深度研究不可回避的一个问题,同时也是决定我国刑事司法未来基本面向的一个问题。

基于这一视角,韩东成博士对认罪认罚从宽制度的研究不仅在当下具有现实意义,更是对未来的“深谋远虑”。

我认为,从诉讼构造视角研究认罪认罚从宽制度是非常难得的思路,也是韩东成著作中最大的创新之处。从概念的提出、试点的推行,乃至入法与全国的推广,对认罪认罚从宽制度研究的热度一直不减,相关学术论文、学位论文从概念、理念、制度与实践等多个维度,采用比较研究、实证研究、价值分析、历史研究等多种方法进行了全方位的研究,相关成果在较短时间内汗牛充栋。即使如此,韩东成博士从诉讼结构视角进行的研究仍然具有非常大的创新价值。作为呈现控辩审三方关系的基本形式,诉讼结构在整个刑事诉讼中具有特别重要的意义,是诉讼目的、功能得以实现的组织保障。特别是在职权主义刑事诉讼模式下,由于国家权力对公民权利的普遍干预、公民权利保障依赖于国家专门机关的职权运行,理论上具有平等地位的控辩双方在实践中呈现背离,如何规制强势的职权机关,至少保证审判机关的中立公正,成为整个刑事司法体系要坚守的底线。从我国的刑事诉讼程序来看,法律监督定位下的检察机关具有相对于当事人更为强势的地位,这就对我国刑事诉讼结构的平衡提出了更大的难题。韩东成博士从当前诸多研究认罪认罚从宽制度的成果中另辟蹊径,从职权主义刑事诉讼最为关键的控辩审三方关系出发,抓住了我国刑事诉讼改革的"牛鼻子",相对于既有的部分诉讼结构研究大多只是着力于控辩、控审或诉审等个别方面,韩东成博士的研究更具系统性,也为现代诉讼结构下三方关系的纠偏提供了更为完整、全面的方案。

视角只是方向,对认罪认罚从宽制度的检视更多凭借的是诉讼规律与地方性知识的结合。现代刑事诉讼虽有职权主义、当事人主义、混合主义的不同分类,但一些基本的规律还是得到各国普遍的认可,如本书提及的控审分离、审判中立、控辩平等原则,以及以审判为中心、控辩协商等原理。但诉讼规律在具体运用时也具有地方性,需要具化为地方性知识,避免"橘生淮南则为橘,生于淮北则为枳"的现象。我国的刑事司法制度具有鲜明的中国特色,较为典型地表现为我国的检察制度以及我国刑事诉讼所处的阶段性。人民代表大会制度下的检察制度中,检察机关是《宪法》明定的法律监督机关,具有组织独立性、权力特殊性和属性多样性等特点。刑事诉讼中的检察机关与其他国家机关的关系也与西方三权分立下的关系是完全不同的,表现为在法律监督原则下的与侦查(调查)机关、审判机关的互相配合、互相制约关系;不同于英美法系较为典型的"当事人化"的检察机关,我国检察机关不是行政机关的一支,更不是当事人;不同于大陆法系中将检察机关主要作为控诉机关,我国检察机关在审前程序中承担了法官或法院的角色,负有为当事人提供救济的职责。为此,本书紧密结合了有中国特色的刑事司法地方性知识,如配合制约原则、检察监督原则和检察主导等。值得注意的是,当前世界上出现了一股“放弃审判”的潮流,并在诸多国家蔓延,也被视为刑事诉讼“第四范式”的主要内容。无论是从依法治国方略的提出与实施,还是从刑事诉讼的现代化进程来看,作为后发的中国刑事诉讼制度显然处于“第三范式”,程序制度的正当化、现代化仍然没有完成。但“第四范式”的趋势已然强势来袭,结合这一背景与趋势,本书将目的论、效率论、正义论、真实论等诸学理综合作为认罪认罚从宽制度构建完善的理论基础,实现了诉讼规律与中国地方性知识的结合,具有对接学术、对接决策与对接实务的“三栖”氛围,着实不易。

在具体观点上,本书的创新之处可圈可点。对于控辩关系,书中明确提出,要在结构上实现从失衡走向平衡,除了诉讼模式上的对抗向合意的转型,凸显协商逻辑的作用外,还应兼顾职权性逻辑的关照和保障功能。对于控审关系,作者明确强调,要从“零和博弈”走向“纳什均衡”,法检应相互成全,在责任机制、案例制度、量刑规范化等方面不断着力。对于审辩关系,作者明确主张,职权主义下的法院应当坚持适当的能动性,以协同理念保障其中立性与客观性。难能可贵的是,韩东成博士作为一名长期从事检察理论研究工作的检察官,并未局限于检察话术之下,而是跳出检察语境,从更为客观、中立的立场对控辩审的关系进行检视、评析,体现出了一名学者应有的研究定力与学术视野。

韩东成在十多年前是我的硕士生,酷爱读书、勤于写作,我对他的印象深刻,他的三年博士学习生涯也是如此,未来自应持之以恒。硕士毕业后,他先后在上海市静安区人民检察院、上海市人民检察院第三分院工作,反贪与法律政策研究等部门都留下了他认真、勤奋、实干的身影。他所在单位的领导及校友们多次向我表达对他的赞美,我自是欣然。近些年,我国检察改革的力度、广度、深度可谓前所未有,检察机关对高层次人才的需求更显紧迫。他对此也深有感悟,故在从事繁重的检察实务工作之余,决定继续攻读检察学方向的博士学位,刻苦深造,足见他对检察事业的热爱。可以说,他三年的博士生学习期间,也正是我国深化司法体制综合配套改革不断推进的时期,作为单位负责法律政策研究的一位部门领导,他平日除了出色完成繁重的检察实务工作外,还要在专业理论学习、社科知识拓展和学术思想的积累沉淀上下功夫。本书的出版是对他这三年读博的最好纪念,更为他未来的学术之路点亮了明灯。

是为序。

叶青

华东政法大学校长、教授、博士生导师

2023 年 6 月 24 日于华政园

目　录

导　论

一、研究背景

认罪认罚从宽制度，是指在刑事诉讼中，被追诉人如果自愿认罪并接受处罚，可以从宽处理或者简化某些程序或环节，由司法机关快速处理，以有效惩治犯罪，提高诉讼效率，节约司法资源，实现案结事了，助力国家治理能力现代化的一项制度。[①] 认罪认罚从宽的程序主要包括被追诉人真实自愿认罪认罚，签署具结书，值班律师提供法律帮助，检察机关一般提出确定的量刑建议，法院一般采纳量刑建议等。试点并确立具有中国特色的认罪认罚从宽制度，是贯彻党的十八届四中全会相关改革部署的重大举措，是将宽严相济刑事政策具体化、制度化的有力探索，对完善刑事诉讼制度、优化司法资源配置、依法及时有效惩罚犯罪、从单纯治罪转向治罪与治理并重、促进社会消极因素转化、强化人权保障等均具有重要意义。认罪认罚从宽制度立足我国的司法实践，因应现阶段刑事犯罪结构的时代变化，契合刑事诉讼制度现代化的发展规律，具有鲜明的理论创新性和广泛的实践适用性，丰富了刑事司法和犯罪治理现代化的“中国方案”。[②] 该项制度的确立对我国刑事诉讼的理念、诉讼机制、诉讼结构以及诉讼模式等均产生了重大影响，同时也深化了我国法学理论和刑事司

---

① 参见童建明、万春主编：《〈人民检察院刑事诉讼规则〉理解与适用》，中国检察出版社2020年版，第14页。

② 参见卞建林、钱程：《关注诉讼制度改革实施　健全刑事程序法治体系》，载《检察日报》2022年1月5日，第3版；卞建林：《深化刑事司法改革提供更优法治产品》，载《检察日报》2022年10月10日，第3版。

法的实践探索。自认罪认罚从宽制度全面实施以来，实现了从无到有、从不断完善到日臻成熟的巨大发展。[①] 当前，认罪认罚从宽已经成为我国刑事诉讼的新常态。[②]

认罪认罚从宽制度的确立和实施在很大程度上改变了我国刑事诉讼的格局和运行方式。一段时间以来，认罪认罚从宽制度可谓刑事诉讼研究领域一个绕不开的话题，相关理论研究成果也一度呈爆发式增长态势。其中，既有相关基础理论研究[③]，也有具体应用问题分析[④]；既有刑事程序法视角的观察[⑤]，也有刑事实体法乃至刑事一体化视角的思考[⑥]；既有对于"第四范式""公力合作模式""协同型司法"等诉讼模式的讨论[⑦]，也有

---

① 参见卞建林：《深化刑事司法改革提供更优法治产品》，载《检察日报》2022 年 10 月 10 日，第 3 版。

② 参见陈国庆：《新时代中国刑事司法改革取得历史性进展》，载《检察日报》2022 年 10 月 10 日，第 3 版。

③ 参见陈卫东：《认罪认罚从宽制度研究》，载《中国法学》2016 年第 2 期；朱孝清：《认罪认罚从宽制度的几个问题》，载《法治研究》2016 年第 5 期；孙长永：《认罪认罚从宽制度的基本内涵》，载《中国法学》2019 年第 3 期；赵恒：《"认罪认罚从宽"内涵再辨析》，载《法学评论》2019 年第 4 期；等等。

④ 参见陈光中、马康：《认罪认罚从宽制度若干重要问题探讨》，载《法学》2016 年第 8 期；万毅：《认罪认罚从宽程序解释和适用中的若干问题》，载《中国刑事法杂志》2019 年第 3 期；孙长永：《认罪认罚从宽制度实施中的五个矛盾及其化解》，载《政治与法律》2021 年第 1 期；叶青、韩东成：《轻罪刑事政策下认罪认罚从宽制度的司法适用程序若干问题研究》，载《中国刑事法杂志》2020 年第 5 期；等等。

⑤ 参见王戬：《认罪认罚从宽的程序性推进》，载《华东政法大学学报》2017 年第 4 期；陈国庆：《认罪认罚从宽制度若干程序问题探析》，载《人民检察》2017 年第 23 期；陈海锋：《认罪认罚从宽制度中的程序性问题探析》，载《政治与法律》2018 年第 4 期；等等。

⑥ 参见黄京平：《认罪认罚从宽制度的若干实体法问题》，载《中国法学》2017 年第 5 期；周光权：《论刑法与认罪认罚从宽制度的衔接》，载《清华法学》2019 年第 3 期；何群、储槐植：《认罪认罚从宽制度的实体法解读：从刑事一体化的视角》，载《中南民族大学学报（人文社会科学版）》2018 年第 6 期；陈实：《论认罪认罚案件量刑从宽的刑事一体化实现》，载《法学家》2021 年第 5 期；等等。

⑦ 参见熊秋红：《比较法视野下的认罪认罚从宽制度——兼论刑事诉讼"第四范式"》，载《比较法研究》2019 年第 5 期；陈瑞华：《刑事诉讼的公力合作模式——量刑协商制度在中国的兴起》，载《法学论坛》2019 年第 4 期；闫召华：《听取意见式司法的理性建构——以认罪认罚从宽制度为中心》，载《法制与社会发展》2019 年第 4 期；张建伟：《协同型司法：认罪认罚从宽制度的诉讼类型分析》，载《环球法律评论》2020 年第 2 期；王新清：《合意式刑事诉讼论》，载《法学研究》2020 年第 6 期；等等。

对于证明标准、量刑建议、值班律师、被追诉人的后悔权等制度“零部件”的研究[①]，还有对“重罪案件”“职务犯罪案件”“共同犯罪案件”等制度适用的场景化分析[②]。但正如有学者所言，试点伊始，各方便开始对认罪认罚从宽制度进行密集研究，成果不可谓不多，但至今围绕该项制度的争议仍有不少，制度本身的内涵也处于不断演变之中。[③] 易言之，对于认罪认罚从宽制度相关问题的研究仍具有一定的理论意义和实践价值。

2020年下半年，全国人大常委会听取了最高人民检察院《关于人民检察院适用认罪认罚从宽制度情况的报告》。针对委员和列席代表的审议意见，结合专项报告内容，最高人民检察院于2020年12月1日印发了《关于认真学习贯彻十三届全国人大常委会第二十二次会议对〈最高人民检察院关于人民检察院适用认罪认罚从宽制度情况的报告〉的审议意见的通知》（以下简称《贯彻审议意见》），从10个方面提出了28条具体工作要求。例如，在适用率上要求各级检察机关树立正确的工作目标和业绩导向，既要依法适用应用尽用，又要关注办案质效提升，防止对于适用率的片面追求；又如，在保障当事人权益上要加强对于自愿性、合法性的审查，保障被追诉人及时获得有效的法律帮助；再如，与律师沟通协商过程中，律师意见要每案必听，听时必须记录，听后必有反馈，避免办案人员“一锤定音”“我说了算”；等等。[④] 这些意见和要求，直指认罪认罚从宽

---

① 参见孙长永：《认罪认罚案件的证明标准》，载《法学研究》2018年第1期；卞建林、陶加培：《认罪认罚从宽制度中的量刑建议》，载《国家检察官学院学报》2020年第1期；姚莉：《认罪认罚程序中值班律师的角色与功能》，载《法商研究》2017年第6期；马明亮、张宏宇：《认罪认罚从宽制度中被追诉人反悔问题研究》，载《中国人民公安大学学报（社会科学版）》2018年第4期；等等。

② 参见詹建红：《认罪认罚从宽制度在职务犯罪案件中的适用困境及其化解》，载《四川大学学报（哲学社会科学版）》2019年第2期；汪海燕：《重罪案件适用认罪认罚从宽程序问题研究》，载《中外法学》2020年第5期；汪海燕：《共同犯罪案件认罪认罚从宽程序问题研究》，载《法学》2021年第8期；等等。

③ 参见施鹏鹏：《认罪认罚从宽的类型化与制度体系的再梳理》，载《比较法研究》2021年第5期。

④ 参见《关于认真学习贯彻十三届全国人大常委会第二十二次会议对〈最高人民检察院关于人民检察院适用认罪认罚从宽制度情况的报告〉的审议意见的通知》，载《检察日报》2020年12月11日，第3版。

制度适用过程中存在的现实问题，也是该项制度发展和适用中迫切需要改进之处。换言之，在理论研究的有力推动下，认罪认罚从宽制度在从无到有、从试点探索到立法确立且已取得一定成效的同时，仍存在如何在常态下进一步提升办案质效等一系列现实难题。[①]

认罪认罚从宽制度的理论争议、实践问题集中反映在控辩审三方关系中，如果说控辩关系决定着认罪认罚从宽制度审前阶段的基本样态，那么控审关系则决定着认罪认罚从宽制度在审判阶段的具体呈现。例如，有学者对“一般应当采纳”条款表示质疑，认为其是一种“立法失误”[②]，更有学者提出该条款应从刑事诉讼立法中直接删除[③]，理由就在于他们认为该条款有违控审分离原则。又如，对于认罪认罚案件量刑建议的形成，学者总结出了“听取意见式”“闭门造车式”“确认核准式”等多种“范式”[④]，这其中隐藏着控辩失衡的风险。再如，司法实践中存在的控方前端与辩方的沟通“绕开”、沟通“失格”等“沟通不足”问题，后端又有与法院“一案一沟通”“检法协同”等沟通过剩问题[⑤]，背后反映出的是综合因素作用下有违控辩平等、控审分离、审判中立等基本原则的异化的控辩审三方关系。

控辩审三方关系是刑事诉讼构造中的核心内容。所谓刑事诉讼构造，是指刑事诉讼立法所确立的进行刑事诉讼的基本方式及控辩审三方在刑事诉讼中形成的法律关系的基本格局。正如有些学者指出的，认罪

---

① 参见徐日丹：《认罪认罚从宽，减少对立增进和谐》，载《检察日报》2022年2月10日，第1版。

② 参见孙远：《“一般应当采纳”条款的立法失误及解释论应对》，载《法学杂志》2020年第6期。

③ 参见魏晓娜：《冲突与融合：认罪认罚从宽制度的本土化》，载《中外法学》2020年第5期。

④ 参见闫召华：《听取意见式司法的理性建构——以认罪认罚从宽制度为中心》，载《法制与社会发展》2019年第4期；曾亚：《认罪认罚从宽制度中的控辩平衡问题研究》，载《中国刑事法杂志》2018年第3期；吴思远：《我国控辩协商模式的困境及转型——由“确认核准模式”转向“商谈审查模式”》，载《中国刑事法杂志》2020年第1期。

⑤ 参见叶青：《程序正义视角下认罪认罚从宽制度中的检察机关沟通之维》，载《政治与法律》2021年第12期。

认罚从宽制度的确立是我国刑事诉讼制度进一步现代化、高效化的重要标志[①]，是我国刑事司法制度的一场深层次“革命”，其不仅推动了刑事司法理念的更新，还将引发诉讼结构、控诉方式、辩护方式、审理模式和方法等刑事司法制度的变革。[②] 从此种意义上而言，研究认罪认罚从宽制度适用中的控辩审三方关系，不仅是单纯讨论控辩审三方的法律关系和地位作用，更是具有助推认罪认罚从宽制度发展完善，乃至助益诉讼模式成功转型的深层价值。

综上所述，认罪认罚从宽制度已经成为我国刑事诉讼的新常态，但认罪认罚从宽制度在理论上和实践中仍然存在一些问题。认罪认罚从宽制度的理论争议、实践问题会集中反映在作为刑事诉讼构造核心的控辩审三方关系中。因此，研究认罪认罚从宽制度中的控辩审三方关系无疑具有以点带面、纲举目张的作用。

二、研究现状

当前对于认罪认罚从宽制度的研究，更多的是围绕制度本体论展开的，呈现出基础理论与制度构造并进的态势。在基础理论方面，研究人员从一开始对何谓“认罪”“认罚”“从宽”，其究竟是一项程序制度还是程序与实体兼备的制度，是一项新制度还是仅为对原有制度的重新整合，其与域外一些类似制度如辩诉交易、认罪协商等的异同，及至后来对于制度所追求的效率价值的反思，遵循的是协商性逻辑还是职权逻辑，定位是权利本位还是权力本位，诉讼模式究竟是公力合作模式、第四范式、听取意见式、协同型、合意型、契约模式抑或家长模式等展开了深入研究。其间，检察主导也一度成为讨论热点，与之相伴的是其与以审判为中心的模式的冲突与调和等。

---

① 参见陈光中、肖沛权：《刑事诉讼法修正草案：完善刑事诉讼制度的新成就和新期待》，载《中国刑事法杂志》2018 年第 3 期。

② 参见樊崇义：《我国当代刑事诉讼模式的转型图景》，载《检察日报》2019 年 12 月 25 日，第 3 版。

在相关理论研究渐进过程中,制度轮廓也逐渐清晰。以2018年《刑事诉讼法》的修改为标志,认罪认罚从宽制度的发展可以分为前、后两个阶段。前一个阶段讨论较多的是关于认罪认罚从宽制度究竟在哪些诉讼阶段、对于哪些案件可以适用,认罪认罚案件的证明标准有无变化,值班律师的法律定位,以及被追诉人的反悔、上诉权等问题。随着《刑事诉讼法》的修改,以及后续相关司法解释的颁行,在后一个阶段上述问题大都得以明确,但在实际运行中仍存在一些问题。其中一些问题系由于对法律条款的不同理解而产生,如前述对于"一般应当采纳"条款的争议;另一些问题虽然在司法解释中已有规定,如有关值班律师制度等,但如何确保其发挥应有作用也需要进一步探讨;还有一些问题在相关立法中仅有概括性规定,如何真正落实到位,可能需要在进一步探索的基础上加以完善,如对于被追诉人认罪认罚自愿性、真实性的保障等。

相较于认罪认罚从宽制度本身的研究,将其中的控辩审三方关系置于同一论域中的专题研究堪称有限。笔者认为,之所以会出现这样的情况,原因或在于:一是如前所述,认罪认罚从宽制度是一种刑事诉讼模式的转型,而刑事诉讼模式实为控辩审三方的法律地位及相互关系,所以在讨论制度本体论时或多或少会论及控辩、控审关系,但未对其进行专题论述;二是可能存在研究价值有限的判断,即有些学者认为,无论如何开展研究,刑事诉讼中的控辩审三方关系恐怕很难超出控审分离、审判中立、控辩平等基本原则。

对于控辩关系,现有研究的一个基本论调是当前控辩关系存在失衡现象,需要从失衡走向平衡。对此,笔者也深表赞同。如有学者从协商性司法存在的信息不对称、资源不对等的固有缺陷出发,对我国认罪认罚从宽制度中缺乏有效辩护、特有的侦讯羁押制度以及控审配合等因素导致我国的控辩失衡现象凸显展开研究。① 也有学者深刻指出,我国传统的

---

① 参见龙宗智:《完善认罪认罚从宽制度的关键是控辩平衡》,载《环球法律评论》2020年第2期。

控辩关系为职权主义原则所塑造、为控辩平等原则所缓冲，认罪认罚从宽制度作为一个“子系统”，其对于控辩平等的强调，难免会与以职权主义为底色的我国传统刑事诉讼“母系统”产生排异，导致控辩关系有时会发生形变。①

对于控审关系，关键词集中于“冲突与协调”“调和与交融”等，冲突主要表现为求刑权与量刑权的权力之争、公正与效率的价值之争以及检察主导与以审判为中心的地位之争。② 在解决的方式上，有学者提出可以对“一般应当采纳”条款进行合宪性限缩③；有学者建议通过保持检察权的谦抑性，用控审之间的对话与说理加以调和④；还有学者提出有必要将认罪认罚从宽制度进一步本土化，使之从“案件处理机制”转型为“案件查明机制”。⑤ 此外，还有学者指出认罪认罚从宽制度是“中国版的检察官司法”，存在权力异化的风险⑥，需要继续推进以审判为中心的刑事诉讼制度改革。⑦

截至目前，对于认罪认罚从宽制度中审辩关系的讨论仍极为有限。此前，对于审辩关系的讨论更多聚焦在异化的审辩冲突上。⑧ 认罪认罚

---

① 参见魏晓娜：《认罪认罚从宽制度中的诉辩关系》，载《中国刑事法杂志》2021 年第 6 期。

② 参见闵丰锦：《检察主导抑或审判中心：认罪认罚从宽制度中的权力冲突与交融》，载《法学家》2020 年第 5 期。

③ 参见陈明辉：《认罪认罚从宽制度中法检权力的冲突与协调》，载《法学》2021 年第 11 期。

④ 参见韩轶：《认罪认罚案件中的控审冲突及其调和》，载《法商研究》2021 年第 2 期。

⑤ 参见魏晓娜：《冲突与融合：认罪认罚从宽制度的本土化》，载《中外法学》2020 年第 5 期。

⑥ 参见孙长永：《中国检察官司法的特点和风险——基于认罪认罚从宽制度的观察与思考》，载《法学评论》2022 年第 4 期。

⑦ 参见龙宗智：《认罪认罚案件如何实现“以审判为中心”》，载《中国应用法学》2022 年第 4 期。

⑧ 参见王彪：《刑事诉讼中的“辩审冲突”现象研究》，载《中国刑事法杂志》2015 年第 6 期；李章仙：《刑事审辩关系：模式的异化与回归》，载《学术交流》2017 年第 4 期；亢晶晶：《说服与判断：审辩关系的异化及回归——以“商谈理论”为视角》，载《河南大学学报（社会科学版）》2017 年第 3 期；琚明亮：《刑事法官诉讼角色的再考察——以审辩冲突为中心》，载《北方法学》2020 年第 5 期；曹刚果：《刑事审辩关系异化问题研究——以审辩冲突为考察对象》，湘潭大学 2019 年博士学位论文；等等。

从宽制度确立以后，有学者指出，我国的认罪认罚从宽制度应从“控辩协商”走向“审辩协商”。易言之，审辩之间应该是协商关系。其主要理由在于，控辩协商与我国职权主义、实质真实的司法传统不符，我国的刑事司法环境也难以支撑制度运行，控辩双方动力不足，以及控辩双方实力悬殊，难有协商的空间。相对而言，审辩协商能够更加客观中立，实现协商正义。[①] 是否如此，本书将专章讨论。

应当说，上述对于控辩、控审、审辩关系的论说不乏深刻，其中指出的问题、提出的对策和建议也颇具启发意义，尤其是关于认罪认罚从宽制度本体论的基础性研究为本书的撰写起到了很好的指导意义，提供了巨大的参考价值。但就认罪认罚从宽制度中的控辩审三方关系而言，现有的研究成果可能还存在以下不足之处。

首先，将认罪认罚从宽制度中控辩审三方关系置于同一论域中的专题研究几近缺失，这也是本书选题的重要价值考量。将控辩、控审、审辩关系置于不同论域中进行讨论或许更易聚焦，但也可能会因基于不同的理论、论据以及出发点而得出不同的结论，提出的对策和建议也可能存在一定的矛盾。将控辩审三方关系置于同一论域中进行系统研究，能够保持理论上的融贯性、对策建议上的协调性，起到事半功倍的效果。可以依循统一的内在逻辑、基本原理、价值体系等，从不同侧面但又各有侧重地深入分析、系统论证，进而提出法秩序统一原则下的完备建构意见。

其次，现有理论缺少系统地对认罪认罚从宽制度中控辩审三方关系包括其正当性根基挖掘在内的纵深研究。当前不乏对刑事诉讼模式的研究成果，也有一些对控辩、控审、审辩关系的讨论，但将二者有机结合的专门论述较少。易言之，对于刑事诉讼模式转型的研究与对于认罪认罚从宽制度中控辩审三方关系的研究之间或存在一定隔阂，未能有效打通。

---

① 参见蔡元培：《从控辩协商走向辩审协商：我国认罪协商制度之反思》，载《大连理工大学学报（社会科学版）》2019 年第 2 期。

虽然刑事诉讼基本原则从根本上指引和校正着认罪认罚从宽制度中的控辩审三方关系,但目前相关研究依然缺失。此外,现有研究在一定程度上缺少对于认罪认罚从宽制度正当性根基的深度挖掘,使有些立论缺少正当性支撑或存在模糊性认识。比如,如果依然坚持刑事诉讼的目的仅为查明犯罪事实、严厉打击犯罪,而非从纠纷解决、社会治理的角度考虑,或许就很难理解费尽周折另行设置认罪认罚从宽制度的价值和意义;如果不是从实体真实的相对性角度出发,而是依然坚持一种"上帝视角"下的"抽象的实体正义"观点,或许就会认为"检察主导"是对于"审判中心"的背离;等等。

最后,现有相关理论研究成果中有的观点可能稍显激进,有的观点可能仍存商榷之处,有的领域至今仍少有触及,接续开展相关研究并非简单"无发展地增长"的"内卷化",而是能够产生一定学术增量的。既然认罪认罚从宽制度已经在立法中确立,接下来要做的就是探究如何更好地贯彻实施而非任意无视、曲解,甚至是弃置删除。有学者参照域外审辩协商范例,认为我国的认罪认罚从宽制度也应该从"控辩协商"走向"审辩协商"。试想,如果法官提前参与进来,就完全没有问题了吗?还有学者在分析论证现阶段检法冲突是一种"短期排异现象"之后,指出控审常态化"合作"才是必然发展。[①] 如果这样,那么可能就真的无法回答"如果控审都合作了,辩方该怎么办"的灵魂拷问了。例如,此前对于以审判为中心、庭审实质化的讨论,更多的是从认罪与否的角度加以区分,整体上是将重心放在不认罪案件上。但如果将"焦距"再拉近一些,可以发现,即便是认罪认罚案件,仍可以以提出的量刑建议是确定刑抑或幅度刑作进一步区分。整体而言,法官审查的重心应放在提出幅度刑量刑建议的案件上,如此或许才能够为该项制度中存在的诸多颇为关键的争议问题提供一个恰适的解决思路。

---

① 参见王迎龙:《认罪认罚从宽制度中的控审构造》,载《中国刑事法杂志》2021年第6期。

三、研究思路

行文至此,或许可以简单总结一下本书的研究思路。

总体而言,认罪认罚从宽制度虽然已建构起了“四梁八柱”,但实践中仍存有不少的争议问题,即便有的问题已经在相关立法、司法解释中有所规定,但仍存在不少的讨论空间,有的需要“精装修”“打补丁”,有的则可能需要未来修改法律进一步完善。上述问题也会投射到控辩审三方关系中。一定程度上,对于控辩审三方关系的研究对认罪认罚从宽制度的完善能够起到“以点带面”“四两拨千斤”的作用。

首先,为了增强对认罪认罚从宽制度中控辩审三方关系研究的理论深度和系统完备性,本书拟从集中反映控辩审三方的法律地位及其相互关系的刑事诉讼构造出发,将控辩审三方关系置于刑事诉讼构造的纵深之中,从中汲取理论营养,使相关论证具有扎实的理论支撑,也为本书研究的展开作必要的理论铺垫。另外,刑事诉讼原则作为刑事诉讼具体制度、规则、程序的基础和依据,对于刑事诉讼具有指导和规范作用,其中自然包括控辩审三方关系。有些属于公理性原则,如控审分离原则、审判中立原则、控辩平等原则等,有些则属于我国刑事诉讼中的政策性原则,如配合制约原则、检察监督原则等。这些刑事诉讼原则不仅形塑普通刑事程序中的控辩审三方关系,对于认罪认罚从宽制度中的控辩审三方关系也起到了指引和纠偏作用。

其次,如果说刑事诉讼构造理论为本书的研究作了纵深维度的理论铺垫,那么刑事诉讼范式的转型则是本书展开研究必须要描摹的时代图景。因为我国的认罪认罚从宽制度是在世界范围内刑事诉讼从“第一范式”向“第四范式”的转型过程中产生的,而推动刑事诉讼范式转型的正是其背后的诉讼理念、诉讼价值等。为此,有必要进一步探讨推动和支撑认罪认罚从宽制度得以确立的诉讼价值观的变化。作为一种合意型司法,认罪认罚从宽制度反映的是构建和谐社会与提升大国治理能力背景下诉讼目的的潜在变化，新时期对于诉讼效率的追求，对于实体真实相对性认识的加深以及正义内涵的不断丰富等。此外，作为一项中国特色的“控辩协商”制度，认罪认罚从宽制度中的控辩审三方关系可能还与如何辩证看待、妥善处理以审判为中心与“检察主导”有密切关系。

再次，在厚植理论铺垫、厘清时空背景的基础上，对认罪认罚从宽制度中的控辩审三方关系从控辩、控审、审辩三个不同维度展开深入讨论，提炼出最能反映当前三对关系特征的关键词，在此基础上提出改进的对策和建议。控辩关系中存在的最大问题是“失衡”，需要走向“平衡”。控审关系一个时期以来存在“零和博弈”的问题，最终二者应该走向并非截然“你输我赢”的“纳什均衡”状态。认罪认罚从宽制度中的审辩关系呈退隐之势，是制度构造使然，实属正常。我国认罪认罚从宽制度设计成为控辩协商而非审辩协商是一种利弊取舍之后基于现实的考量。鉴于认罪认罚案件中非自愿性风险的存在，审辩关系应走向协同，通过强化法院职能助力控辩失衡纠偏，有效保障被追诉人认罪认罚的自愿性、真实性。

最后，在写作方法上，笔者拟采用一种往返于应然与实然、理论与实践之间的方式，结合具体案例展开。同时，从一名检察实务人员的视角辩证地看待理论研究中的相关问题，尽量跳脱“身份标签”，以一种“客观公正”的态度理性审视司法实践中出现的异常现象，运用理论知识加以分析、寻求指引，以期对问题的解决、机制的完善提供助益。诚如有学者所说，学术研究的理想境界或需具备“三栖”能力：一是对接学术，以保持理论的高度与学术的深度；二是对接决策层，为决策提供理论支撑或专业意见；三是对接实务，引导实践并促使实践中的各种弊端与缺憾的革除。① 笔者深知，对于上述“三栖”，己身实难居一端，但身处司法实践一线，或有“对接实务”之便，对于实务中的利弊得失或许更能够“感同身受”。唯望能够借助理论知识的理性力量，发现实践中的“真问题”，找到解决问题的“真办法”，这也是写作本书的最大初衷。

---

① 参见宋英辉主编：《刑事诉讼原理》，法律出版社2003年版，第5页。

第一章

刑事诉讼构造与刑事诉讼原则

刑事诉讼构造是研究控辩审三方关系的理论原点。刑事诉讼程序是一个以价值为内涵、结构为支撑，且具有本体终极目标的有机统一系统。如果说刑事诉讼价值论旨在衡平解决控制犯罪与保障人权之间的紧张关系，那么刑事诉讼构造则是在一定的诉讼价值观指引下衡平解决控诉、辩护、裁判三方关系的理论架构。[①] 刑事诉讼程序功能能否充分发挥，在一定程度上取决于其中的控辩审三方关系的建构是否科学合理以及三方的职能能否得以有效实现。因此，研究作为刑事诉讼程序类型之一的认罪认罚从宽制度中的控辩审三方关系，理应从最基本的刑事诉讼构造出发，方能发掘其最深层的理论基点。

刑事诉讼原则是研究控辩审三方关系的指针。刑事诉讼原则反映的是刑事诉讼的目的和理念，也是该领域立法、司法过程中应当遵循的基本指引，在相关制度、规则、程序等的建构过程中起到指导和规范作用。其中，必然也关涉作为刑事诉讼构造核心的控辩审三方关系。刑事诉讼原则作为刑事诉讼机制的内在规律和特质的反映，有的属于公理性原则，如控审分离原则、审判中立原则、控辩平等原则等；有的则属于我国刑事诉讼中的政策性原则，如配合制约原则、检察监督原则等。上述刑事诉讼原则不仅形塑普通刑事程序中的控辩审三方关系，而且对于认罪认罚从宽

---

① 参见宋英辉主编：《刑事诉讼原理》，法律出版社 2003 年版，第 222 页。

制度中的控辩审三方关系也起着指引和纠偏作用。

第一节　刑事诉讼构造概述

刑事诉讼构造理论源于西方,20 世纪 80 年代引入中国后,一时成为刑事诉讼法学界关注的热点,并在此基础上构建起我国的刑事诉讼构造理论。刑事诉讼构造是刑事诉讼法学的一个基本理论范畴。刑事诉讼构造,由一定的诉讼价值观所决定,同时又以符合诉讼规律的理念与原则为指导。[①] 如果说后文即将讨论的刑事诉讼原则是控辩审三方关系的指针,对控辩审三方关系起着指引和纠偏作用,那么刑事诉讼构造几乎可以说就是控辩审三方关系本身,是研究控辩审三方关系的理论原点。

一、刑事诉讼构造的概念

构造是指一个事物内部各种构成要素之间具有规律性的相互关系。刑事诉讼构造是指由一定的诉讼价值指引并由一定诉讼目的决定,同时受到诉讼程序、证据规则等基本诉讼方式制约的控辩审三方法律地位及相互关系。[②] 刑事诉讼构造也被称为刑事诉讼结构或刑事诉讼模式。要完全准确实现设想中的刑事诉讼目的,就必须设计出与之相匹配的刑事诉讼构造。刑事诉讼目的与刑事诉讼构造具有内在一致性,二者共同受制于一个时期内占据主导地位的刑事诉讼价值观。[③] 构造决定功能,功能形塑构造。刑事诉讼构造是实现刑事诉讼目的的手段和方式。刑事诉讼目的设定要以刑事诉讼构造所能实现的功能为基础和前提。

就其本质而言,刑事诉讼构造是社会控制方式问题,也就是当国家权

① 参见宋英辉:《建构我国刑事诉讼合理构造的理念与原则》,载《政法论坛》2004 年第 3 期。

② 参见李心鉴:《刑事诉讼构造论》,中国政法大学出版社 1992 年版,第 7 页。

③ 参见宋英辉主编:《刑事诉讼原理》,法律出版社 2003 年版,第 223 页。

力与个人权利发生激烈冲突时国家权力以怎样的方式待之，国家权力行使边界以及个人权利保护的底线在哪里的问题。刑事诉讼构造又可以根据不同的标准进行划分。例如，以刑事程序所追求和实现的价值划分，可以将刑事诉讼构造分为旨在发现案件实体真实、抑制犯罪的实体真实模式，也称犯罪控制模式，以及旨在维护程序正当、保障人权的正当程序模式；又如，以刑事程序的主要功能划分，又可以将其分为赋予国家专门机关及其工作人员充分权力使其在诉讼中始终居于支配地位的权力行使型和与之相反的权力抑制型；再如，以司法工作人员之间的权力行使方式划分，还可以将其分为权力集中行使、政策统一实施、上位者与下位者权力层次分明不可逾越限制乃至排斥自由裁量权的阶层模式或科层模式，以及权力分散行使、政策处断多样、上下位者之间无严格和明确的权力划分、不因权力等级而丧失独立性、具有相当大自由裁量权的同为模式或协作模式。此外，以刑事诉讼表现形态为划分标准，还可以将其分为以拥有平等权利、对等机会的当事人争讼推动程序进程的对抗式，以及当事人权利机会不平等、法官职权干预的非对抗式；以刑事程序所体现的伦理精神、文化观念划分，又可以将其分为以爱为基础的国家与个人之间和谐的家庭模式，以及国家与个人对立的争斗模式等。① 虽然“没有哪个模式的提出是对应现实或代表理想状态，从而完全排斥另一个模式”，只是一种“试图抽象出在刑事诉讼程序的运作中争夺优先性”的价值体系而作出的努力，②但上述对于刑事诉讼模式的研究和概括，无疑给人们从不同视角观察刑事诉讼、全面了解各种刑事程序的特点提供了“便捷通道”。

一段时期以来，我国学者对于刑事诉讼构造的研究更多集中在刑事诉讼的横向构造和刑事诉讼的纵向构造上。刑事诉讼的横向构造是指控辩审三方在刑事诉讼程序的各主要阶段中的法律关系格局；刑事诉讼的

---

① 参见宋英辉主编：《刑事诉讼原理》，法律出版社2003年版，第223～224页。

② 参见[美]赫伯特·L. 帕克：《刑事诉讼的两种模式》，梁根林译，载[美]虞平、郭志媛编译：《争鸣与思辨：刑事诉讼模式经典论文选译》，北京大学出版社2013年版，第6页。

纵向构造则是指控辩审三方在整个刑事诉讼程序中的法律地位和相互关系。[①] 刑事诉讼构造有静态和动态两个维度。横向构造着眼于控辩审三方主体在各程序横断面上的静态关系，由此，刑事诉讼横向构造最为理想的状态就是控审分离、审判中立、控辩平等的等腰三角形关系[②]；而刑事诉讼的纵向构造则着眼于控辩审三方主体在刑事诉讼全流程中的动态关系，有审判中心主义、侦查中心主义乃至起诉中心主义等的分野。[③]

二、刑事诉讼构造的构成要素

刑事诉讼是一个由各刑事诉讼主体的诉讼活动不断向前推进的程序化活动。各刑事诉讼主体又因与案件事实的关系不同而分处追诉者、被追诉者和裁判者地位。与之相对，刑事诉讼构造也由控诉权、辩护权、裁判权三方主体要素构成，分别承担控诉、辩护、裁判的诉讼职能。

（一）控诉权主体

广义上的控诉包括起诉的准备和实施两个阶段，前者主要是在侦查阶段进行，目的是查明案情和收集相关证据，为起诉准备充分条件；后者主要是由提起诉讼、支持起诉等环节构成，目的是提出指控，并使相关内容得到审判机关的最终确认。起诉的准备和实施两个阶段的活动主体共同构成了控诉权主体。

现代刑事诉讼话语中的控诉权主体一般是指警察和检察官，根据一国法律规定的不同可能还包括该国法律授权的其他公权力机关。例如，英国的控诉权主体主要是警察和检察官，此外还包括一些分散于不同政

---

① 参见陈少林、顾伟：《刑事诉讼构造之二重形式论》，载《法学评论》2008 年第 5 期。

② 当然，在笔者看来，伴随认罪认罚从宽制度的确立，控辩间由对抗转向合意，等腰三角形的底边或许正在缩短。也有学者将认罪认罚从宽制度中的横向构造称为“类二元”审判结构，审判之于控辩合一是一种审查确认关系。参见王迎龙：《认罪认罚从宽制度中的控审构造》，载《中国刑事法杂志》2021 年第 6 期。

③ 参见谢佑平、江涌：《从治罪到维权：我国刑事诉讼构造之重构》，载《江海学刊》2007 年第 3 期。

府部门的侦查机构,检察官主要负责起诉。在美国主要也是由侦查机关和检察官承担控诉职能,但与英国不同的是,美国的侦查机关分为联邦、州、地方三类,检察机关分为联邦、州两类,此外,美联邦以及部分州的大陪审团也是占据重要地位的控诉权主体,负责对重罪案件的调查、审查起诉。在法国,除司法警察和检察官外,比较有特色的是控诉权主体还包括预审法官,后者因同时承担领导和指挥对现行重罪和轻罪的侦查、批准拘留、逮捕、司法管制和临时羁押以及对刑事案件预审的双重职能,成为重要的控诉权主体。法国的司法警察还包括法律授予某种司法警察职权的公务人员或其他行使一定行政职务的人员,如工程师、区长、森林河流管理员、乡村治安员、经宣誓的特殊保卫人员等。① 日本的控诉权主体中,司法警察职员由一般司法警察职员和特别司法警察职员组成,后者又分为海上保安官、劳动基准监督官、毒品取缔官、监狱职员、船长等;侦查犯罪由司法警察职员和检察官实施,二者均属于侦查机关,后者对于前者拥有一般命令权、一般指挥权和具体指挥权;检察事务官接受检察官的指挥进行犯罪侦查。②

根据广义理解,此前我国的控诉权主体主要由侦查机关和检察机关组成。除公安机关外,侦查机关还包括办理危害国家安全刑事案件的国家安全机关、对军队内部发生的刑事案件行使侦查权的军队保卫部门、对罪犯在监狱内犯罪案件行使侦查权的监狱,以及专门负责走私犯罪案件侦查工作的海关缉私部门。2018 年修改后的《刑事诉讼法》根据国家监察体制改革及海上执法体制改革等新形势,一是规定了人民检察院对于监察机关移送起诉的案件,依照《刑事诉讼法》和《监察法》的有关规定进行审查。根据《监察法》的规定,监察机关是行使国家监察职能的专责机关,依法对所有行使公权力机关的公职人员进行监察,调查职务违法和犯

---

① 参见《法国刑事诉讼法典》,余叔通、谢朝华译,中国政法大学出版社 1997 年版,第 17 ~ 20、41 ~ 92 页。

② 参见[日]田口守一:《刑事诉讼法》(第 7 版),张凌、于秀峰译,法律出版社 2019 年版,第 65 ~ 67 页。

罪。从法律界定上，监察机关并非侦查机关，但其在实际上承担了职务犯罪相关侦查职能。二是赋予了中国海警机构对于海上发生的刑事案件的侦查权，履行海上维权执法职责。因此，从广义上而言，我国的控诉权主体还应包括监察机关和海警机构。

具体到本书所要讨论的内容，一方面，《刑事诉讼法》修改后确立的认罪认罚从宽制度中涉及侦查机关的内容并不多，综合《刑事诉讼法》第120条、第162条等相关规定可以看出，侦查机关只是承担了权利告知、记录移送等职能。虽然2019年10月最高人民法院、最高人民检察院、公安部、国家安全部、司法部联合印发的《关于适用认罪认罚从宽制度的指导意见》（以下简称《指导意见》）对侦查机关的职责进行了一定的"扩容"，如增加了听取犯罪嫌疑人及其辩护人或者值班律师的意见、同步开展认罪教育工作以及适用速裁程序建议权、社会调查等职能，但也规定侦查机关在开展认罪教育过程中"不得作出具体的从宽承诺"。之所以如此规定，背后的机理或在于原本所谓"侦查"就是"保全犯罪证据、保全犯罪嫌疑人人身"，其"是为了查明有否犯罪嫌疑，决定是否提起公诉，是为了提起公诉而做准备"。[①] 再者，案件在侦查阶段或仍存有不小的变数，过早论及定罪量刑，既存在滞碍之处，亦非其所长。当然，对此也不可一概而论，侦查机关在认罪认罚从宽制度中并非"无所可为"。例如，与此相关，《指导意见》在《刑事诉讼法》相关规定的基础上进一步明确，公安司法机关应当将被追诉人认罪认罚作为其是否具有社会危险性的重要考量因素。被追诉人认罪认罚，侦查机关如果认为其罪行较轻且无社会危险性，应不再向检察机关报捕。因此，在宽严相济刑事政策的贯彻落实过程中，侦查机关可谓是"源头活水"，侦查机关理念认识、行为模式的改变可以起到"源头治理"的作用。当然，此宜另作他论。另一方面，与侦查机关的关涉较少截然相反，认罪认罚从宽制度是一项"检察主导"的制

---

① 参见［日］田口守一：《刑事诉讼法》（第7版），张凌、于秀峰译，法律出版社2019年版，第47页。

度。无论是强制措施的适用、审前分流和过滤,还是认罪认罚具结书的签署、量刑建议的提出等,检察机关均承担主导作用、履行主导责任、处于主导地位。司法实践中,辩方、审方之于控方关系的争议问题也更多聚焦于检察机关。因而,本书将控诉权主体集中于检察机关,以使讨论更加聚焦,重点更加明确。

(二)辩护权主体

简单地说,辩护就是在诉讼中维护被追诉人的正当利益。[1] 辩护权是法律赋予被追诉人的一项专属诉讼权利,在被追诉人的各项诉讼权利中居于核心地位。[2] 被追诉人行使辩护权的具体方式有两种:一种是自行辩护;另一种是通过辩护人进行辩护,即由被追诉人委托的辩护人或必要时由法律援助机构指派的律师进行辩护。西方现代意义上的辩护制度产生于资产阶级革命胜利以后,确立于刑事诉讼的辩论原则之中。我国现代意义上的辩护制度是清末从西方移植和引进的,至今仍处于发展完善过程中。作为现代法治国家刑事诉讼中的程序依据,刑事诉讼法必须保障被追诉人有排除公权力机关对其不利的指控进而影响程序行进方向的权利和机会。辩护制度的确立,反映了各国对人权理念和权利保障的追求,以及对刑事诉讼认识规律的深刻把握,同时也是法律和诉讼越来越专业化、职业化的现实需要。

辩护权不断扩大的历史是刑事诉讼发展史中最为耀眼的华章。无论辩护律师被视为"惩罚犯罪过程中一个恼人的障碍",抑或"是必需品,而非奢侈品"[3],其在刑事司法体系中都占据独特的地位,这也是无罪推定、平等武装等刑事诉讼基本原则的必然要求。在被追诉人的利益受到严重威胁时,确保其能够获得律师的有效帮助,同时确保律师在受其委托后,

---

① 参见[日]田口守一:《刑事诉讼法》(第7版),张凌、于秀峰译,法律出版社2019年版,第173页。

② 参见陈光中主编:《刑事诉讼法》(第7版),北京大学出版社2021年版,第147页。

③ [美]约书亚·德雷斯勒、艾伦·C.迈克尔斯:《美国刑事诉讼法精解:第一卷·刑事侦查》(第4版),吴宏耀译,北京大学出版社2009年版,第601页。

能够尽其所能地为被追诉人争取最为有利的诉讼结果，是最低限度的司法正义。[①] 一方面，刑事诉讼最直接的目的就是追诉犯罪，让那些在法律上被认定是罪犯的人被定罪、判刑，剥夺其财产、自由乃至生命。在此过程中，国家机关以强大的组织为后盾，可以开展相应的侦查活动并对被追诉人采取刑事强制措施，而被追诉人则处于被怀疑犯下罪行的脆弱立场，如被羁押，则更加难以陈述自己的观点和收集对自己有利的证据。另一方面，被追诉人的法律知识与国家的专职法律人员并不相当，必须借助辩护制度弥补落差。[②] 辩护律师的存在，可以避免被追诉人面对专门化、技术化的诉讼程序时不知所措，使听审机会的实质化获得了起码的主体条件。[③] 正如有学者在对美国刑事司法体系的评价中所指出的，“制定法和宪法上的制度设计——无论是证据开示、辩诉交易抑或审判程序本身以及其他大多数诉讼阶段——均立足于以下前提假设：被追诉人有一个称职的律师代表着他的利益。毫不夸张地说，美国刑事司法体系的正当性正是依赖于称职的、具有职业道德的辩护律师们的参与——他们勤勉地帮助当事人实现利益的最大化”[④]。

具体到本书中所讨论的，虽然在是否允许罪名、罪数交易以及在案件事实存有争议或证据存有疑问的情况下能否换取被追诉人轻罪轻罚等问题上存在较大差异，但不可否认的是，我国的认罪认罚从宽制度与美国的辩诉交易的确存在相似之处，我国借鉴了其中的某些合理因素。[⑤] 在此情况下，与美国的辩诉交易制度一样，辩护制度无疑也是我国认罪认罚从宽制度得以良好运行的重要制度支撑，而其中的律师，无论是辩护人抑或是值班律师（尤以后者为著）无疑是辩护权的重要行使主体。值班律师

---

① 参见陈瑞华：《刑事诉讼法》，北京大学出版社 2021 年版，第 244 页。

② 参见林钰雄：《刑事诉讼法（总论编）》（上册），中国人民大学出版社 2005 年版，第 158 页。

③ 参见宋英辉主编：《刑事诉讼原理》，法律出版社 2003 年版，第 44 页。

④ ［美］约书亚·德雷斯勒、艾伦·C. 迈克尔斯：《美国刑事诉讼法精解：第一卷·刑事侦查》（第 4 版），吴宏耀译，北京大学出版社 2009 年版，第 601 页。

⑤ 参见陈卫东：《认罪认罚从宽制度研究》，载《中国法学》2016 年第 2 期。

制度是我国刑事诉讼程序中的一项新型律师制度，其伴随刑事速裁程序、认罪认罚从宽制度改革试点而起，为 2018 年修改的《刑事诉讼法》所确立。根据相关立法及司法解释，法律援助机构可以在法院、检察院、看守所等场所派驻值班律师，被追诉人没有委托辩护人并且也不符合法律援助条件的，可以由值班律师为其提供法律咨询、选择程序建议、变更强制措施申请、提出案件处理意见等法律帮助。确立值班律师制度，一方面可以通过值班律师提供的法律帮助保障被追诉人认罪认罚的自愿性、真实性、合法性，防止因虚假认罪而发生冤假错案；另一方面也可以提升认罪认罚案件的程序正当性，提升司法公信力。[①] 尤其是在至为重要的认罪认罚具结书签署环节，《刑事诉讼法》更是明确要求必须在辩护人或值班律师在场的情况下才能签署，并且需要被追诉人及其辩护人、值班律师签名，足见值班律师在认罪认罚案件中的重要地位，后文对此也将论及。正所谓地位与责任成正比，有关值班律师的理论争议、实践问题由此产生。

(三)裁判权主体

诉讼程序是围绕裁判进行的，裁判是用公共权力解决被诉案件。“裁判”一词有多种含义，在刑事诉讼法固有意义上，狭义上的裁判，是指刑事审判程序中法官针对案件所作的判决及裁定；广义上的裁判，是指在刑事诉讼程序中对刑事案件的实体与程序问题所作的裁决、判定。[②] 由此，法官是狭义上裁判权的典型主体，而广义上的裁判权则不仅限于此，除法官外还包括了对刑事诉讼争议各方进行裁决的所有有权机关。例如，一些大陆法系国家的检察官对案件的程序和结果具有重大的影响力，行使一定的裁决权，也属于广义上的裁判权主体。[③] 正如有学者指出的，近几十年来，大陆法系欧陆国家的检察官拥有越来越大的自由裁量权，已经从刑

---

① 参见韩旭：《辩护律师在认罪认罚从宽制度中的有效参与》，载《南都学坛》2016 年第 6 期。

② 参见[日]田口守一：《刑事诉讼法》(第 7 版)，张凌、于秀峰译，法律出版社 2019 年版，第 537 页。

③ 参见宋英辉主编：《刑事诉讼原理》，法律出版社 2003 年版，第 227 页。

事司法的“看门人”演变成了“准法官”。检察官决定着是否向法院起诉、指控何种罪名以及是否采取替代措施,限制着法官的量刑裁量,甚至可以将案件排除在刑事司法之外。例如,即便是在坚守起诉法定主义的德国,在2015年的已结案件中,也有52%的案件以让犯罪者承担社区工作、罚金或因犯罪相当轻微而无条件终止诉讼,在庭外解决的,有27%的案件以检察官提出并经法官以书面审方式予以确认的处罚令方式结案的,只有21%的案件是诉诸法院解决的。① 在日本,社会也普遍承认检察官拥有贯穿于整个刑事程序的广泛权限,因为其并非仅为一方当事人,而是被赋予准法官的地位,被认为是“准司法官”。② 检察官具有审查起诉的裁量权,即使证据较为充分的犯罪,检察官也可以根据被追诉人的性格、年龄及境况、犯罪的情况及轻重、犯罪后的情况等,在认为不必要追诉时,不提起公诉。

具体到我国,在案件侦查阶段,实际上我国的检察官也行使着与域外预审法官类似的,对强制措施的裁判职能;在起诉程序中,检察机关全权决定起诉和不起诉。因此可以说,我国的检察官是刑事案件审前程序的裁判权主体,其所行使的批捕、起诉等权力也都具有裁判性质。③ 伴随认罪认罚从宽制度的确立,以检察机关一般应当提出确定刑量刑建议、法官一般应当采纳其量刑建议的诉判衔接机制为载体,客观上使检察机关已经不再是单纯的审前主导,而是隐含着一种司法权向前转移的趋势④,一定程度上出现了公诉权与裁判权相融合的新样态。⑤ 有学者更是从“享受公诉权的检察官事实上决定刑事案件的结局”这一核心特征出发,认为

---

① 参见[澳]维多利亚·科尔文、菲利普·斯坦宁编:《检察官角色的演变:挑战和创新》,谢鹏程等译,中国检察出版社2021年版,第1、228页。

② 参见[日]田口守一:《刑事诉讼法》(第7版),张凌、于秀峰译,法律出版社2019年版,第205页。

③ 参见李心鉴:《刑事诉讼构造论》,中国政法大学出版社1992年版,第151页。

④ 参见张建伟:《协同型司法:认罪认罚从宽制度的诉讼类型分析》,载《环球法律评论》2020年第2期。

⑤ 参见赵恒:《论检察机关的刑事诉讼主导地位》,载《政治与法律》2020年第1期。

我国的认罪认罚从宽制度是“中国版的检察官司法”。[①] 如前所述，从域外看，检察官正逐渐扮演起“裁判者”的角色，越来越多地处理认罪答辩案件，成为“法官之前的法官”，而不再只是“超然的法守护者”。[②] 对于这种现象，域外有学者用“检察权裁判”理论予以阐释。例如，美国学者用检察权裁判理论来说明为何在辩诉交易中检察官能够取代法官成为解决大部分法律争点、科处刑期的刑事案件裁决者；欧陆学者也认为，作为一种“功能性”“非正式”的司法活动现象，检察权裁判在大陆法系国家也存在，前述德国依据检察官书面申请、法官予以审查确认的处罚令程序等即为例证。[③]

“理论上清醒，政治上才能坚定。”[④]在充分认识上述理论之后，无论是对作为当然裁判主体的法院而言，还是对作为诉讼模式转型下裁判权“分享者”的检察机关而言，制度已经入法，权力架构也已完成，接下来要做的或许是如何在不断调试中达到一种权力行使的均衡状态。

三、域外刑事诉讼构造相关理论

美国是探讨刑事诉讼构造系统的滥觞。需要说明的是，在我国学者的相关研究中，诉讼构造、诉讼模式、诉讼结构基本是同义词。构造具有高度的抽象性和概括性，并不能反映系统的全貌，仅为精简、抽象后所形成的式样，但仍能反映系统本质。[⑤] 可以说，构造理论提供了一种妥善处理刑事诉讼复杂性的有效方法，它能够有效避免因过度关注程序细节而

① 参见孙长永：《中国检察官司法的特点和风险——基于认罪认罚从宽制度的观察与思考》，载《法学评论》2022年第4期。

② 参见[德]托马斯·魏根特：《检察官作用之比较研究》，张万顺译，载《中国刑事法杂志》2013年第12期。

③ 参见[美]艾瑞克·卢拉、[英]玛丽安·L.韦德主编：《跨国视角下的检察官》，杨先德译，法律出版社2016年版，第166页。

④ 《习近平谈治国理政》（第2卷），外文出版社2017年版，第35页。

⑤ 参见[美]虞平、郭志媛编译：《争鸣与思辨：刑事诉讼模式经典论文选译》，北京大学出版社2013年版，“导言”第6~7页。

“只见树木，不见森林”的情况，为准确判断刑事司法体制的实际运行提供了指南，使关注和研究的重心真正得以转向抽象出来的诉讼程序，能够将控辩审三方主体作为分析的中心，将三方主体间的法律关系作为研究的框架。[①]

此外，刑事诉讼构造中蕴含着诉讼价值理念，不同的刑事诉讼构造背后折射出的是差异化的诉讼价值观。刑事诉讼构造理论“涉及个人与国家的总体关系，它要决定当国家权力与个人权利之间发生激烈冲突时（以国家名义剥夺个人人身自由乃至生命），划出的国家权力行使的界限和个人权利受到法律保护的底线”[②]。这反映的是一国的诉讼价值观，其结果则直接决定了采用何种刑事诉讼构造。如前所述，认罪认罚从宽制度的确立实质上是一种刑事诉讼模式的转型，其背后反映的是对于“各种相互重叠但有时又彼此矛盾”的“价值目标的优先性问题”（setting priorities）的选择[③]，对于这种优先性问题的安排与处理，形成了认罪认罚从宽制度自身的诉讼构造。

从此种意义上出发，虽然为了打造特征鲜明的诉讼模式而不得不采取一种有时甚至是截然对立的“二元论”分析模式，但正如刑事诉讼模式研究的肇始人赫伯特·L. 帕克承认的那样，他所说的两种理论化、抽象化的模式，在这个世界上并不真正存在，具体到实践中也绝非截然对立、水火不容，他这样做只是为了警醒世人在考虑刑事诉讼中的各项权力（利）配置时，也要充分考虑各国的实际情况，兼顾诉讼模式对价值观的追求。[④] 既然诉讼模式主要反映的是控辩审三方法律地位及其相互关

① 参见［美］虞平、郭志媛编译：《争鸣与思辨：刑事诉讼模式经典论文选译》，北京大学出版社 2013 年版，“导言”第 6 页。

② ［美］虞平、郭志媛编译：《争鸣与思辨：刑事诉讼模式经典论文选译》，北京大学出版社 2013 年版，“导言”第 1 页。

③ 参见［美］约书亚·德雷斯勒、艾伦·C. 迈克尔斯：《美国刑事诉讼法精解：第一卷·刑事侦查》（第 4 版），吴宏耀译，北京大学出版社 2009 年版，第 23 页。

④ 参见［美］虞平、郭志媛编译：《争鸣与思辨：刑事诉讼模式经典论文选译》，北京大学出版社 2013 年版，“导言”第 5～6 页。

系,而每一种诉讼模式背后都代表着相反的,不同的价值观,那么在研究认罪认罚从宽制度,尤其是其中的控辩审三方关系时,对域外刑事诉讼模式保持必要的关注,尤其是辩证看待不同模式背后所体现的不同价值观,进而再将审视的目光不断投向认罪认罚从宽制度以促其完善,就显得尤为必要。

(一)帕克的犯罪控制模式与正当程序模式

美国从事法律研究的学者中,尝试构建刑事诉讼模式并取得最大成就的当属赫伯特·L. 帕克。早在1964年,他在《宾夕法尼亚大学法律评论》上发表的《刑事诉讼的两种模式》一文中就提出了犯罪控制模式和正当程序模式。[①] 两种模式学说的提出,为纷繁复杂的刑事司法理论与实践提供了一个简约而有效的观察工具,为不止一代的刑事诉讼研究者打下了坚实基础。因为其理论至今仍然能够深刻地阐明刑事司法实践和政策的内涵,因此,尽管许多学者试图取代或补充帕克的两种模式,但至今无人能够达到他那样的成功和持久影响。[②]

犯罪控制模式的核心在于有效保护社会整体免于被未受抑制的犯罪活动造成的法律和秩序崩溃的威胁,而正当程序模式的核心则在于保护陷入刑事诉讼程序的个人免受强制性的、易滥用的社会权力威胁。可以用一对较为形象的比喻来说明帕克提出的两种模式的本质:犯罪控制模式下的刑事诉讼就像警察和检察官操纵的高速运转的"流水线传送带",流水线的最终产品是有罪答辩;与此相反,正当程序模式则好比一个"超越障碍的训练场",又像一个将相当资源投向质量控制的工厂,如此能够顺利抵达终点者以及合格产品的数量势必有限。

犯罪控制模式立基于"刑事诉讼程序是对社会自由的积极保障",其

---

① 参见[美]赫伯特·L. 帕克:《刑事诉讼的两种模式》,梁根林译,载[美]虞平、郭志媛编译:《争鸣与思辨:刑事诉讼模式经典论文选译》,北京大学出版社2013年版,第3~50页。

② 参见[加]肯特·罗奇:《刑事诉讼的四种模式》,郭志媛译,载[美]虞平、郭志媛编译:《争鸣与思辨:刑事诉讼模式经典论文选译》,北京大学出版社2013年版,第217~219页。

尤为关注诉讼效率,认为刑事诉讼如果不能迅速而有效地惩罚犯罪,则对于社会秩序或个人自由而言,均是有害的。为了让程序富有效率,就必须格外重视“速度”和“终局性”。速度取决于“非正式性”与“一致性”:非正式性,是指尽可能地不要选择正式的司法程序,“在警察局进行的讯问,比起在法庭上的讯问以及交叉讯问的正式程序,可以更为迅速地确认事实”①;一致性,是指警察、检察官等要尽可能早地排除“无辜者”,使后续“流水线传送带”运行更加顺畅。终局性则有赖于将质疑的机会降到最低,如不鼓励上诉等。上述带有行政性甚至是管理性的运作模式立足于一个理论预设,即绝大多数的被追诉人事实上就是被指控罪行的犯罪人,也就是有罪推定理念。当然,帕克本人也特别指出,有别于无罪推定的规范性和法律性,此处的有罪推定并不是实体上的,而是具有描述性、实时性的,它只是各种态度的结果,仅为一种倾向。在此前提下,“如果人们相信刑事诉讼程序早期阶段的非正式、行政性地认定事实活动的可靠性,程序的剩余阶段就可以相对草率而无损于运作效率”②。循此思路,犯罪控制模式采行不允许律师参与到侦查阶段中、国家没有义务为被追诉人提供律师帮助、不是由治安法官而是由检察官决定是否起诉、无须对被追诉人的有罪答辩深入探究、限制而非鼓励上诉等程序设置也就成为再自然不过的事情。

与之相对,正当程序模式则立基于个人优先以及相应的限制国家权力的观念,与其相配套的原则包括罪刑法定原则、无罪推定原则、平等保护原则以及司法裁判原则等。正当程序模式遵循这样一种理念,即当刑事诉讼程序被视为纠正自身权力滥用行为的适当领域时,法律上出罪的可能性就会大大增加。为此,正当程序模式对不受抑制的行政性的真实发现程序持怀疑态度,认为应当通过对抗性的正式的司法程序去认定事

① [美]赫伯特·L.帕克:《刑事诉讼的两种模式》,梁根林译,载[美]虞平、郭志媛编译:《争鸣与思辨:刑事诉讼模式经典论文选译》,北京大学出版社2013年版,第10页。

② [美]赫伯特·L.帕克:《刑事诉讼的两种模式》,梁根林译,载[美]虞平、郭志媛编译:《争鸣与思辨:刑事诉讼模式经典论文选译》,北京大学出版社2013年版,第11页。

实。在这样的一种程序中，中立的法官居中庭审，控辩双方充分发表意见展开辩论，法官根据庭上的认证作出裁断。循此思路，正当程序模式在具体程序上主张对于检察官的起诉必须由治安法官进行预审、必须赋予并保障被追诉人的审前自由及各项权利、不鼓励被追诉人作出有罪答辩、国家有为被追诉人提供律师帮助的义务、上诉权是被追诉人的基本权利不应加以限制等。

虽然也有学者指出，帕克的两种模式实为一种模式，即刑事诉讼的竞技模式。在竞技模式下，刑事诉讼程序被描绘为一场相互对立的、利益始终无法调和的、立场敌对的个人（尤其是被追诉人）与国家之间程式化的战斗。① 但正如帕克所言，“这些模式不应被贴上应然或实然标签，也不应在此意义上使用。它们只是代表了一种努力，一种试图抽象出在刑事诉讼程序的运作中争夺优先性的两种价值体系的努力。没有哪个模式的提出是绝对对应现实或代表理想状态，从而完全排斥另一个模式的”②。虽然我国的认罪认罚从宽制度是一种合意型司法模式，这与帕克的两种模式的“对立”与“斗争”的制度前提存有不小的差异，但从中仍然可以受到不少启发、得到有益借鉴。例如，从犯罪控制模式视角看，认罪认罚从宽制度中无疑包含着对效率的不懈追求；在刑事诉讼的横向构造上，我国的认罪认罚从宽制度被指同时存在合作性与对抗性、职权主义与当事人主义因素，故而在审判构造上呈现出一种“类二元”的特征③，而二元构造也容易让人联想到行政性乃至管理性。又如，从正当程序模式角度看，我国的认罪认罚从宽制度在是否认罪认罚、程序选择、认罪认罚的反悔和撤回等方面，无不体现着对被追诉人诉讼程序主体地位的尊重，同时也较为关注被追诉人的律师帮助权，设置了值班律师制度。此外，该项制度也没

① 参见［美］约翰·格里菲斯：《刑事程序中的理念或刑事诉讼的第三种“模式”》，吴啟铮译，载［美］虞平、郭志媛编译：《争鸣与思辨：刑事诉讼模式经典论文选译》，北京大学出版社2013年版，第57～60页。

② ［美］赫伯特·L. 帕克：《刑事诉讼的两种模式》，梁根林译，载［美］虞平、郭志媛编译：《争鸣与思辨：刑事诉讼模式经典论文选译》，北京大学出版社2013年版，第6页。

③ 参见王迎龙：《认罪认罚从宽制度中的控审构造》，载《中国刑事法杂志》2021年第6期。

有放低对准确认定事实的追求,如没有降低证明标准,要求必须严格遵守证据裁判原则,法庭仍需对认罪认罚的自愿性与认罪认罚具结书的真实性和合法性进行审查,判决结果最终仍需由法院审理后作出。当然,这也存有参照两种模式具体程序要求之间的摇摆,如犯罪控制模式出于对速度和终局性的追求,主张不应当鼓励上诉而应有所限制;而正当程序模式则与之相反,主张对上诉权不应有任何限制。我国的认罪认罚从宽制度对被追诉人上诉权的相关规定与理论和实践中存在的争议也表现出了这种纠结。

之后,从帕克最终承认的"美国的正当程序革命失败"中,或许可以觅得一些厘清认罪认罚从宽制度改革与以审判为中心或者更进一步说与庭审实质化改革之间关系的启迪。帕克认为,导致美国正当程序革命失败的原因在于,立法机关过度依赖刑事制裁,使刑事诉讼的所有制度设置受到拖累,只有将这些犯罪去犯罪化,才能改善这种状况。[①] 这不禁使人联想到我国犯罪结构的变化,犯罪圈不断扩大,轻罪比例持续上升的状况。美国的实践也表明,推行正当程序模式或许需要一些前提条件,那就是要么案件量有限,要么当案件量持续攀升时,通过繁简分流、认罪认罚与不认罪案件分流等方式,对那些复杂的、不认罪案件适用相对完备的正当程序,而对于其他案件则应采用相对简化的诉讼程序。正如有学者批评的那样,正当程序在轻微犯罪中是不恰当的,因为"主张某人权利的成本经常会比失去权利本身还要大,这就是为什么如此多的被告人接受有罪答辩而不进行争斗";正当程序权利"在很大程度上是充当空洞的公正的象征,或者至多是一种奢侈品或者是仅在大案、要案或特别疑难的案件中才会寻求的保留性权利"[②]。这些对于正当程序模式的批判观点或许可以给未来进一步完善我国的认罪认罚从宽制度提供一些指引。

---

① 参见[加]肯特·罗奇:《刑事诉讼的四种模式》,郭志媛译,载[美]虞平、郭志媛编译:《争鸣与思辨:刑事诉讼模式经典论文选译》,北京大学出版社 2013 年版,第 227 页。

② [美]马尔科姆·M.菲利:《程序即是惩罚——基层刑事法院的案件处理》,魏晓娜译,中国政法大学出版社 2014 年版,第 277~290 页。

(二)格里菲斯的斗争模式与家庭模式

1970 年,美国耶鲁大学学者格里菲斯在《耶鲁法律杂志》撰文批评帕克提出的刑事诉讼的两种模式理论后,提出刑事诉讼的"第三种模式"。[①]正如格里菲斯所说,从逻辑自洽的角度,如果说帕克提出的两种模式总体而言只是一种理论——竞技模式的话,那么他所提出的"家庭模式"称为"第二种模式"或许更为妥帖。在格里菲斯看来,帕克的理论立基于个人与国家之间的利益"不可调和性",虽然看似是两种不同模式——一条"装配线"和一个"障碍赛",实则共同行驶在将被追诉人送往监狱的道路上。而格里菲斯所提出的家庭模式则立基于个人与国家之间的利益可调和性之上。当然,格里菲斯自己也承认,"可调和性"显然并非意味着利益的和谐,完全的和谐从来不可能存在于一个惩罚的情形中。但该种惩罚应存在两个限制:一是惩罚的目的并不是将被追诉人"一棍子打死",进而将其推向社会的对立面,如同一个家庭中的家长对于犯错的孩子的教育,主要是为了让其学会自我控制;二是惩罚应控制在最小限度内,即通过限制对个人未能进行必要自我控制情况的干预,而使社会干预达到最小化。[②]

尽管格里菲斯的家庭模式或许存在诸如片面夸大国家与被追诉人利益的可调和性,有违刑事诉讼的内在规律性,不符合诉讼认知的复杂性等特点,以及仅仅将刑事诉讼目的简化为自我控制也失之简单等弊端[③],但不可否认的是,作为深刻批评帕克两种模式内在矛盾的第一人,格里菲斯的家庭模式无疑能够为刑事诉讼的基本理论研究提供一个别样视角。

认罪认罚从宽制度作为一种合意型司法模式,在宽严相济的制度基

---

① 参见[美]约翰·格里菲斯:《刑事程序中的理念或刑事诉讼的第三种"模式"》,吴啟铮译,载[美]虞平、郭志媛编译:《争鸣与思辨:刑事诉讼模式经典论文选译》,北京大学出版社 2013 年版,第 51 ~ 94 页。

② 参见[美]约翰·格里菲斯:《刑事程序中的理念或刑事诉讼的第三种"模式"》,吴啟铮译,载[美]虞平、郭志媛编译:《争鸣与思辨:刑事诉讼模式经典论文选译》,北京大学出版社 2013 年版,第 63 ~ 89 页。

③ 参见宋英辉主编:《刑事诉讼原理》,法律出版社 2003 年版,第 234 页。

因、控辩协商的制度构造等方面无不蕴藏着个人与国家利益可调和性的因子,否则该项制度也不会有生长的空间。从格里菲斯的家庭模式中或许可以得到两点启发:一是家庭模式认为对国家工作人员权力行使的信任是刑事程序公正以及避免权力滥用的前提,这或许与我国的职权主义传统有所契合,但作为认罪认罚案件的主导者,作为控方的检察官需要关注的是,如何更好地履行客观公正义务,以不负这种信任;二是家庭模式中的律师角色是"合作性的、建设性的、和解性的",律师与国家公权力的代表一起"以其精力来协助法庭作出吸纳和协调所有相关方利益的最佳决定",该种模式的程序也会减少对律师的依赖。[①] 这不禁让人联想到认罪认罚从宽制度中对值班律师乃至辩护人的职责定位问题。在认罪认罚案件中,律师是否都要像庞德所说的"雇佣的枪手"一样去战斗,或者说一定要实现值班律师的"辩护人化",而非让其发挥"合作性的、建设性的、和解性的"作用,保障被追诉人的利益最大化,也是一个值得持续深入思考的问题。

(三)达玛斯卡的刑事诉讼构造理论

1. 当事人对立模式与非当事人对立模式

1973 年,美国宾夕法尼亚大学的达玛斯卡教授发表了题为《有罪判决的证据法制约与刑事程序的两个模式:一个比较研究》一文,这篇发表在《宾夕法尼亚大学法律评论》上的文章中,达玛斯卡教授提出了当事人对立与非当事人对立两种模式。他认为,"弹劾"和"纠问"经常在不同语义上被混用,区分大陆法系与英美法系并不能采用弹劾模式与纠问模式的标准,否则可能得出大陆法系也属于弹劾模式的结论。在这篇文章中,达玛斯卡教授提出了用当事人对立模式与非当事人对立模式分别对应和

---

① 参见[美]约翰·格里菲斯:《刑事程序中的理念或刑事诉讼的第三种"模式"》,吴啟铮译,载[美]虞平、郭志媛编译:《争鸣与思辨:刑事诉讼模式经典论文选译》,北京大学出版社 2013 年版,第 69 页。

描述前述两大法系的刑事程序的特征或更为妥帖。①

当事人对立模式中的刑事程序是在形式上平等的双方当事人之间进行的。程序的目的是解决是否构成犯罪的纷争。控方的主要任务是追究被追诉人的刑事责任,但前提是对其展开的调查不能损害平等原则。其中,法官的责任就是监督各方遵守竞争规则,并作出最后的裁决。该种诉讼构造需有诸多保障对立双方当事人活动适当化的技术规则。当事人对立模式建立在自由主义基础上,其以对国家工作人员权力的不信任为前提。为防止国家工作人员滥用权力,允许有碍事实发现证据法则的应用,允许以程序违法为由推翻事实上无误的判决。而启动非当事人对立模式程序的并非争议,目的也并非解决争议。该种程序的启动是因被追诉人的犯罪嫌疑由国家工作人员主动调查而起,为的是查明案件事实。该种诉讼模式中,侦查所获资料如被认为是真实的,则可能会被全部利用。因此,在非当事人对立模式中,程序的技术性很低,辩护律师的参与度也很低。非当事人对立模式将集体主义理念或家长式统治作为其思想基础,故而对国家工作人员权力的运用持一种信任态度,不允许以违反程序的原因推翻事实上无误的判决。②

从达玛斯卡对于当事人对立模式与非当事人对立模式的区分中,结合认罪认罚从宽制度,或许可以得到两点启发:一是对于诉讼目的的认识。后文也将论及,刑事诉讼模式转型的背后反映出对于诉讼目的认识的转变,更加确切地说是新时代背景下刑事诉讼目的如同当事人对立模式一样,应更多向着纠纷解决、提升社会治理效能倾斜。二是对于客观真实的认识。无论是采取当事人对立模式,还是非当事人对立模式,最终得到的都只是一种具有相对性的客观真实,或者说只是一种法律真实。

2. 科层模式与协作模式

1974 年,达玛斯卡教授在《耶鲁法律杂志》上发表了题为《权力结构

---

① 参见李心鉴:《刑事诉讼构造论》,中国政法大学出版社 1997 年版,第 48 ~ 50 页。

② 参见李心鉴:《刑事诉讼构造论》,中国政法大学出版社 1997 年版,第 50 ~ 54 页。

与比较刑事诉讼》一文,提出了科层模式和协作模式。[①] 如果说当事人对立模式与非当事人对立模式较为关注模式背后思想意识形态方面的作用,那么科层模式与协作模式除此之外可能更为关注其背后的国家权力架构。

科层模式强调决策的确定性、统一性,在制度运行过程中集中反映在决策的向心倾向上,具体表现为集权化倾向严重,官员等级森严,规则标准缺乏灵活性,官员的裁量权也被排斥。与科层式审查密切相关的是对官方文档的重视,官员们所有活动的书面记录都必须留存,以备上级随时监督和审查。在科层模式中,一名好的官员也是一个精通官僚技能的人,这种技能使科层权力结构的平稳运行成为可能。其中,对于进步的渴望使晋升制度在实现官员预期行为的统一性时成为威力强大的"武器"。而协作模式则要求官员们对具体案件情况的具体关注,而非强调统一的决策。官员的自由裁量权像一个统摄活动各方面的灵魂。该种模式在决策上表现为离心倾向,即没有一个中心机构为所有的程序参与者制定一个统一的规则,整个体系也不存在一个统一的官僚体制,各级官员之间的决策更像协调式的,因此,规则的形成及表现也是灵活的。

虽然在传统意义上,大陆法系刑事程序与科层模式或更为符合,表现为权力集中、政策统一、刑事司法各机关有着严格的阶层秩序、官员以正确执行严格的规范性命令为宗旨、重视笔录和卷宗等特点。[②] 但从协作模式对个案正义的强调——"得出最合乎个案情形的判决"中,或许能够为认罪认罚从宽制度中的检察裁量提供一些启发。此外,虽然我国也强调科层的集中与统一,但在司法责任制改革以及与之配套的员额制改革以后,总体而言,我国检察官的自由裁量权呈现不断扩大的趋势,似乎也暗含着两种模式的借鉴与融合。

---

① 参见[美]米尔吉安·R. 达玛斯卡:《权力结构与比较刑事诉讼》,李婷译,载[美]虞平、郭志媛编译:《争鸣与思辨:刑事诉讼模式经典论文选译》,北京大学出版社 2013 年版,第 251 ~ 297 页。

② 参见宋英辉主编:《刑事诉讼原理》,法律出版社 2003 年版,第 236 页。

第二节　刑事诉讼构造中的公理性原则

建构科学合理的刑事诉讼构造，必须要有符合司法规律、诉讼规律的理念、原则作为遵循、指引。[①] 刑事诉讼原则，又称"刑事诉讼之主义"，一般是指为刑事诉讼立法所规定的，贯穿于刑事诉讼全过程或主要阶段，并为公权力机关、诉讼参与人所遵循的基本准则。[②] 刑事诉讼原则反映诉讼理念和诉讼目的，并指导和规范具体诉讼行为，不仅为立法和司法所遵循，还是具体诉讼制度、程序、规则建构的基础和依据。[③] 一方面，刑事诉讼原则作为刑事诉讼机制内在规律和特质的反映，具有一定的公理性价值，成为人类文明所固化的共通原则，如控审分离、审判中立、控辩平等原则等；另一方面，其亦存在因时空、人文背景所带来的内容上的差异，仅反映一个国家在特定历史时期的社会文化和价值取向，具体到我国，具有一定政策性的刑事诉讼原则如配合制约原则、检察监督原则等。[④] 上述刑事诉讼原则不仅形塑普通刑事程序中的控辩审三方关系，对于认罪认罚从宽制度中的控辩审三方关系同样也起到指引和纠偏的作用。

一、控审分离原则

控诉与审判两项法律职能的分离是现代刑事诉讼构造建构的前提。如果控审不分，法律意义上的辩护也将失去存在的空间，只有控审分离才有可能实现实质意义上的控辩平等对抗。控审分离原则已经成为现代刑

---

① 参见宋英辉：《建构我国刑事诉讼合理构造的理念与原则》，载《政法论坛》2004 年第 3 期。

② 参见陈光中主编：《刑事诉讼法》（第 7 版），北京大学出版社 2021 年版，第 92 页。

③ 参见宋英辉主编：《刑事诉讼原理》，法律出版社 2003 年版，第 57 页。

④ 参见谢佑平、万毅：《刑事诉讼法原则：程序正义的基石》，法律出版社 2002 年版，第 34～36 页。

事诉讼法定原则中的核心原则，为各国刑事诉讼所普遍遵循。控审分离原则要求追诉权和裁判权分别由不同的国家专门机关承担，实行不告不理，即“没有诉讼就没有法官”，审判的范围也要受起诉范围的制约，法院不得审理没有经过起诉的被追诉人及其行为和事项。

控审分离原则是对纠问式刑事诉讼旧制流弊的革新。盛行于中古时期欧陆的纠问式刑事诉讼程序，仅有作为纠问者的法官和作为纠问对象的被追诉人两个面向，由纠问法官一手包办从侦查到判决的所有刑事程序，既无追诉者与审判者之分，也无原告与被告之别。显而易见，纠问式刑事诉讼程序极易造成法官的滥权和自行侦查后心理上的先入为主，这也为心理学研究如锚定效应、隧道视野等理论所证实。在此种情况下，被追诉人亦极易沦为诉讼的客体、刑讯的对象。为此，以 1789 年法国大革命为代表的欧陆改革者开始以控诉职能和审判职能相分离来重新架构刑事诉讼程序。由检察官担任控方，决定是否提起公诉，即所谓“不告不理”，“无控方之起诉，即无法官之裁判”①。2000 年 6 月 15 日，《法国刑事诉讼法典》特别在文首增加“刑事诉讼程序应当保证做到负责公诉的权力与审判权力分开”的条款，在相关条款中进一步明确分工，即由共和国检察官负责提起诉讼的追诉职能，由预审法官负责收集证据并对证据是否充分进行评判的预审职能，由审判法庭负责对被追诉人是否有罪作出最终裁断的审判职能。② 如此规定的目的在于保证法官能够独立、中立进行裁判，确保司法公正。

从控审分离的视角审视认罪认罚从宽制度中的控审构造，可以探讨以下问题。如前文所述，控审分离原则产生的历史背景是基于对纠问式诉讼模式中控审不分的悖反。从此点出发，认罪认罚从宽制度中在控审关系上是否有复归纠问式之嫌呢？答案显然是否定的。2018 年认罪认

---

① 林钰雄：《刑事诉讼法（总论编）》（上册），中国人民大学出版社 2005 年版，第 43 页。

② 参见《法国刑事诉讼法典》，罗结珍译，中国法制出版社 2006 年版，第 1 页；［法］卡斯东·斯特法尼等：《法国刑事诉讼法精义》，罗结珍译，中国政法大学出版社 1999 年版，第 57～59 页。

罚从宽制度改革中并没有赋予法官以更大的权力。与检察机关相比,法院的权力在一定程度上还被削弱了。由此引发出另外一个问题,那就是检察机关的这种所谓"检察权裁判"是否有违控审分离原则呢?笔者对此作否定回答。首先,控审分离后,"检察官理所当然成为控制法官裁判入口的把关者,肩担大任"①,在追诉过程中享有认定是否构罪并评判是否有起诉必要的程序性决定权②,域外大多国家也均赋予了检察机关不起诉处分权。传统意义上理解此种处分权为程序性权力,实则包含了实体性权力。其次,检察机关的这种实体性裁判权力从根源上来自控辩合意。合意型诉讼模式对于传统对抗式诉讼模式中的控辩对抗、控审分离的理论假设有所突破,检察机关的权力配置有一定提升,检察机关被赋予了部分裁判职能。③ 最后,也是最为重要的,最终的裁判权还是保留在法院手中,行为人罪行有无、罪责轻重还是由法官最终决定。所以说,检察机关的这种权力扩张并没有违反控审分离原则。在笔者看来,反倒是法官过早介入甚至是在其中起主导作用的,类似德国刑事协商中的审辩协商有违控审分离原则之嫌。在德国,刑事协商尤其是其中的审辩协商实际上就是由法官发起的,其中的"交易","并不是一个在哈贝马斯论述意义上的没有权力影响的辩论,法官仍然有权威和权力,被告供述的压力将是巨大的"④。此种情况下,法官容易未审先定,如果被追诉人不同意法官的意见,那么他似乎也就随之失去了最后的救济渠道。

二、审判中立原则

公正审判要求诉讼程序本身必须具备"善"的品质和符合理性要

① 林钰雄:《刑事诉讼法(总论编)》(上册),中国人民大学出版社2005年版,第43页。

② 参见宋英辉主编:《刑事诉讼原理》,法律出版社2003年版,第257页。

③ 参见赵恒:《论检察机关的刑事诉讼主导地位》,载《政治与法律》2020年第1期。

④ [德]克里斯托夫·扎费林、埃莉萨·霍芬:《联邦宪法法院裁判后的德国辩诉交易》,吕泽华译,载彭海青等编著:《德国司法危机与改革——中德司法改革比较与相互启示》,法律出版社2018年版,第145页。

求[①],审判中立原则正是这样一种合乎自然正义、兼备善的品质的刑事诉讼原则。审判中立原则要求任何人都不得担任涉及自己利益案件的法官,在审理与己无涉案件时应超然、无偏见、无预断。美国政论家罗伯特·达尔曾指出:“如果你能肯定你或你的团体会时时占据上风,那么,一套明确而持久地优先照顾你的幸福和利益的程序可能确实会让人心动。不过,多数人都知道这样的结果太不可能发生,至少不会肯定发生。因此,坚持自己的利益应当和别人的利益被同等考虑,是一种更为保险的做法。”[②]任何一个理性的人都愿意生活在一个公平的社会中,因此,独立、公正、中立的审判者,也就成为人们对于程序正义的一个基本要求。[③] 也只有确立审判职能的中立性,才能维持控辩审三方形成现代意义上的刑事诉讼构造,而无须担心其沦为行政性的程序构造。

正如有学者所说,法官存在的机理,并不在于其比检察官、辩护人更能发现真实,而是其更为中立。[④] 此种观点的确较为精辟。中立是司法公正最基本的要求,也是当今任何一个法治国家的诉讼制度得以存在的基石。每个人都有权利获得公正、独立、合格、无偏倚的法院裁判,法院在裁判时应当以事实和法律为标准,不应为法外因素所干扰,如今已为世界各国宪法和法律所规定。例如,《俄罗斯联邦刑事诉讼法典》在明确规定刑事诉讼中的控辩审三方职能应相互分离的基础上,进一步强调了对于法官中立性的要求,指出法院不是追诉机关,不应偏向控诉或辩护任何一方。同时,为了保障法官的独立性,该法第 8 - 1 条又规定:“1. 在刑事案件的审理阶段,法官司法独立,只服从于《俄罗斯联邦宪法》与联邦性法律的管辖。2. 法官对刑事案件的审理、审判,应当在排除对其进行无关影响的条件下进行。禁止国家机关、地方自治机关、其他机关、组织、公职人员或者公民干扰法官进行审判活动,并应因此承担相应的责任。3. 有关

① 参见陈光中主编:《刑事诉讼法》(第 7 版),北京大学出版社 2021 年版,第 95 页。
② [美]罗伯特·达尔:《论民主》,李柏光、林猛译,商务印书馆 1999 年版,第 75 页。
③ 参见宋英辉主编:《刑事诉讼原理》,法律出版社 2003 年版,第 46 页。
④ 参见邓子滨:《刑事诉讼原理》,北京大学出版社 2019 年版,第 143 页。

国家机关、地方自治机关、其他机关、组织、公职人员或者公民非讼请求的信息,递交给受理刑事案件的法官,或者递交给受理刑事案件的法院院长、副院长、审判庭庭长或者审判委员会主席的,应当通过互联网信息通信网络上的法院官方网站向诉讼程序的参与人公布,但该信息并不成为对刑事案件实行诉讼行为或者下达诉讼判决时的认定根据。”其中第 3 项在笔者看来设计非常巧妙,既保障了当事人的表达权,又可以防止单方联络,因为这些信息将是面向所有程序参与主体的,如此也可以对信息提交者起到一定的规范与约束作用。

当前,从审判中立的角度审视认罪认罚从宽制度的运行,有两点值得思考的问题。一是有别于以往对于检法配合有余、制约不足的担忧,在认罪认罚从宽制度适用中存在一种控审冲突。如一项实证调研显示,法官普遍认为,量刑权是裁判权的天然组成部分,具有专属性,检察官的量刑建议尤其是确定刑量刑建议挤压了自己的实体权力,会存在一定的消极情绪。二是有学者指出,从认罪认罚从宽制度试点、入法直至当下,检、法机关对于认罪认罚案件一直存在“沟通过剩”的情况。[①] 最开始可能是逐案沟通,后来这种情况因检察官办案经验的增加有所减少,但在遇到一些新情况时,这种沟通仍会不时发生,且大多发生在被追诉人签署认罪认罚具结书之前。[②] 其实,无论是基于制度架构的困惑而延伸至对于案件中量刑建议的消极心理,还是单方的、事前的个案沟通,均有违审判中立或者至少有“有违审判中立”之嫌。

三、控辩平等原则

因为刑罚具有严厉性,所以相较于其他法律领域,刑事诉讼更能反映国家与个人之间的关系。刑事诉讼制度的发展史,在一定程度上可以说

---

① 参见叶青:《程序正义视角下认罪认罚从宽制度中的检察机关沟通之维》,载《政治与法律》2021 年第 12 期。

② 参见左卫民:《量刑建议的实践机制:实证研究与理论反思》,载《当代法学》2020 年第 4 期。

是一部国家追诉机关与被追诉人双方从权利地位不平等到平等的发展史。控辩平等原则是普遍意义上的平等理想在刑事诉讼中的反映。控辩平等原则的理论基础在于国家与个人间的平等,即二者均是具有平等地位的诉讼主体,在诉讼权利上具有对等性。[①] 要使诉讼结构得到合理的维持,必须确保控辩双方至少在外在的形式上保持相对的平衡性。如果控辩双方在外在形式上已然是"胜负已分",那么程序公正就无从谈起,三方诉讼格局也有沦为"一对一"的行政治罪程序的危险,案件质量也难以得到保障。

要达到控辩平等,首先要确立被追诉人的主体地位。这是一个前提条件,否则就不可能有控辩平等之说。"现代刑事诉讼法的伟大成就之一,就是将嫌疑人以及被告人视为刑事程序的主体(当事人),而非仅仅作为审讯的客体。"[②]

其次要平等武装(equality of arms)和平等保护,这也是控辩平等的基本含义。"平等武装"一词最早为欧洲人权委员会所用。平等武装是公正审判的一项内在要求,主要是指控辩双方要享有同等或对等的进防手段,以便控辩双方能够在实质意义上平等参与到诉讼中去,进而促进纠纷的有效解决。[③] 但如前所述,因控辩双方实力悬殊,所以就产生了另外一种思维下的平等武装模式——加大控方义务,限定其权力,增加控诉的难度,同时扩大被追诉人的权利,减少其义务,以实现二者的均衡。"作为一对相互矛盾和冲突的诉讼职能,控辩平等在很大程度上不仅取决于控辩双方地位的平等和诉讼权利的对等,也取决于被告人是否拥有必要的特权或者特殊保障。"[④]于是就产生了无罪推定、沉默权、辩护权、证据开

---

① 参见谢佑平、万毅:《刑事诉讼法原则:程序正义的基石》,法律出版社 2002 年版,第 211 ~ 222 页。

② [德]托马斯·魏根特:《德国刑事程序法原理》,江溯等译,中国法制出版社 2021 年版,第 9 页。

③ 参见陈瑞华:《刑事审判原理论》(第 3 版),法律出版社 2020 年版,第 299 页。

④ 陈卫东主编:《模范刑事诉讼法典》(第 2 版),中国人民大学出版社 2011 年版,第 114 页。

示、非法证据排除规则等,构成了控辩平等的一系列配套制度。[①] 此间,也暗含了一种"权利补偿机制"(right offset),即为了抵消控方资源上的天然优势和公众支持的有利条件,赋予被追诉人一系列仅为其单方所有的诉讼权利。[②] 平等保护原则要求法官应当给予控辩双方参与诉讼的均等机会,对控辩双方所提供的证据、发表的意见给予同等关注,所作判决也应系在充分考虑控辩双方意见基础上形成。[③] 如德国刑事诉讼程序在改革过程中逐渐形成了手段对等、诉讼关照义务等刑事诉讼原则。其中,手段对等原则要求对待被追诉人原则上应当如同对待刑事追究机关一样平等,同时鉴于实现此原则的困难需辅之以诉讼关照义务原则,即要求公权力机关有义务帮助不熟悉刑事程序的被追诉人伸张自己的权利,以便促进实际上可能并不存在的手段差异性趋向平衡。[④]

最后要平等对抗与平等合作。与交叉询问的机理相通,控辩双方平等对抗是发现真实较为理想的手段,是正当程序的基本要求,也是公平审判结果不可或缺的条件。平等对抗主要由控方的攻击与辩方的防御共同完成,呈现出"对权力的限制"和"以权利制约权力"的机制特征。[⑤] 正是控方的攻击与辩方的防御成为推动刑事诉讼程序进行的原动力。[⑥] 公正与效率是现代刑事司法制度的两大主题。控辩平等对抗无疑有利于兼顾实体公正与程序公正,但前提是要消耗大量的司法资源和降低诉讼效率。如何在有限的司法资源配置下,最大化解决刑事司法视野中日益增多的现实问题显得尤为迫切。此时,合意型刑事诉讼模式开始走进人们的视

---

① 参见冀祥德:《控辩平等论》(第 2 版),法律出版社 2018 年版,第 43 ~ 47 页。

② 参见[美]加里·古德帕斯特:《美国对抗式刑事审判理论探究》,郭志媛、苑宁宁译,载[美]虞平、郭志媛编译:《争鸣与思辨:刑事诉讼模式经典论文选译》,北京大学出版社 2013 年版,第 304 ~ 305 页。

③ 参见谢佑平、万毅:《刑事诉讼法原则:程序正义的基石》,法律出版社 2002 年版,第 228 页。

④ 参见[德]约阿希姆·赫尔曼:《德国刑事诉讼法典》,李昌珂译,中国政法大学出版社 1995 年版,第 12 ~ 13 页。

⑤ 参见冀祥德:《控辩平等论》(第 2 版),法律出版社 2018 年版,第 56 ~ 62 页。

⑥ 参见蔡墩铭:《刑事诉讼法论》,台北,五南图书出版公司 2001 年版,第 82 页。

野。“在坚持控辩平等对抗的同时,刑事诉讼法也逐渐重视起控辩之间的合意,逐步增加了诉讼和合的因子。”①英美法系的辩诉交易、大陆法系的认罪协商,莫不如此。一个时期以来,我国刑事诉讼在效率问题上明显不适应现实需要,亟须从观念上、制度上加以解决。② 认罪认罚从宽制度的确立,可以说正是适时之举。平等合作的基础是平等,包括被追诉人主体地位的确立、平等武装、平等保护等。在平等合作过程中还需要关注自愿、合意、互利、诚信等价值要素。其中,自愿是前提。在美国,法官在接受有罪答辩前,必须告知被追诉人有罪答辩的后果,并向其确认认罪认罚的自愿性,若得知被追诉人并非真正出于自愿,则不能接受其有罪答辩。在平等自愿的基础上达成的合意才能够真正约束双方,同时合意中也蕴含着利益交换之下的妥协因子。这也是研究认罪认罚从宽制度中被追诉人认罪认罚自愿性时需要关注的一个问题,即所谓的自愿并非是完全没有对抗(压力)下的自愿,刑事诉讼中也不存在这样一种“零压力”的自愿;互利本质上系控辩双方在利益驱动下进行的一种世俗的实用主义交易,目的是要实现“双赢”;诚信是平等合作的要素之一,约定必须遵守,不得随意反悔和撤回,如此才有助于实现制度初衷,助益制度健康长远发展。

第三节 我国刑事诉讼构造中的政策性原则

如前所述,刑事诉讼除公理性原则之外,还包括一些政策性原则。“一个国家的刑事诉讼法原则体系,又必然是该国特定社会文化和政治、经济状况的反映,故而该体系又必然包含反映该国特殊国情的政策性原则。”③具体到我国,包括配合制约原则、检察监督原则等。在笔者看来,

① 陈光中主编:《刑事诉讼法》(第7版),北京大学出版社2021年版,第16页。
② 参见陈光中主编:《刑事诉讼法》(第7版),北京大学出版社2021年版,第17页。
③ 谢佑平、万毅:《刑事诉讼法原则:程序正义的基石》,法律出版社2002年版,第46页。

正是由于政策性原则是一种“地方性知识”、一种“土生土长”的原则，所以从这些原则出发，在阐释相关问题时或许更加具有说服力，在寻找对策时也或许更加具有针对性。

一、配合制约原则

我国《刑事诉讼法》规定，公、检、法三机关在进行刑事诉讼过程中应当分工负责、互相配合、互相制约，从而保证相关法律规定得以准确有效地实施。由此也确立了我国刑事诉讼构造中特有的政策性原则——配合制约原则。虽然配合制约原则一直以来存在争议，但在《刑事诉讼法》的历次修改过程中该原则依然能够被保留下来，一定程度上说明了该原则在我国强大的生命力，说明其是符合刑事诉讼客观规律的。① 其实，该原则并非“天上掉下来的”，而是对我国一个时期以来的刑事司法政策的成果固定，也是历史的产物，因此构成了我国特有的一项政策性原则。② 如同彭真同志在关于1979年《刑事诉讼法（草案）》的说明中所言：“公安、检察、法院三机关的工作关系是在党的领导下，遵照宪法、刑法和其他法律的规定，为了共同维护社会主义法制而在工作中实行分工协作和互相制约，以保证准确地打击反革命和其他刑事犯罪行为，保护人民。刑事诉讼法（草案）从程序方面规定三机关的职权和工作关系。”③“实践证明，实行这个原则，有利于提高办案质量，准确地打击敌人，惩罚犯罪，保护人民的民主权利不受侵犯。”④

---

① 参见陈光中主编：《刑事诉讼法》（第7版），北京大学出版社2021年版，第105页。

② 参见谢佑平、万毅：《刑事诉讼法原则：程序正义的基石》，法律出版社2002年版，第409～410页。

③ 吴宏耀、种松志主编：《中国刑事诉讼法典百年（1906年～2012年）》（中册），中国政法大学出版社2012年版，第863页。

④ 《最高人民检察院关于〈中华人民共和国人民检察院组织法修正草案〉的说明（1979年）》，载童建明主编：《〈人民检察院组织法〉学习读本》，中国检察出版社2019年版，第211页。

配合制约的前提是分工负责，分工负责包括职责分工和案件管辖分工。[①] 分工负责要求公、检、法三机关按照法律规定，在各自职责范围内履行职能，既不越位也不缺位。分工负责的实质是分权，其目的在于防止权力过分集中造成专横擅断，以及保障公民不受任意追究。互相配合，是指公、检、法三机关在查明案件事实、正确适用法律、实现公平正义方面目标一致，要按照法律规定，在正确履行各自职能的基础上通力协作，共同完成刑事诉讼法律所规定的目的任务。不能各自为政、互不联系，甚至互相推诿扯皮。在分工负责的基础上强调机关之间的配合是基于公、检、法三机关任务的同向性和性质的同一性。任务同向性是指公、检、法三机关共同指向惩罚犯罪和保障人权的诉讼任务和目标；性质同一性是指尽管公、检、法三机关在机构设置上分属不同的子系统，但同为追究犯罪的国家专门机关。[②] 需要指出的是，这里的互相配合指的是“职责关系”的配合，而非“职能关系”的配合，否则将会导致职能分工界限的模糊和无原则的配合。[③] 互相制约，是指刑事诉讼中的公、检、法三机关应从防止、及时纠正其他机关可能发生的错误或存在的工作偏差出发，通过程序上的互相约束，达到防止权力滥用和防止出现司法腐败的目的。总之，分工负责、互相配合、互相制约是一个有机的统一体，三者相辅相成、不可偏废。其中，分工负责是前提，没有分工负责就谈不上配合和制约，也容易导致

---

① 《刑事诉讼法》第 3 条规定了公、检、法三机关办理刑事案件的职责分工，即“对刑事案件的侦查、拘留、执行逮捕、预审，由公安机关负责。检察、批准逮捕、检察机关直接受理的案件的侦查、提起公诉，由人民检察院负责。审判由人民法院负责。除法律特别规定的以外，其他任何机关、团体和个人都无权行使这些权力。人民法院、人民检察院和公安机关进行刑事诉讼，必须严格遵守本法和其他法律的有关规定”。《刑事诉讼法》第 19 条规定了案件管辖分工，即“刑事案件的侦查由公安机关进行，法律另有规定的除外。人民检察院在对诉讼活动实行法律监督中发现的司法工作人员利用职权实施的非法拘禁、刑讯逼供、非法搜查等侵犯公民权利、损害司法公正的犯罪，可以由人民检察院立案侦查。对于公安机关管辖的国家机关工作人员利用职权实施的重大犯罪案件，需要由人民检察院直接受理的时候，经省级以上人民检察院决定，可以由人民检察院立案侦查。自诉案件，由人民法院直接受理”。

② 参见谢佑平、万毅：《刑事诉讼法原则：程序正义的基石》，法律出版社 2002 年版，第 411 页。

③ 参见叶青主编：《刑事诉讼法学》（第 2 版），中国人民大学出版社 2014 年版，第 17 ~ 18 页。

司法专横；配合和制约是公、检、法三机关依法行使职权，共同完成刑事诉讼任务，防止出现偏差或错误的保证。这些最终都是为了迅速而准确地执行法律，及时惩罚犯罪，有效保护人民。

需要说明的是，因为在认罪认罚从宽制度中，侦查机关承担更多的是权利告知、听取意见、记录移送等传递职能，对其权力配置影响不大，加之配合本书论述主题，此处更多关注的是检、法间的配合制约关系。尽管有学者指出，配合制约原则或许具有一定的现实合理性，但缺乏法理合理性①，但正如彭真同志所言，公、检、法三机关配合制约是一种党领导下的刑事司法工作体制，有宪法和法律依据，在打击犯罪和保护人民方面发挥着重要作用。习近平总书记在多个场合也反复强调，要健全司法权力分工负责、相互配合、相互制约的制度安排。② 所以无论是讨论一般案件还是认罪认罚案件中的检法关系，都绕不开该原则对于二者关系产生的影响。如在《指导意见》中就有关于“加强协调配合”和“加强监督制约”的工作要求，指出认罪认罚从宽制度涉及侦、捕、诉、判等多个刑事诉讼环节，涉及公安、检察、法院、监狱司法、国家安全等多个部门。前述多个部门应当在分工负责、各司其职的基础上，加强沟通联系、协调配合，通过建立绿色通道、专人联络、定期通报以及联席会议等工作机制，形成工作合力，及时解决认罪认罚从宽制度在贯彻实施过程中遇到的各类问题。同时，为了防止出现权权交易、权钱交易等司法腐败问题，前述各部门之间还应不断强化监督制约。在《指导意见》正文中更是将“配合制约原则”单独规定为一条，对该原则在认罪认罚案件中的适用予以重申和强调，旨在保障被追诉人认罪认罚的自愿性，强化权力监督，确保司法公正。从《指导意见》中不难发现配合制约原则对于认罪认罚从宽制度中检法关系的影响。

---

① 参见谢佑平、万毅：《刑事诉讼法原则：程序正义的基石》，法律出版社 2002 年版，第 413 页。

② 参见习近平：《论坚持全面依法治国》，中央文献出版社 2020 年版，第 58、115、230 页。

二、检察监督原则

检察制度的产生有两个历史原因：一是国家权力的分工和细化，权力之间形成了一定的监督制约关系，在强化国家管理的同时，警惕公权力对私权利的侵犯；二是诉讼结构的变革，从纠问式诉讼转变为混合式诉讼，控告权从审判权中分离出来，被告人与控告人的诉讼地位平等。上述原因表明，检察制度不仅具有诉讼职能，是诉讼制度的重要组成部分，而且还具有极强的政治属性，是国家政治制度的重要组成部分，具有制约和监督权力的作用。① 在此过程中，各国检察制度因其历史、文化以及根植其中的政治司法制度的交互作用呈现出一定的差异性。我国《宪法》《人民检察院组织法》均规定了我国的检察机关是国家的法律监督机关。2021年6月印发的《中共中央关于加强新时代检察机关法律监督工作的意见》（以下简称《中共中央法律监督意见》）因应时代发展变化，进一步丰富了我国检察机关的职能定位，除国家的法律监督机关以外，还规定了我国的检察机关是保障法律统一正确实施的司法机关、保护国家利益和公共利益的重要力量及国家监督体系的重要组成部分。我国《民事诉讼法》《刑事诉讼法》《行政诉讼法》中均规定了检察官有权依法对民事诉讼、刑事诉讼、行政诉讼实行法律监督。《人民检察院刑事诉讼规则》第十三章"刑事诉讼法律监督"从刑事立案监督，侦查活动监督，审判活动监督，羁押必要性审查，刑事判决、裁定监督，死刑复核监督，羁押期限和办案期限监督等七个方面，第十四章"刑罚执行和监管执法监督"从交付执行监督，减刑、假释、暂予监外执行监督，社区矫正监督，刑事裁判涉财产部分执行监督，死刑执行监督，强制医疗执行监督，监管执法监督，事故检察监督八个方面进一步细化了检察机关的法律监督职责。由此，检察监督成为我国刑事诉讼的基本原则之一。

---

① 参见童建明主编：《检察视角下的中外司法制度》，中国检察出版社2021年版，第7～8页。

根据检察监督原则，检察机关除履行诉讼职能外，还要对诉讼全过程进行法律监督，对于诉讼进程中的违法乃至犯罪行为应及时予以纠正，从而确保法律统一正确实施。检察监督是宪法和法律赋予检察机关的一项专门职能，是其他公安、司法机关所没有的。作为我国刑事诉讼的一项政策性原则，检察监督原则不同于《刑事诉讼法》中规定的公、检、法三机关的互相制约原则，这种监督是单向的，具有特定含义。检察监督具有全方位性和全过程性特征，包括立案监督、侦查监督、审判监督和执行监督。公、检、法三机关互相制约是专门机关监督的必要补充，将二者有机结合起来才能更好地完成刑事诉讼任务。①

从渊源上考察，作为一项政策性原则，检察监督原则的法理依据直接源于列宁关于社会主义国家检察机关职能的深刻认识和生动阐述。列宁在《论"双重"领导和法制》一文中提到，法制不能有卡卢加省的法制，喀山省的法制，而应是全俄统一的法制，甚至是全苏维埃联邦统一的法制，检察长有权利和有义务做的只有一件事：注意使整个共和国对法制有真正一致的理解。② 由此，检察机关成为列宁司法体制架构中的专门法律监督机关，检察权也被定位为是一种法律监督权。列宁的这种"大检察观"在社会主义国家中影响深远。对于我国也是如此，早在 1979 年制定的《人民检察院组织法》中就有我国的检察机关是国家的法律监督机关的规定。对此，彭真同志的解释是，我国检察院的组织法在制定过程中深受列宁关于检察机关的任务是维护国家法制统一这一指导思想的影响，在结合我国具体国情的基础上作此规定。③ 虽然此间有关检察权、检察

---

① 参见叶青主编：《刑事诉讼法学》（第 2 版），中国人民大学出版社 2014 年版，第 19～20 页。

② 参见中共中央马克思恩格斯列宁斯大林著作编译局编译：《列宁全集》（第 43 卷），人民出版社 2017 年版，第 199 页。

③ 参见《关于七个法律草案的说明（节录）（1979 年）》，载童建明主编：《〈人民检察院组织法〉学习读本》，中国检察出版社 2019 年版，第 204～205 页。

院的法律监督职能、检察监督原则等也有不少争议[①]，但应当看到，时至今日，我们已经完成了对于我国检察机关的法律监督、检察监督等概念内涵的自我认知和中国化，成为党领导下法治建设的重要成就之一。[②] 事实上，权力控制的实现方式有两种：一是制约，二是监督。前者更多的是一种过程性分权，后者则是一种功能性分权。[③] 我国实行的是人民代表大会制度，全国人民代表大会是国家最高权力机关，“一府一委两院”由其产生又对其负责、受其监督。这种机制要求专设一种履行监督权的机关来防范权力泛化的风险，于是，检察机关就成为国家层面上的法律监督机关。“我国的检察制度是根植于传统政治文化与借鉴国外有益经验的产物，是符合中国国情和当今世界潮流的重大制度创新、实践创新和理论创新。它既是具有鲜明中国特色的国家制度，也是在实践中常有争议且处于不断发展之中的国家制度。”[④]从《中共中央法律监督意见》对于我国检察机关的四个最新定位中不难发现我国检察制度的生长性和生命力。

笔者认为，唯有立足于国家对检察机关的四个最新定位的时代背景，立足于前述检察监督原则的具体语境中，才能更加深刻地理解检察机关在认罪认罚从宽制度中被赋予的职权，以及检察机关在控辩审三方关系中所处的地位。如有的学者指出，认罪认罚从宽制度明确规定除法律列举的五种特殊情形以外，法院一般应当采纳检察机关提出的量刑建议是法律监督原则的体现。[⑤] 最高人民检察院制定的《人民检察院办理认罪认罚案件开展量刑建议工作的指导意见》（以下简称《量刑建议指导意见》）在“量刑监督”一章中有三个条款分别对法院违反法定程序改变量

---

① 参见谢佑平、万毅：《刑事诉讼法原则：程序正义的基石》，法律出版社 2002 年版，第 434～442 页。

② 参见王海军：《“法律监督”概念内涵的中国流变》，载《法学家》2022 年第 1 期。

③ 参见陈国权、周鲁耀：《制约与监督：两种不同的权力逻辑》，载《浙江大学学报（人文社会科学版）》2013 年第 6 期。

④ 童建明主编：《检察视角下的中外司法制度》，中国检察出版社 2021 年版，“序言”第 3 页。

⑤ 参见童建明主编：《检察视角下的中外司法制度》，中国检察出版社 2021 年版，第 178 页。

刑建议的抗诉，法院经过法定调整程序判决、裁定后检察机关依然认为有错的抗诉和被追诉人反悔后仅以量刑过重为由的抗诉三种情形加以明确规定，一定程度上可以说是检察监督原则在认罪认罚案件中的集中呈现。[①] 对于抗诉问题尤其是被追诉人仅以量刑过重为由的上诉该不该抗诉问题，时任最高人民检察院检察长张军在基层检察院调研时曾言："一旦抗诉，抗一案警示一片，用少量抗到底的案件杜绝不该有、被利用的技术性上诉，节约司法资源，促进司法公正，抗是为了不抗。"[②]从此种意义上而言，上述检察监督行为最终也是为了使认罪认罚从宽制度能够正确实施、健康发展。

但应当看到，任何事物都具有两面性，对于检察监督原则可能带来的权力异化风险也要有充分的认知，后文论及的控辩失衡、控审冲突难说与此原则的异化理解适用不无干系，对于该原则可能给以审判为中心的改革带来的冲击也要始终保持警惕。对此，检察机关应保持必要的克制，通过不断增强自我约束，强化外部制约将权力异化风险降到最低。本书最后一部分将论及的审辩协同也意在于此，即通过审辩协同的力量对检察机关的主导力量形成一定的外部制约，促使其运行在正常的轨道上。

---

① 《量刑建议指导意见》第37条规定："人民法院违反刑事诉讼法第二百零一条第二款规定，未告知人民检察院调整量刑建议而直接作出判决的，人民检察院一般应当以违反法定程序为由依法提出抗诉。"第38条规定："认罪认罚案件审理中，人民法院认为量刑建议明显不当建议人民检察院调整，人民检察院不予调整或者调整后人民法院不予采纳，人民检察院认为判决、裁定量刑确有错误的，应当依法提出抗诉，或者根据案件情况，通过提出检察建议或者发出纠正违法通知书等进行监督。"第39条规定："认罪认罚案件中，人民法院采纳人民检察院提出的量刑建议作出判决、裁定，被告人仅以量刑过重为由提出上诉，因被告人反悔不再认罪认罚致从宽量刑明显不当的，人民检察院应当依法提出抗诉。"

② 史兆琨：《抗诉，让反悔的被告人无机可乘》，载《检察日报》2021年7月13日，第5版。

第二章

认罪认罚从宽制度的立论基础与建构原理

如果说本书第一章是从刑事诉讼构造的角度对控辩审三方关系进行“远景”观察,从应然的角度对控辩审三方关系进行一般的、原理性的分析,那么本章内容则是将焦距拉近,对于嵌入刑事诉讼构造之中并作为其中的一种具体应用场景的认罪认罚从宽制度进行中观观察,进一步探讨作为一种合意型诉讼模式的认罪认罚从宽制度的产生机理,尤其是对控辩审三方关系产生一定影响的“介质”进行进一步考察,以便为后文的“近景”观察、实然分析提供更为精密的“工具”,得到更为精准的解答。

第一节　迈向“第四范式”——认罪认罚从宽制度在我国的确立

正如有的学者指出,刑事诉讼构造概念的提出,对深入研究和分析刑事诉讼原理无疑具有积极的助推作用,但这种“结构分析方法”又具有过于理想化、绝对化等局限性。[①] 因此,如果说前述刑事诉讼构造理论是一种更倾向于横向的、学理性的归纳与提炼,那么,此部分对于“范式”的介绍则可以说是一种纵向的、从历史演进角度进行的写实性描述。二者的

① 参见陈瑞华:《刑事审判原理论》(第3版),法律出版社2020年版,第362页。

共同目的均在于从不同视角详加观察，以便对认罪认罚从宽制度的认识更加清晰，进而对控辩审三方关系理解得更加深刻。

有学者将弹劾式诉讼模式称为刑事诉讼的“第一范式”，纠问式诉讼模式称为刑事诉讼的“第二范式”，审问式诉讼模式和对抗式诉讼模式共同构成了刑事诉讼的“第三范式”，不同类型的“放弃审判制度”构成了刑事诉讼的“第四范式”。[①] 也有学者从参与《刑事诉讼法》的制定与三次修改的经历中得出判断：我国的“刑事诉讼构造在实践中不断调试”“诉讼模式的适时转型已势在必行”[②]。我国的认罪认罚从宽制度正是在刑事诉讼构造不断调试、刑事诉讼“第四范式”浮出水面这样一种历史背景下正式确立的。

一、刑事诉讼范式的转型：从“第一范式”到“第四范式”

（一）第一范式：弹劾式

弹劾式诉讼模式是人类社会早期的一种刑事诉讼模式，反映的是当时的社会生产力水平和当时的社会整体认知能力，体现出一种人类早期的原始正义观。早期的弹劾式诉讼主要在奴隶制和封建制早期的国家实行。弹劾式诉讼模式的主要特点包括实行私诉，奉行不告不理原则，也就是通常所说的没有告诉就没有法官；双方当事人地位平等、权利对等，注重发挥争讼双方的作用；法官消极中立、居中裁判，一切诉讼资料均由双方当事人提供[③]；在断案发生困难时，通常采用神明裁判或决斗等决疑模式，相信生活中发生的或世界上存在的每一件事都是神意的表达。[④] 弹劾式诉讼模式背后反映的理念是犯罪是私人间的利益纷争，是一种侵权行为，因此允许“私了”“和解”，同时也反映了国家对社会的整体控制

---

① 参见熊秋红：《比较法视野下的认罪认罚从宽制度——兼论刑事诉讼“第四范式”》，载《比较法研究》2019 年第 5 期。

② 参见樊崇义：《我国刑事诉讼制度建构的定力和前瞻》，载《人民检察》2022 年第 1 期。

③ 参见李心鉴：《刑事诉讼构造论》，中国政法大学出版社 1992 年版，第 82 ~ 83 页。

④ 参见邓子滨：《刑事诉讼原理》，北京大学出版社 2019 年版，第 42 ~ 43 页。

能力和力度尚为有限。弹劾式诉讼这种完全的私诉主义的弊端和历史局限性也是显而易见的，即能否追究犯罪人的责任完全取决于被害人的个人意愿及能力，不利于社会秩序的有效维护；以共同宣誓人能否顺利背下誓词、丢在水里的被追诉人的沉浮、伤口的愈合以及决斗的胜负等所谓神明启示进行决疑，在今天看来也是失之科学的。① 伴随生产力水平与社会整体认知水平的提升，弹劾式诉讼模式也需要转型。

对弹劾式诉讼模式的理解：一是弹劾式诉讼模式明确区分了控诉、辩护、审判三种职能，形式上看基本实现了控审分离、控辩平等、审判中立，但应当看到这是一种低层次的生产力水平和社会整体认知条件下的诉讼制度，并非真正意义上的符合司法规律的诉讼构造。二是弹劾式诉讼模式对刑事诉讼目的的理解是建立在私人纠纷、个人侵权基础上的，后文也将述及，对于刑事诉讼目的的认知也存在一个螺旋式上升的过程，而这也将对后来的诉讼模式产生一定的影响。比如，合意型诉讼模式中同样也蕴含着纠纷解决的因子，但此时的纠纷解决是建立在一种更高层面上，具有一定社会治理能力和治理体系提升价值的诉讼目的的理解和认知基础上的。

（二）第二范式：纠问式

纠问式诉讼是继弹劾式诉讼之后出现并盛行于欧洲中世纪后期的诉讼制度。伴随封建集权的加强，弹劾式诉讼逐渐被纠问式诉讼代替，反映出封建专制思想取代了原始平等思想。② 刑事诉讼日益成为统治阶级为维护统治秩序而使用的统治工具。③ 此时，集侦、控、审于一体的"包青天"式的法官开始上阵，被追诉人沦为秘密刑求的对象。如果说此前的弹劾式诉讼实行"不告不理"，那么纠问式诉讼则实行的是"不告而理"。法官积极主动调查事实真相并收集相关犯罪证据，而此时的被追诉人则基

---

① 参见魏晓娜：《背叛程序正义：协商性刑事司法研究》，法律出版社2014年版，第10页。

② 参见李心鉴：《刑事诉讼构造论》，中国政法大学出版社1992年版，第84页。

③ 参见刘计划：《控审分离论》，法律出版社2013年版，第19页。

本处于客体地位，成为刑求的对象，没有任何防御辩护的权利和能力可言。正如有学者所言："如果说此前的控告程序依循的是'没有人告状，就没有法官'，此时根据纠问程序的本质，则允许在没人控告的情况下，由法官'依职权'干预。如果说过去的控告程序是在原告、被告和法官三个主体之间进行，则纠问程序中就只有法官和被控人两方。被控人面对具备法官绝对权力的追诉人，束手无助。对纠问程序适用的谚语是：'控告人如果成为法官，就需要上帝作为律师。'"①所谓的法庭审判，也只不过是让被追诉人对已经准备好的控诉材料予以供认以对其下判而已。形式主义的、僵化的法定证据制度使口供成为"证据之王"，不仅被追诉人沦为被拷问的对象，对原告和证人也同样可以进行刑讯。纠问式诉讼模式反映出这样一种理念：犯罪不仅侵害了个人私益，更是损害了国家利益，是对公权力的挑战，破坏了社会秩序，背后起到支撑作用的是集权制国家的兴起和国家控制力的加强。"在今天看来，纠问程序的功绩在于让人们认识到追究犯罪并非受害人的一己私事，而是国家的职责。"②"纠问式制度突出反映了人类社会从私人报复制度迈向文明社会门槛的又一重大进步。它的根本特征，首先在于私人控诉的减少甚至消失，而由国家官员的公诉取而代之。"③虽然在纠问式诉讼模式下，法官成为事实判断的主体，法定证据制度的采用也使证据裁判原则得以确立，但其弊端在于，"仍未能防止裁判官之擅断，又不重视被告自由之保障"④。

较之弹劾式，纠问式的诉讼结构发生了根本性变化。虽然纠问式中的法官取代"上帝"成为事实判断的主体，有其进步的一面，但在控审合一的情况下，审判中立无从谈起；被追诉人作为主要的证据来源，刑讯逼

---

① [德]拉德布鲁赫：《法学导论》，米健、朱林译，中国大百科全书出版社1997年版，第121页。

② [德]拉德布鲁赫：《法学导论》，米健、朱林译，中国大百科全书出版社1997年版，第121页。

③ [美]约翰·亨利·梅利曼：《大陆法系》，顾培东、禄正平译，法律出版社2004年版，第134页。

④ 陈朴生：《刑事证据法》，台北，三民书局1979年版，第7页。

供也被法定化,故而更谈不上什么控辩平等。“由此种种,纠问式刑事程序在科学性及民主性方面均有所倒退,从程序意义上而言,由于自身的正当性缺乏,其相较于弹劾式刑事程序反倒大大退步了。”[①]

(三)第三范式:审问式和对抗式

在西方学者的著述中,纠问式和审问式有时会发生混淆,两者在英语中的表述均为 inquisitorial system,但两者存在实质差异。[②] 本书中的审问式对应的是职权主义诉讼模式,而与对抗式对应的则是当事人主义诉讼模式。一个时期以来,体现当事人主义的对抗式成为文明和先进的代名词,而代表职权主义的审问式则成为陈旧和落后的代名词。“讴歌当事人主义,抨击职权主义的论点时有所见,且似乎成为一种潮流。”[③]以至于有学者单独著文《为职权主义辩护》,指出职权主义最初只是查清案件事实的一种方法,因最早起源于欧陆,久而久之便成了大陆法系国家普遍的诉讼形态的代名词;职权主义与当事人主义的对立也并非历史的产物,而是学者的演绎;职权主义本身的内涵并非一成不变,也在随着时代的发展而不断演进。[④] 其实,应当看到,较之纠问式,审问式抑或对抗式都是一种进步,因为它们均是建立在现代诉讼理念基础上的现代诉讼模式。例如,二者均实行控审分离,控辩双方也都处于平等地位(在侦查阶段或有区别,但总体趋向于此),法官的自由心证也取代了机械僵硬的法定证据制度等。区别仅在于该两种制度在事实查明与被追诉人权益保护方面因侧重有所不同而采用了不同的程序模式。整体而言,两种制度之下,对于被追诉人的权益保护均有所加强,刑事诉讼程序也走上了日趋复杂乃至繁复的道路。

有学者指出,19 世纪后期美国的刑事审判程序开始变得复杂,其原

---

① 刘计划:《控审分离论》,法律出版社 2013 年版,第 20 页。

② 参见陈瑞华:《刑事审判原理论》(第 3 版),法律出版社 2020 年版,第 380 页。

③ 李心鉴:《刑事诉讼构造论》,中国政法大学出版社 1992 年版,第 94 页。

④ 参见施鹏鹏:《为职权主义辩护》,载《中国法学》2014 年第 2 期。

因包括但不限于律师角色的扩展和活跃度的增加——他们创造了新的精巧的审理程序并随后主导该程序,证据和程序的革新包括证据法的发展、专家证人与品格证人的大量使用、庭审中日益严密的诉讼程序、日趋复杂的证据规则,导致庭审过程中遇到的争议问题不断涌现,辩方交叉询问使用技巧、次数的急剧增长,使庭审的复杂程度与此前相比出现了显而易见的“程序分岔”。[①] 作为职权主义代表的德国也遇到了类似情形,一直以来,德国刑事诉讼中高度强调法院的职权主义以及法官发现事实真相的责任,但因犯罪圈的不断扩大、犯罪数量的急剧增长以及案件办理难度的不断增加,即使在号称不存在辩诉交易的德国,也不得不考虑“减轻司法负担”的现实问题,一定程度上放弃了严格的程序规则要求,采行刑事协商这一正式审判的替代措施。从此种意义上而言,“放弃审判制度”的出现蕴含着一种物极必反的内在哲理,可视为一种对诉讼程序“精密化”的反抗。

(四)第四范式:放弃审判制度

“长久以来,法庭审理被理所当然地视为刑事诉讼程序的高潮。”[②]但这种传统的观念和认知正在被颠覆,司法实践中,90%的重罪指控在庭审前就解决了,轻罪更是很少进入庭审。[③] 不论是在审问式还是对抗式下,大部分的刑事案件都不再是基于传统意义上“完整”的审判而进行的判决。无论在普通法系还是大陆法系,绝大部分案件并未经历过审判阶段,而是或通过检察官的不起诉决定,或通过认罪答辩等类似程序予以解决。[④] 公正审判国际组织对世界上多个国家和地区进行考察后发现,通

---

① 参见[美]Malcolm M. Feeley:《法律复杂性和刑事诉讼程序的转变:辩诉交易的起源》,郑曦译,载陈光中主编:《刑事司法论坛》第4辑,中国人民公安大学出版社2011年版,第186～194页。

② [德]托马斯·魏根特:《德国刑事程序法原理》,江溯等译,中国法制出版社2021年版,第242页。

③ 参见邓子滨:《刑事诉讼原理》,北京大学出版社2019年版,第453页。

④ 参见[德]托马斯·魏根特:《德国刑事程序法原理》,江溯等译,中国法制出版社2021年版,第289页。

过降低指控、减轻量刑等形式鼓励被追诉人答辩有罪而放弃正式审判的“消失的审判”现象正在全球快速蔓延。“放弃审判制度”主要包括：量刑减让激励、减少指控或降格指控的指控激励、仅对部分犯罪事实进行指控的事实激励，以及转为污点证人、撤销指控的合作协议等。在对90个国家和地区的考察中发现，1990年仅有19个存在“放弃审判制度”，但截至2015年年底已经达到66个。如此迅猛发展势头的主要动力在于提高诉讼效率、增加定罪率、推动意识形态和政治制度改革背景下的刑事司法制度改革及保护被害人利益等考量。①

1. 美国的辩诉交易

美国的辩诉交易堪称“放弃审判制度”的代表，对此各方学者介绍得较为全面、总结得也相对成熟，在此仅简述之。美国的辩诉交易制度之所以能够一路从幕后走到台前、从非法走向合法，并取得最后的胜利，无疑是因为其恰到好处地满足了各方利益。“对于检察官、法官而言，辩诉交易一方面是有效管理增长过快的案件量的一种手段，另一方面通过辩诉交易也能确保其名声免受低效或无能的指责。对于刑事被告人，辩诉交易是一种避免不确定性和逃脱最严厉刑罚的绝佳方式。”②具体来说，其一，对于控方而言，在“案件数量压力”之下，很难拒绝“轻而易举获得胜诉的诱惑”。③ 越多的胜诉，对他们而言，就意味着升迁——“在美国，频频‘胜诉’的检察官比起埋头只追求案件公正性的检察官往往晋升得更快”④，以及私人执业领域更有吸引力的工作机会。⑤ 其实，在早期控诉职

---

① 参见熊秋红：《比较法视野下的认罪认罚从宽制度——兼论刑事诉讼“第四范式”》，载《比较法研究》2019年第5期。

② ［美］乔治·费希尔：《辩诉交易的胜利——美国辩诉交易史》，郭志媛译，中国政法大学出版社2012年版，第176页。

③ 参见［美］乔治·费希尔：《辩诉交易的胜利——美国辩诉交易史》，郭志媛译，中国政法大学出版社2012年版，第27～53页。

④ ［美］肖恩·玛丽·博伊恩：《德国检察机关职能研究：一个法律守护人的角色定位》，但伟译，中国检察出版社2021年版，“中文版序”第5页。

⑤ 参见［美］卡罗尔·S. 斯泰克编：《刑事程序故事》，吴宏耀等译，中国人民大学出版社2012年版，第120页。

能由律师兼职的阶段，承担控诉职能的律师也是希望能够“削减其履行指控职责的时间，这样他们就可以很快地去做对他们更有利可图的民事业务”①。其二，对于辩方而言，辩诉交易可使被追诉人摆脱长时间审判的折磨，避免受到更重的刑罚，对于有些被追诉人而言，审判的折磨和有罪判决的风险往往比接受较轻的刑罚更为可怕。② 与其他人一样，律师也不喜欢犯错误，而辩诉交易的决定永远不会错。③ 其三，对于审方而言，作为一开始最不乐意参加的法官④，最终也因辩诉交易“奇迹般有效地减轻了令人窒息的工作负担”⑤和有效“防止了撤销裁判对其声誉的影响”⑥而积极投身其中。

正如有学者所言，辩诉交易制度之所以会有如此强大的生命力，关键在于它具有很强的实用性和相对合理性。西方一些国家实行这一制度最主要的动因，即在于它能在保持司法公正的前提下，使刑事案件的处理得以繁简分流，有效地提高诉讼效率，节约国家对司法成本的投入，使司法资源得以合理配置。⑦ 我国的认罪认罚从宽制度，虽然与美国的辩诉交易制度在能否撤销指控、降格指控以及降低证明标准等方面存在不小的差异，但无疑也是从中汲取了有益成分的，从理论研究脉络到立法制度设

---

① [美]乔治·费希尔：《辩诉交易的胜利——美国辩诉交易史》，郭志媛译，中国政法大学出版社2012年版，第134页。

② 参见[英]麦高伟等：《陪审制度与辩诉交易——一部真实的历史》，陈碧等译，中国检察出版社2006年版，第14页。

③ 参见[美]约书亚·德雷斯勒、艾伦·C.迈克尔斯：《美国刑事诉讼法精解：第二卷·刑事审判》（第4版），魏晓娜译，北京大学出版社2009年版，第191页。

④ 最初，法官拒绝接受辩诉交易，理由包括：一是缺乏驱使检察官进行交易的重要动机——检察官不堪忍受的案件量和他们尝到了不费力气就得到有罪裁决甜头的经验；二是法官基于原则而反对在没有全面了解被告人犯罪和背景信息的前提下径行判决；三是骄傲的法官对于不得不与检察官分享量刑权而感到生气。参见[美]乔治·费希尔：《辩诉交易的胜利——美国辩诉交易史》，郭志媛译，中国政法大学出版社2012年版，第107页。

⑤ [美]乔治·费希尔：《辩诉交易的胜利——美国辩诉交易史》，郭志媛译，中国政法大学出版社2012年版，“序言”第20页。

⑥ [美]乔治·费希尔：《辩诉交易的胜利——美国辩诉交易史》，郭志媛译，中国政法大学出版社2012年版，第174页。

⑦ 参见国家森主编：《中国控辩协商制度研究》，中国检察出版社2005年版，“序言”第1~2页。

计均有体现。理论研究的热潮可以追溯至“国内辩诉交易第一案”[①],立法制度设计表现在认罪认罚自愿性、具结书内容的真实性和合法性、当事人的各种权利保障等方面。

2. 德国的刑事协商

“辩诉交易及其功能等同物在今天的刑事司法制度中无处不在”[②],即便是在作为大陆法系典型代表、一度被称为“不存在辩诉交易的国土”的德国,也不例外。德国联邦宪法法院认为,这主要是因为全球化的各种新型犯罪形式让现有的法律和司法机关捉襟见肘,律师的职业化发展为诉讼过程制造的障碍越来越多,欧洲人权法院对于人权保障的强调,以及日益收紧的财政拨款等。在此情况下,要求司法机关“刻舟求剑式地严格按照《刑事诉讼法典》的要求履行艰巨的查明真相的职责已难以为继”[③]。而刑事协商恰恰能够满足刑事司法程序简化,以应对越来越多的复杂案件,特别是在麻醉品、税收、经济和环境等领域的司法需求。[④] 对此,有法官也不禁感慨,“刑法原本是为了相当单纯的事实、背景单纯的个人,以及有限的行为模式与动机而制定。然而,现如今复杂的事实与聪明的被追诉人会让案件变得相当复杂,被追诉人的学识、受教育程度、策略技巧等或许已经凌驾于法官、检察官之上,使法官难以应付、备受折磨。数十年来,我们已经无法适当处理大型经济诉讼了。我们必须改革整个刑事诉讼法,以便至少还能幻想,我们或许能够实质地判断出所发生的事情究竟

---

① 该案中,孟某虎与王某杰发生争执,孟某虎打电话叫来五六个人与王某杰争吵并互殴,导致王某杰小腿骨折、脾脏破裂。事后,在没能抓到其他同伙、没有查清重伤后果是何人所为的情况下,检察院以故意伤害罪起诉孟某虎。鉴于控辩双方意见分歧严重,检察机关建议采用辩诉交易方式审理本案。参见张景义等:《聚焦国内“辩诉交易”第一案》,载中国法院网 2002 年 8 月 8 日,http://www.chinacourt.org/article/detail/2002/08/id/9780.shtml。

② [德]托马斯·魏根特:《德国刑事程序法原理》,江溯等译,中国法制出版社 2021 年版,第 211 页。

③ [美]肖恩·玛丽·博伊恩:《德国检察机关职能研究:一个法律守护人的角色定位》,但伟译,中国检察出版社 2021 年版,第 12 页。

④ 参见[德]托马斯·杜斐、斯特凡·鲁珀特、李富鹏编:《柏林共和时代的德国法学》,郭逸豪等译,商务印书馆 2021 年版,第 375 页。

为何。"[①]因应这种变化，需要促使德国的刑事司法实践从传统意义上的单向的法官发现实体真实模式转向程序参与人相互合作模式，通过协商来解决利益冲突。[②]

广义上而言，德国的刑事协商分为起诉协商和判决协商，也称控辩协商和审辩协商。[③] 起诉协商或控辩协商主要表现在检察机关主导的不起诉、处罚令等程序上，而判决协商或审辩协商则是由法官主导的量刑协商程序，狭义上的刑事协商是指后者。从放弃完整审判的角度，此处也主要从狭义上加以讨论。2009 年德国联邦会议通过《刑事程序中的协商规定》，正式将至迟于 20 世纪 80 年代就已经在实践中运用的刑事协商制度引入立法。其核心内容表现在《德国刑事诉讼法》第 257b 条和第 257c 条。[④]为了使核心内容得以顺畅运行，立法中还规定了相关配套措施，如该法第

---

① 《失灵的司法：德国冤错案启示录》一书的作者达恩史戴特与德国联邦最高法院第二刑事庭法律审法官，同时也是乌兹堡大学法学教授、权威刑法注释书作者托马斯·费雪的访谈。参见[德]托马斯·达恩史戴特：《失灵的司法：德国冤错案启示录》，郑惠芬译，法律出版社 2017 年版，第 259 页。

② 参见周维明：《德国刑事协商制度的最新发展与启示》，载《法律适用》2018 年第 13 期。

③ 参见黄河：《德国刑事诉讼中协商制度浅析》，载《环球法律评论》2010 年第 1 期；李昌盛：《德国刑事协商制度研究》，载《现代法学》2011 年第 6 期。

④ 《德国刑事诉讼法》第 257b 条规定："如果有利于推进诉讼程序，庭审中法庭可以与程序参加人就诉讼程序的进程进行讨论。"第 257c 条规定："1. 适宜的情形下，法院可以依据下列规定与诉讼参与人就程序的进一步发展和程序的结果进行协商。第 244 条第 2 款的规定不受影响。2. 协议的标的限于：能构成判决及其所属裁定的内容的法律后果，案件查明程序中其他的程序相关的措施以及诉讼参与人的诉讼行为。任一协商都应当含有认罪内容。有罪宣告以及矫正与保安处分不得作为协议的标的。3. 法院告知协议可能包含的内容。其可以基于案件的所有情况及综合量刑考量，自由裁量给出刑罚的上限和下限。诉讼参与人有机会提出意见。如果被告人和检察院同意法院提出的建议，则协议成立。4. 如果忽视或者出现新的法律上或事实上的关键情况，且法院确信原先的量刑幅度与行为或者罪责不匹配的，则法院不受该协议的约束。如果被告人采取的进一步的诉讼行为与法院预测所依据的行为不一致的，此规定同样适用。这些情形下，被告人的认罪不予适用。法院应当就此背离毫不迟疑地进行通知。5. 应当告知被告人法院依据第 4 款背离预测结果的前提和条件。"参见《世界各国刑事诉讼法》编辑委员会编译：《世界各国刑事诉讼法·欧洲卷》，中国检察出版社 2016 年版，第 297～298 页；对于相关条款的进一步理解可参见高通：《德国刑事协商制度的新发展及其启示》，载《环球法律评论》2017 年第 3 期。

202a 条和第 212 条[①],鼓励法官在公诉阶段与审判开始之前的阶段(中间程序),以及审判过程开始后启动刑事协商程序。这场将刑事协商嵌入审判的改革还特别强调决策制定的透明性,如该法第 243 条第 4 款规定法官有义务向公众宣布是否进行刑事协商,以及如果达成协商其内容为何[②];第 273 条第 1a 款进一步明确,所达成的协商也必须被包含在审判记录内。[③]

当然,即便正式入法,德国的刑事协商制度在司法实践中也是乱象重重。如职权调查义务在实践中并未被有效遵从、违反记录和透明化现象突出、法官提前告知具体量刑优惠、量刑“剪刀差”的存在以及将放弃上诉权作为协商内容等。[④] 这迫使德国联邦法院不得不就上述问题进行多次规制,但迄今为止仍然难说取得了令人满意的成效。[⑤] “经过一段时间的实施,该法能否在将来经受得住下一轮的合宪性审查,仍是一个值得怀疑的问题。”[⑥]归根结底,这是一种表现为实质真实与诉讼效率之间的艰辛摸索,也是一种“骨子里”的职权主义、实体真实主义与浓浓的当事人

---

① 《德国刑事诉讼法》第 202a 条规定:“法院在裁量是否启动审判程序时,在适宜范围内,可以就诉讼程序的进展与诉讼参与人进行讨论。该讨论的重要内容应当载入案卷。”第 212 条规定:“审判程序启动后,第 202a 条的规定相应地予以适用。”参见《世界各国刑事诉讼法》编辑委员会编译:《世界各国刑事诉讼法·欧洲卷》,中国检察出版社 2016 年版,第 291 ~ 292 页。

② 《德国刑事诉讼法》第 243 条第 4 款规定:“审判长进行宣布,是否依据第 202a 条和第 212 条的规定进行了讨论,是否存在就诉讼标的达成协商的可能(第 257c 条),如果能达成协商并说明达成协商的主要内容。如果该内容与法庭审理开始时宣布的内容发生了变化,在后续的法庭审理中,审判长就此宣布义务存续。”参见《世界各国刑事诉讼法》编辑委员会编译:《世界各国刑事诉讼法·欧洲卷》,中国检察出版社 2016 年版,第 295 页。

③ 《德国刑事诉讼法》第 273 条第 1a 款规定:“笔录亦须记录依据第 275c 条进行的协商的重要过程、内容以及结果。此规定同样适用于第 243 条第 4 款、第 257c 条第 4 款第 4 句和第 5 款规定的通知和告知的遵守情况。未进行协商的,也应当在笔录中予以标注。”参见《世界各国刑事诉讼法》编辑委员会编译:《世界各国刑事诉讼法·欧洲卷》,中国检察出版社 2016 年版,第 300 页。

④ 参见高通:《德国刑事协商制度的新发展及其启示》,载《环球法律评论》2017 年第 3 期。

⑤ 参见施鹏鹏、褚侨:《德国刑事协商制度的新动态》,载《检察日报》2019 年 4 月 3 日,第 3 版。

⑥ [德]托马斯·杜斐、斯特凡·鲁珀特、李富鹏编:《柏林共和时代的德国法学》,郭逸豪等译,商务印书馆 2021 年版,第 381 ~ 382 页。

主义、形式真实主义的磨合。“认罪协商与程序简化之间往往存在耦合之处，而在这种情况下，若坚持不得强迫被告人自证其罪的原则，则必然会导致所谓的‘化圆为方’的窘境。”①

反观我国的认罪认罚从宽制度，可谓博采众长。一方面，我们采用的是一种检察主导的诉讼构造；另一方面，我们又只能进行法定从宽的量刑协商，采取了法官保留原则。但如前所述，与美国的辩诉交易相比，一般情况下，我们不能撤销指控、降格指控以及降低证明标准。与德国由法官主导的刑事协商相比，我们又采用了一种检察主导的模式。其中，难说孰优孰劣，或许只有适合自己的，才是最好的。但联系本书所要讨论内容，需要指出的一点是，德国以其传统采用了一种由法官进行主导的协商模式，但这种模式的弊端也是显而易见的。“德国的被告人比其他制度中的被告人压力更大，因为是由审判长主导协商”，最关键的是，“随后，也由同一法官或者他与同事一起决定量刑”②。如此一来，难免造成被追诉人“压力山大”，似有有违控审分离、审判中立等原则之嫌。后文在论及审辩关系时对此将有专门论述。

3. 法国的庭前认罪答辩程序

与同为大陆法系国家的德国一样，法国传统的刑事司法也是以追求案件真实为基本目标，带有浓厚的国家主义色彩。由此也导致法国的刑事诉讼程序在很长的一段时间内因办案效率低下、案件积压严重、羁押超期等问题而备受各方质疑和批判。法国公诉程序最初只有立即起诉和不予起诉两种，缺少替代程序，导致检察官对于一些轻罪案件陷入两难境地：对于提起公诉的案件，几乎都适用完整的庭审程序，占用大量司法资源又效率低下；但不起诉又难以实现应有的责任追究和震慑效果。③ 近

---

① ［德］托马斯·杜斐、斯特凡·鲁珀特、李富鹏编：《柏林共和时代的德国法学》，郭逸豪等译，商务印书馆2021年版，第382页。

② ［德］托马斯·魏根特：《德国刑事程序法原理》，江溯等译，中国法制出版社2021年版，第218页。

③ 参见施鹏鹏：《法律改革，走向新的程序平衡?》，中国政法大学出版社2013年版，第153页。

年来，随着欧洲一体化进程的推进以及刑事政策、社会思潮的演变，法国国内法也及时跟进，制定了许多与欧洲法和现代法律观念相衔接的制度，如形成了附条件不起诉、刑事和解、刑事调解、庭前认罪答辩程序、简易程序等形式多样的案件高效解决机制，减轻了司法负担，尤其是减轻了法院的庭审压力。

前述制度中，从性质上讲，附条件不起诉、刑事和解、刑事调解等均为公诉替代程序，而公诉替代程序虽然从广义上而言亦可归入"放弃审判制度"范围或至少是为其服务的，但从放弃"完整意义上的审判程序"的角度，本书只简要讨论最具有代表性的庭前认罪答辩程序。在庭前认罪答辩程序中，对于轻罪案件，若被追诉人承认检察官所指控的犯罪事实，检察官可以依职权或者应被追诉人及其辩护人的请求适用有罪答辩程序。被追诉人会见检察官，承认所指控的犯罪事实以及接受提出的程序与量刑建议。上述过程均要求辩护律师在场，如果律师不在场或者没有委托辩护律师，则不得启动该程序。在被追诉人接受检察官的量刑建议以后，后者向法官提出认可申请。如果法官不认可检察官的量刑建议，或者被追诉人反悔的，检察官可以恢复普通审判程序。与普通程序相比，该程序具有简易、高效、非正式的特点，同时，定罪量刑时也会考虑被追诉人的认罪情节，作出更有利于其的判决。①

无疑，庭前认罪答辩程序的建构具有提高诉讼效率、减轻轻罪法院负担的价值。但正如有学者指出的，其背后有着更深层次的使被追诉人更好接受量刑的考量：时下，对权力的尊重和敬仰已不再仅通过强制力运作，刑罚的目的只有依托于最低限度的合意才可以有效实现。此种意义上而言，合意是庭前认罪答辩的灵魂所在。② 与我国的认罪认罚从宽制度适用范围没有限制不同，法国的庭前认罪答辩程序将适用范围限定于

① 参见［法］菲利普·米尔本等：《法国检察官：司法使命与政治功能》，刘林呐、单春雪译，中国检察出版社 2021 年版，第 36 ~ 37 页。

② 参见施鹏鹏：《法律改革，走向新的程序平衡?》，中国政法大学出版社 2013 年版，第 154 ~ 155 页。

轻罪,同时设定了一些排除条款。[①] 整个认罪答辩程序可以分为被追诉人认罪、检察官提出确定刑或幅度刑量刑建议、被追诉人接受或拒绝量刑建议、法官审核确认四个阶段。“犯罪行为人承认其受到指控的犯罪事实”是前提。检察官在提出量刑建议方面有较大的裁量权,“可以建议执行一个或数个主刑或附加刑”,且无须征求被追诉人方的意见或与其讨论。在此过程中,尽管被追诉人方也可以提出己方所认为的恰当的量刑建议,但无权对控方所提出的量刑建议提出“反建议”,否则便不被认为是“认罚”。[②] 我国的认罪认罚从宽制度与其相同点在于检察机关的主导作用,不同点在于认罪认罚从宽制度中,检察机关应认真听取被追诉人方关于“从轻、减轻或者免除处罚等从宽处罚的建议”[③],而且应“尽量协商一致”[④]。值得一提的是,在法国的庭前认罪答辩程序中,检察官提出量刑建议后,还应当告知当事人可以请求给予其 10 日期限,以考虑是声明接受还是拒绝向其提议的刑罚。虽然被追诉人用足 10 日的期限无疑会对诉讼效率产生一定影响,但这样做一则主动权在被追诉人手上,二则这对于备受关注的尊重被追诉人的自愿和明智会起到很好的保障作用,可以为我国认罪认罚从宽制度的健全完善加以借鉴。最后是法院的审核确认程序,审核法官在“确认当事人是在有律师在场的情况下承认其受到指

---

① 参见《法国刑事诉讼法典》第 495 – 7 条、第 495 – 16 条,载《世界各国刑事诉讼法》编辑委员会编译:《世界各国刑事诉讼法 · 欧洲卷》,中国检察出版社 2016 年版,第 655、657 页。

② 参见施鹏鹏:《法律改革,走向新的程序平衡?》,中国政法大学出版社 2013 年版,第 160 页。

③ 《刑事诉讼法》第 173 条规定:“人民检察院审查案件,应当讯问犯罪嫌疑人,听取辩护人或者值班律师、被害人及其诉讼代理人的意见,并记录在案。辩护人或者值班律师、被害人及其诉讼代理人提出书面意见的,应当附卷。犯罪嫌疑人认罪认罚的,人民检察院应当告知其享有的诉讼权利和认罪认罚的法律规定,听取犯罪嫌疑人、辩护人或者值班律师、被害人及其诉讼代理人对下列事项的意见,并记录在案:(一)涉嫌的犯罪事实、罪名及适用的法律规定;(二)从轻、减轻或者免除处罚等从宽处罚的建议;(三)认罪认罚后案件审理适用的程序;(四)其他需要听取意见的事项。人民检察院依照前两款规定听取值班律师意见的,应当提前为值班律师了解案件有关情况提供必要的便利。”

④ 《指导意见》第 33 条规定:“犯罪嫌疑人认罪认罚的,人民检察院应当就主刑、附加刑、是否适用缓刑等提出量刑建议。人民检察院提出量刑建议前,应当充分听取犯罪嫌疑人、辩护人或者值班律师的意见,尽量协商一致。”

控的犯罪事实并接受共和国检察官提议的一项或数项刑罚”“确认从犯罪情节以及犯罪行为人的人格来看提议的刑罚有其正确理由”时作出核准裁判。[①] 当然,这项旨在不被宪法委员会撤销的程序设置在实际操作中也存在“虚化”的问题。[②]

此外,从确立过程来看,庭前认罪答辩程序并非一帆风顺,也一度因“发现案件真实”的诉讼价值定位以及“诉审分立”的裁判结构而遭遇制度(如宪法委员会的违宪审查)与技术(如新型裁判方式与传统裁判方式的兼容和协调)的双重困境。[③] 易言之,即如何妥善处理实体真实与合意真实、检察权与裁判权之间的关系。就后者而言,传统意义上,公诉权由检察官行使,裁判权由法官行使,控审分离是一般原则,但在庭前认罪答辩程序中,却出现了“公诉权”与“裁判权”的分立与交叉的情况,检察官事实上行使(分享)了(法官的)裁判权。如此一来,法官成为审核者,检察官成为裁判者,被追诉人成为认罪者,而律师则成为咨询者。[④] 这些被指为“混乱”的变化,如理性观之,又何尝不是合意型诉讼结构中对于各方职能的重新定位呢?法国庭前认罪答辩程序的确立,对于我国认罪认罚从宽制度具有参照作用。例如,可以从其对检察权裁判的认可中寻找我国“检察主导”可以借鉴的理论依据,同时也需要从被指检、法存在“预先共谋”导致法官审核虚化之镜鉴中得到警示。

---

① 参见《法国刑事诉讼法典》第 495 - 9 条、第 495 - 11 条,载《世界各国刑事诉讼法》编辑委员会编译:《世界各国刑事诉讼法 · 欧洲卷》,中国检察出版社 2016 年版,第 656 页。

② 由于检察官和法官在审核程序运作前存在“预先共谋”,加之检察官不被强制要求出席庭审,审核法官往往沦为“橡皮图章”。某种意义上,审核程序已形同虚设。据统计,2004 年 10 月至 2006 年 3 月,全法国共适用庭前认罪答辩程序 29,308 起,审核成功率高达 86.7%。一些法院的实证数据甚至表明,庭前认罪答辩程序的审核率高达 100%。参见施鹏鹏:《法律改革,走向新的程序平衡?》,中国政法大学出版社 2013 年版,第 166 ~ 167 页。

③ 参见施鹏鹏:《法律改革,走向新的程序平衡?》,中国政法大学出版社 2013 年版,第 150 页。

④ 参见施鹏鹏:《法律改革,走向新的程序平衡?》,中国政法大学出版社 2013 年版,第 168 页。

二、认罪认罚从宽制度在我国的确立

（一）认罪认罚从宽制度确立的背景

我国的认罪认罚从宽制度是在世界范围内“放弃审判制度”迅猛发展、“第四范式”逐渐形成这一国际背景下酝酿，并经过两年的试点探索快速上升为立法的一项制度创新。该项制度在检察机关的推动下，在不算太长的时间内得到了广泛适用，成为一种新常态。如果要对我国的认罪认罚从宽制度作一“全景式”概括，大体可以作如下表述：侦查机关、检察机关在讯问被追诉人以及法院在开庭审理时，应告知被追诉人有关认罪认罚的相关法律规定；侦查机关、检察机关需要将被追诉人认罪认罚的相关情况记录在案并移送至下一个环节；检察机关还应当就案件办理听取被追诉人方意见，被追诉人认罪认罚的，还要在辩护律师或值班律师在场见证下签署具结书；除新类型、不常见、量刑情节复杂的案件外，检察机关一般应当提出确定刑量刑建议，而法院除法律规定的五种情形外，一般也应当采纳检察机关提出的量刑建议；庭审过程中，法院应与处理不认罪案件有所区别，侧重于对被追诉人认罪认罚的自愿性、真实性进行审查。

这里简要回顾认罪认罚从宽制度从提出、试点到入法的经过。为保证公正司法，提高司法公信力，党的十八届四中全会从优化司法职权配置的角度，提出完善刑事诉讼中的认罪认罚从宽制度。[①] 2014 年，全国人大常委会授权最高人民法院、最高人民检察院在部分地区开展刑事速裁试点工作，对被追诉人认罪认罚且可能判处 1 年以下有期徒刑的部分类型案件依法从宽从简从快处理，这也是我国第一次明确将“认罪”“认罚”一并考虑，“实体”“程序”同步落实的实践探索之举。[②] 2016 年，全国人大常

---

① 参见本书编写组编著：《〈中共中央关于全面推进依法治国若干重大问题的决定〉辅导读本》，人民出版社 2014 年版，第 20～22 页。

② 参见胡云腾主编：《认罪认罚从宽制度的理解与适用》，人民法院出版社 2018 年版，第 75 页。

委会进一步授权最高人民法院、最高人民检察院在刑事速裁试点地区开展认罪认罚从宽试点工作,将前者纳入认罪认罚从宽试点的框架内,将案件范围进一步扩大至可能判处3年以下有期徒刑的案件。[①] 2016年年底,最高人民法院、最高人民检察院、公安部、国家安全部、司法部联合发布了在上述部分地区开展认罪认罚从宽试点的决定,标志该项制度试点工作正式启动。截至2018年,试点法院共审结的认罪认罚案件占同期审结刑事案件总数的半数以上,其中适用速裁程序审理的案件又占所有认罪认罚案件的半数以上,认罪认罚从宽制度适用率以及程序分流效果明显。[②] 从试点情况来看,这项改革使当事人权利得到有效保障,促进了司法公正;[③]宽严相济刑事政策落实到位,从宽处罚效果明显;[④]刑事诉讼体系更加科学,刑事诉讼制度改革进一步深化;[⑤]息诉服判效果显著,法律效果、

① 参见陈瑞华:《刑事诉讼法》,北京大学出版社2021年版,第326页。

② 参见杨立新:《认罪认罚从宽制度试点总结报告》,载胡云腾主编:《认罪认罚从宽制度的理解与适用》,人民法院出版社2018年版,第271页。

③ 截至2018年9月底,司法行政机关在试点法院设立法律援助工作站共计132个,指派辩护律师提供辩护2.4万余人,占全部认罪认罚案件被告人的10.38%;指派值班律师7.7万余人,占全部认罪认罚案件被告人的33.15%。认罪认罚案件中,被追诉人被采取取保候审的98,265人,占全部认罪认罚案件被告人的42%;被采取监视居住的3066人,占全部认罪认罚案件被告人的1.31%。参见杨立新:《认罪认罚从宽制度试点总结报告》,载胡云腾主编:《认罪认罚从宽制度的理解与适用》,人民法院出版社2018年版,第272页。

④ 截至2018年9月底,在审结的20余万件认罪认罚案件中,免于刑事处罚的占比为0.39%;从轻处罚的占比为96.63%;减轻处罚的占比为2.96%,有的地区占比为18.96%;法定刑以下报核的占比为0.02%。在被判处刑罚的被告人中,判处非监禁刑的占比为35.09%,有的地区非监禁刑占比为64.6%,非监禁刑适用比例进一步提高。参见杨立新:《认罪认罚从宽制度试点总结报告》,载胡云腾主编:《认罪认罚从宽制度的理解与适用》,人民法院出版社2018年版,第273页。

⑤ 截至2018年9月底,在适用认罪认罚从宽制度审结的20余万件案件中,适用速裁程序、简易程序审理的案件,分别占全部认罪认罚案件的65.48%、26.63%,认罪认罚案件当庭宣判率为78.91%,其中速裁案件当庭宣判率达92.82%,有的地区达98%以上。全部认罪认罚案件,10日以内审结的12万余件,占认罪认罚案件的66.61%;11~15日审结的3万余件,占比为15.32%;超过1个月审结的1万余件,占比为5.63%。参见杨立新:《认罪认罚从宽制度试点总结报告》,载胡云腾主编:《认罪认罚从宽制度的理解与适用》,人民法院出版社2018年版,第273~274页。

社会效果良好。[①] 在上述背景下,2018 年修改的《刑事诉讼法》吸收了上述改革试点成果,认罪认罚从宽制度正式入法,18 个相关条款散见在总则、侦查、审查起诉和审判各部分。

(二)认罪认罚从宽制度的特征

我国的认罪认罚从宽制度是党和国家一以贯之坚持的宽严相济、坦白从宽刑事政策时代化、制度化发展演进的必然结果。[②] “从纵向维度看,认罪认罚从宽制度的确立意味着我国刑事诉讼范式的重大变迁;从横向维度来看,我国的认罪认罚从宽制度与其他国家和地区的认罪案件处理机制存在某些类似之处,但又超越了类似制度,具有鲜明的本土特色。”[③]对于认罪认罚从宽制度与域外类似制度,如美国的辩诉交易、德国的刑事协商、法国的庭前认罪答辩程序等的比较分析前文已论及,不少论文及著作中也有专门论述,[④]此处不再赘述。这里仅结合前期理论界讨论相对比较集中的问题以及相关法律、司法解释中的相关规定简要概述。

认罪认罚从宽制度是一项集实体规范与程序规范于一体的综合性法律制度,当前仅规定于刑事诉讼法中,但不排除未来在刑事实体法中作出相关规定的可能。该制度适用于包括侦查、起诉、一审、二审等在内的刑事诉讼全过程,但在刑罚评价上体现出早认罪优于晚认罪,呈现一种“阶梯式从宽量刑”模式。该制度的适用没有罪名和可能判处刑罚的限制,表

---

① 截至 2018 年 9 月底,18 个试点地区适用认罪认罚从宽制度审结的 20 余万件刑事案件中,附带民事诉讼原告人上诉、检察机关抗诉案件占比分别仅为 0.05%、0.04%,被告人上诉案件 6800 余件,上诉率仅为 3.35%。其中适用速裁程序审结的案件占比更低,上述三类案件分别为 0.004%、0.02%、2.25%。参见杨立新:《认罪认罚从宽制度试点总结报告》,载胡云腾主编:《认罪认罚从宽制度的理解与适用》,人民法院出版社 2018 年版,第 274 页。

② 参见陈国庆:《适用认罪认罚从宽制度的若干问题》,载陈国庆主编:《认罪认罚从宽制度司法适用指南》,中国检察出版社 2020 年版,第 83 页。

③ 熊秋红:《比较法视野下的认罪认罚从宽制度——兼论刑事诉讼“第四范式”》,载《比较法研究》2019 年第 5 期。

④ 参见卞建林、谢澍:《职权主义诉讼模式中的认罪认罚从宽——以中德刑事司法理论与实践为线索》,载《比较法研究》2018 年第 3 期;卞建林、谢澍:《认罪认罚从宽与台湾地区刑事协商之比较研究》,载《法学杂志》2018 年第 5 期;陈瑞华:《刑事诉讼法》,北京大学出版社 2021 年版,第 328 ~ 338 页;等等。

现出一种普惠性，但可以从宽并非一律从宽，表现出一种酌定性。因制度设计者一开始便将罪名和罪数排除在外，实质上是一种量刑协商，且采用的是一种法定从宽模式。该制度适用的前提是被追诉人既要认罪也要认罚，非两者同时具备不能适用该制度。从宽的表现是实体从宽、程序从简，激励被追诉人尽早认罪，在一定程度上能够降低取证难度，但证明标准没有降低，仍然坚持了证据裁判原则。整个量刑协商过程表现为检察主导下的控辩对话，诉讼重心向前转移，检察官实际上分享了法官的裁判权。检察机关一般应当提出确定刑量刑建议，法院一般应当采纳，但仍奉行了法官保留原则，由法官最终依法作出判决。为保障被追诉人认罪认罚的自愿性、真实性，制度明确了认罪认罚具结书的签署必须要有辩护律师或值班律师在场。在被害人权益保障方面，充分听取被害方的意见，并将被追诉人是否取得被害方的谅解作为从宽处罚的重要考量，但并非决定因素。

上述归纳基本能够反映出我国认罪认罚从宽制度的主要特征。正如有学者指出的那样，国际社会诉讼制度的图景已经由成文法和普通法泾渭分明的局面转变为一种棋盘式的个体路径和解决办法的集合。我国的认罪认罚从宽制度植根于我国的政治制度，同时注重借鉴域外先进经验，并为新时代、新阶段的社会新理念和认知所形塑，是我国的一种个体路径选择。“认罪认罚从宽制度既充分吸收了辩诉交易、认罪协商制度的合理成分，又高度契合我国国情和司法实践需要，是为满足人民群众多元化的司法需求、平衡国家追诉与诉讼民主而建立的具有中国特色的认罪协商制度。”[①]认罪认罚从宽制度不仅从形式上带来了实体从宽、程序从简，更是从实质上将诉讼进程的推动力由对抗转向协商、合作，进一步促进了当事人诉讼地位的提升，更加符合正当程序要求，也更加契合从治罪转向治罪与治理并重的时代发展需求。

---

① 陈国庆：《适用认罪认罚从宽制度的若干问题》，载陈国庆主编：《认罪认罚从宽制度司法适用指南》，中国检察出版社 2020 年版，第 66 ~ 67 页。

第二节　认罪认罚从宽制度的立论基础

一定的诉讼构造是由一定的诉讼目的和诉讼价值所决定的。我国的认罪认罚从宽制度从大的范围来说,应属于"放弃审判制度"的刑事诉讼"第四范式",属于诉讼构造或者说诉讼模式中的一种。那么,决定认罪认罚从宽制度的诉讼目的、诉讼价值为何,或者说支撑其运作的机理何在？在笔者看来,从世界范围内来看,刑事诉讼程序多元化背后折射出的是诉讼主体对于诉讼利益、诉讼价值的多元化追求,而且这种诉讼利益、诉讼价值又会随着时代的变迁而产生、消失或发生排序上的位移。以此观之,从新时代、新阶段、新理念、新认知的角度,或可从以下四个方面对认罪认罚从宽制度的立论基础进行分析和解读。

一、目的论——作为一种解决纠纷方式的回归

此处笔者无意于陷入刑事诉讼法"刑法实现""发现真实""人权保障"等诸多刑事诉讼目的之争,只是认为对于刑事诉讼目的的理解不应离开对于犯罪性质、刑罚功能的认识。如前所述,对于犯罪性质、刑罚功能的认识有一个"螺旋式"上升的过程。从最开始认为犯罪是个体间的侵权行为、以利益补偿作为解决方式,到后来认为犯罪是对国家公权力的挑战,直至现在采取了一种类似"折中"的方式,兼顾国家和个人利益——在实现国家管理秩序的同时对于个人利益干涉最小化,也即国家最小干预原则。这种认知表现在刑事诉讼的目的上,就是一种对于刑事诉讼解决纠纷目的的回归。还有学者从区分刑事诉讼法的目的与刑事诉讼的目的角度出发,指出如果说刑事诉讼法关乎价值判断,如惩罚犯罪、保障人权等,但刑事诉讼作为一项活动仅仅是解决纠纷的一个程序或一种

路径,各诉讼主体在各诉讼阶段的最终目的都是妥善地解决纠纷。[①] 此种见解颇为中肯。其实,总体而言,将刑事诉讼作为一种文明沟通的解纷方式,作为众多包括武力强制在内的社会控制机制的一种,也是一种成本比较下的理性平和之选。[②]

域外也有此种实践及趋势。且不说在奉行当事人主义的英美法系国家,“与其说刑事程序的目的是真实的发现,不如说是纷争的解决”[③],即便是在职权主义的德国,也有学者指出,“刑事程序应当放弃专门为贯彻实体刑法发挥作用的传统原理,转而建立一种新理念:刑事司法是解决社会问题的一个装置,正因为所有的诉讼参与人都能接受刑事司法的目的,它才能实现正义(Gerechtigkeit)”[④]。时至今日,伴随类似美国辩诉交易的引入,德国刑事程序一个特别显著且具有实际重要性的特征是可以通过合意的方式完成判决,“这一相对晚近的现象给德国刑事程序的基本原理带来了一个严峻的挑战:作为刑事程序的目的,查明事实真相仍然具有至高无上的地位吗?”[⑤]最后不得不承认,在协商性司法中,刑事司法并非以国家为中心,朝向发现“真相”之努力的结果,毋宁说,司法制度作为一个整体——包括民事诉讼及刑事诉讼——都是为了解决已经产生的纠纷。[⑥]

“凡隐含于法秩序之中者,将借法的认识而被明白发展出来。”[⑦]回到作为一种合意型司法的认罪认罚从宽制度,此前关于开展认罪认罚从宽

---

① 参见胡莲芳:《刑事诉讼构造的系统化研究——兼析传统“三方诉讼构造”对刑事诉讼实践的分析缺陷》,载《法学论坛》2021 年第 3 期。

② 参见谢佑平、万毅:《刑事诉讼法原则:程序正义的基石》,法律出版社 2002 年版,第 221 ~ 222 页。

③ 李心鉴:《刑事诉讼构造论》,中国政法大学出版社 1992 年版,第 53 ~ 54 页。

④ Herrmann, oben Ann(43), S. 79. Vgl., Herrmann, oben Ann(41), S. 1166f. 转引自[日]田口守一:《刑事诉讼的目的》,张凌、于秀峰译,中国政法大学出版社 2011 年版,第 14 页。

⑤ [德]托马斯·魏根特:《德国刑事程序法原理》,江溯等译,中国法制出版社 2021 年版,“中文版序”第 4 页。

⑥ 参见[德]托马斯·魏根特:《德国刑事程序法原理》,江溯等译,中国法制出版社 2021 年版,第 210 页。

⑦ [德]卡尔·拉伦茨:《法学方法论》,陈爱娥译,商务印书馆 2003 年版,第 44 页。

的试点决定中即提及,开展该项试点的目的就在于进一步落实宽严相济刑事政策,完善刑事诉讼程序体系,合理优化司法资源配置,提高办案质量和效率,确保无罪的人不受刑事追究,有罪的人受到公正惩罚,维护当事人的合法权益,促进公正司法。《指导意见》也指出,认罪认罚从宽制度对于准确及时惩罚犯罪、强化人权司法保障、推动刑事案件繁简分流、节约司法资源、化解社会矛盾、推动国家治理体系和治理能力现代化具有重大意义。两相比较不难发现,《指导意见》中多了"化解社会矛盾""国家治理体系和治理能力"字样。其实,如果不从社会矛盾化解的角度,不站在提升国家治理体系和治理能力的政治高度,或许就很难理解,我国的认罪认罚从宽制度为什么不像其他大陆法系国家那样对罪名有所限制,而是将其适用于全流程、全罪名。因为限制阶段、限制罪名的方式与我国办案讲求"三个效果"有机统一、"案结事了、政和人和"的理念并不相符。从纠纷解决的角度,也只有被追诉人的认罪认罚、真心悔过,才能铲除邪恶的根源,尽量减少社会的对立面,不断厚植党的执政根基,实现社会和谐。

二、效率论——司法资源有限下的现实考量

简言之,效率即投入与产出的比率。所谓迟到的正义非正义,与正义一样,效率也是人类社会追求的一项重要价值目标。正如有学者所言,"正义的第二种意义,简单说来就是效益"①。在惩罚犯罪上不具有高效率的刑事诉讼,无论是对于社会抑或对于个人自由,都是有害无益的。②"刑事诉讼法之机能,即在维持公共福祉,保障基本人权……唯为寻求事实真相,维持公共福祉,或为保全程序的公正,保障基本人权,不计程序之繁琐,进行之迟缓,亦属于个人无益,与国家社会有损。故诉讼经济于诉

---

① [美]理查德·A. 波斯纳:《法律的经济分析》,蒋兆康译,中国大百科全书出版社 1997 年版,第 1 页。

② 参见[美]赫伯特·L. 帕克:《刑事诉讼的两种模式》,梁根林译,载[美]虞平、郭志媛编译:《争鸣与思辨:刑事诉讼模式经典论文选译》,北京大学出版社 2013 年版,第 10 页。

讼制度之建立实不可忽视。”①

一个时期以来，世界各国普遍将效率作为刑事诉讼的一个重要价值追寻。刑事诉讼效率问题引发关注，归根结底还是在于人类社会发展进程中所遭遇的一个共同难题——社会需求与资源稀缺性的矛盾。② 只要资源的稀缺性一天没有改变，刑事诉讼就必须考虑效率问题。“现代社会越来越重视法律经济学，用各种办法来保证公正客观的同时，又减少社会的付出，这是我们应该追求的一个目标，也就是公正和效率兼顾，这是最佳的法律选择。”③前述刑事诉讼范式的转型、“放弃审判制度”气候的形成，皆与之有关。这种趋势对于当事人主义的普通法系国家自不待言，即便是对于欧陆国家，“加速和简化刑事诉讼程序也成为欧洲委员会(Council of Europe)框架中的重要议题。在这里，人们也在寻求此问题的答案：能否以一方面保证法治的基本原则，而另一方面又减少拖沓的程序以及使刑事程序复杂化的因素等方式来简化刑事程序及刑事审判，从而加快刑事案件的处理。”④当前，加速原则已经被欧洲法律体系所接受。

“无论是当事人主义，还是职权主义‘辩诉交易’理念的盛行均是因节约司法资源、提高诉讼效率所迫。”⑤例如，“德国的刑事诉讼当今发展的突出特征是它的经济性。它不再只是表现为对于公正的追求，而是表现为对于刑事案件的有效、迅捷而又低成本的‘处理’”。“人们致力于在刑事诉讼的传统结构中输入期待中的效率。”⑥德国的刑事协商制度之所以最终被接受并能够上升为立法，主要还是因为其被视为是一个“主要由成本效益考量及实用主义所引导的程序”“能够促成一个公平、公正和高

---

① 陈朴生编著：《刑事经济学》，台北，正中书局1975年版，第327~386页。

② 参见李文健：《刑事诉讼效率论》，中国政法大学出版社1999年版，“前言”第1页。

③ 张军、姜伟、田文昌：《认罪认罚从宽制度控辩审“三人谈”》，载陈国庆主编：《认罪认罚从宽制度司法适用指南》，中国检察出版社2020年版，第24页。

④ 《世界各国刑事诉讼法》编辑委员会编译：《世界各国刑事诉讼法·欧洲卷》，中国检察出版社2016年版，第245页。

⑤ 施鹏鹏：《意大利刑事协商程序及其启示》，载《人民检察》2022年第7期。

⑥ [德]托马斯·魏根特：《德国刑事诉讼程序》，岳礼玲、温小洁译，中国政法大学出版社2004年版，第316页。

效的刑事司法体系，因为其具有简化和加速刑事程序的潜力，以及能够调节有限的司法资源的潜力，解放过劳的检察官和法官”。[①] 又如，在法国，当前“大多数轻罪都是通过当事人立即出庭程序、刑事和解、庭前认罪答辩程序等方式处理，由检察官自行决定”，其背后无疑有“投入与产出的效益率”的考量。[②] 在法国一项实证调研中，有检察官表示：对一些不太重要的小案件，我们不做侦查工作，因为不管怎样，我们的预算有限，无论如何我们都得把支出压缩在一个最小的范围内。有一些小案，如果成功与否不确定，我们就不会开展侦查工作，我们要把支出控制住。“近年来，我们越来越多地使用公诉替代程序，我很担心正是花费问题决定了我们对这些程序的选择，比如，A 程序我们要花费 30 欧元，而 B 程序只需花费 7 欧元，我们会选择后者……过去我们会优先考虑公共秩序和审判结果的需要，而现在我们则仅在有限的预算中考虑程序选择……”[③]

如果将目光转向国内，聚焦到认罪认罚从宽制度上，不难发现，无论是在试点方案抑或《指导意见》中，均提及要节约司法资源、提高办案效率，无疑可以说诉讼效率的提升是认罪认罚从宽制度的主要价值之一。在具体表现上，一是激励被追诉人及早认罪认罚以获取最高的减让利益，还可以起到“示范带动”作用激励其他被追诉人及早认罪，被追诉人真诚认罪悔罪也会减少上诉等环节；二是被追诉人的供述可以有效降低取证难度，缩短取证时间，客观上起到节约司法资源的作用；三是鼓励被追诉人尽可能选择速裁、简易程序，通过法庭调查、法庭辩论以及裁判文书等的简化，进一步提高诉讼效率；四是可以增强司法主体的内心确信，减少不必要的程序流转；五是被害人的损失获得了赔偿，也可以减少其他社会衍生问题和一些不必要的费用支出。

---

① 《世界各国刑事诉讼法》编辑委员会编译：《世界各国刑事诉讼法·欧洲卷》，中国检察出版社 2016 年版，第 246～247 页。

② 参见[法]菲利普·米尔本等：《法国检察官：司法使命与政治功能》，刘林呐、单春雪译，中国检察出版社 2021 年版，第 30、51 页。

③ [法]菲利普·米尔本等：《法国检察官：司法使命与政治功能》，刘林呐、单春雪译，中国检察出版社 2021 年版，第 50、52 页。

三、正义论——观察正义的多重维度

如同每个人心目中都有一个属于自己的哈姆雷特,正义也有着变幻无常的面孔。你可以说给予每个人他所应得的是正义,也可以说同等情况同等对待是正义;你可以说切蛋糕的人最后一个拿蛋糕是正义,也可以说只要过程是正当的就是正义的。诸如此类,不一而足。可以说,在什么是正义的问题上至今仍未能达致统一认识,依旧众说纷纭。对于正义问题的深度研究系笔者力所不逮,本书中笔者仅拟从价值多元的角度,对认罪认罚从宽制度中蕴含的正义价值进行简要评析。

首先,认罪认罚从宽制度本身即为程序正义的生动体现。认罪认罚从宽制度使“坦白从宽、抗拒从严”的刑事政策有了制度性保障。2018 年修正后的《刑事诉讼法》从权利告知、案件记录、具结书签署、合法性和真实性审查等方面均作出具体要求,确保“全程留痕”,使体现“坦白从宽”的认罪认罚从宽制度生成一个可以回溯查明的程序性事实。易言之,认罪认罚从宽制度的建构就是将“坦白从宽、抗拒从严”制度化、规范化、程序化,体现了程序正义原理。此外,认罪认罚从宽制度“诉讼程序必须简化”①的内在要求,能够在一定程度上减少被追诉人的程序性负担,“与从宽处理具有一致性的面向”②,可以使被追诉人减少对于不确定未知的恐惧,及早从诉讼程序中解脱出来,获得相应利益。

其次,从在认罪认罚从宽制度中起着主导作用的检察机关出发,个案正义的实现与检察裁量权的正确行使有着密切的联系。随着价值利益追求日趋多元化,当今社会对适合个案的正义需求也日益强烈。在办案过程中,这种个别化的正义很多时候是通过检察机关的自由裁量权来实现的。甚至在一定程度上可以说,刑事正义的核心就在于司法裁

---

① 樊崇义:《认罪认罚从宽制度理论与实践若干问题研究》,载陈国庆主编:《认罪认罚从宽制度司法适用指南》,中国检察出版社 2020 年版,第 91 页。

② 郭华:《认罪认罚从宽制度中程序从宽的误释与重述》,载《法学杂志》2021 年第 5 期。

量权的运用。[①] 其中，起诉便宜主义正是检察裁量权行使的法理和法律依据。所谓起诉便宜主义，是指检察官可以从必要性出发，在案件合乎起诉条件的情况下，具体考量并决定是否对案件提起公诉。[②] 例如，法国的检察官在决定是否提起公诉时，既要考虑合法性，也要考虑适当性，作利弊权衡考量。[③] 又如，在日本，该国的刑事诉讼法在作出公诉由检察官提起的国家追诉主义规定后，紧接着又规定了起诉便宜主义条款，明确根据被追诉人本人的具体情况（如性格、年龄、境遇），犯罪的情况（如犯罪动机和方法），罪刑轻重，罪后的表现等，最终决定是否提起公诉。[④]

再次，在对被追诉人程序主体地位的尊重上，也体现出一种实质的程序正义要求。[⑤] 被追诉人成为刑事诉讼主体，是现代刑事司法文明的基

① 参见［美］肯尼斯·卡尔普·戴维斯：《裁量正义》，毕洪海译，商务印书馆2009年版，第19～20页。

② 参见林钰雄：《刑事诉讼法（总论编）》（上册），中国人民大学出版社2005年版，第46～47页。

③ 参见［法］卡斯东·斯特法尼等：《法国刑事诉讼法精义》，罗结珍译，中国政法大学出版社1999年版，第499～500页。

④ 参见《日本刑事诉讼法》第247条、第248条之规定，载《世界各国刑事诉讼法》编辑委员会编译：《世界各国刑事诉讼法·亚洲卷》，中国检察出版社2016年版，第339页。其中，与犯人有关的事项包括品行、性情、认识能力、生活经历、健康状态、有无前科、犯罪当时以及起诉时的年龄、家庭环境、职业、交际关系等广义上包括在"性格、年龄、境遇"中的事项；与犯罪本身相关的事项包括法定刑的轻重，被害的大小，有无加重减轻事由，有无共犯，犯罪行为的动机、方法，犯罪所得的多少，与被害人的关系，犯罪的社会影响等属于"犯罪轻重以及犯罪情节"的事项；作为犯罪后的事项，就是要考虑到有无悔改的表现，为弥补损害和道歉表现出来的诚意，是否达成和解，经过的时间多少，社会状况的变化，法令的修改废除，犯罪人的生活情况，有无身份保障人等各种情况。前述对于《日本刑事诉讼法》第258条的理解，参见［日］松尾浩也：《日本刑事诉讼法》（新版）（上卷），丁相顺、张凌译，中国人民大学出版社2005年版，第179页。

⑤ 与此相似，也有学者从"主观程序正义"的角度加以解读，认为主观程序正义可以作为认罪认罚从宽制度中量刑协商正当性的补强。主观程序正义侧重于程序参与人对程序的感知，包括表达自身意见或参与的权利、程序主导者的中立性、程序主导者的可信赖性以及有尊严地被对待。具体到认罪认罚从宽制度中的量刑协商，其正当性在于通过给予被追诉人与检察机关就量刑展开协商的机会，赋予被追诉人更大程度上直接影响定罪量刑结果的能力，以实现其对利于自身结果的追求。虽然该学者在其撰文中试图跳脱审判中立、控辩平等刑事诉讼原则对量刑协商的正当性基础作出"主观程序正义"的"补强"，但其结论仍在于对量刑协商可能存在的有违罪责刑相适应原则（文中称"相当性"）、自愿性保障不足风险，需筑牢法官的审查防线上，在笔者看来，这并没有超出本书的涵摄范围。参见郭烁：《量刑协商正当性补强与量刑建议刚性神话的祛魅》，载《法制与社会发展》2023年第3期。

本特征，也是刑事诉讼法治进步的重要标志。[①]“一个法律主体最核心的标志是意思自治，即按照自己的意志，对符合自己利益的行为作出选择的权利，舍此便不足以成为法律主体。”[②]毫无疑问，认罪认罚从宽制度的确立可视为对于被追诉人主体地位的一种制度性提升，在该项制度中，无论是在是否认罪认罚、具结书的签署，还是在程序选择、反悔和撤回以及值班律师帮助等方面，均体现出对于被追诉人程序主体地位的尊重，蕴含着实质的程序正义理念。[③] 被追诉人的程序主体地位集中表现在程序参与权、处分权等方面。一方面，程序参与要求应为程序所涉及的利益当事人提供充分陈述己见的机会，使其能够富有影响地参与到程序中去维护自己的权益，决定自己的前途命运。经由此过程，促使其真心认罪服判，因为在该过程中其感受到了尊重，也通过自己积极、主动和广泛的参与直接推动和塑造了案件的裁判结果。另一方面，诉讼的本质既应当包括充分行使对抗性权利，也应当包括自主地放弃对抗性权利。[④] 因此，获得一整套严密而复杂的公正审判程序是被追诉人的一种权利而非义务，被追诉人既可以积极地主张，也可以放弃或减少进而选择一种简化的程序和方式获得审判，如选择自愿认罪认罚并借此获得从宽处理或处罚等，这也是尊重被追诉人主体地位的一种体现。

最后，认罪认罚从宽制度中也体现出一种对于被害人权益的尊重。原则上，被害人的意见对于能否适用认罪认罚程序并不起决定性作用，但作为一项法定要求，如果被追诉人方与被害方未能就附带民事诉讼赔偿等事项达成调解、和解等，根据《刑事诉讼法》第 223 条之规定，就不得适用速裁程序审理。从这个意义上讲，如果被追诉人想要获得经由速裁程序才能获得的“程序从简”处遇，还必须与被害人达成“认赔”的民事调解

---

① 参见赵恒：《认罪认罚案件被追诉人合作理论研究》，载《中国应用法学》2023 年第 3 期。

② 宋英辉主编：《刑事诉讼原理》，法律出版社 2003 年版，第 178 页。

③ 参见陈瑞华：《刑事诉讼的公力合作模式——量刑协商制度在中国的兴起》，载《法学论坛》2019 年第 4 期。

④ 参见陈瑞华：《刑事诉讼法》，北京大学出版社 2021 年版，第 345 页。

或和解协议才行。

四、真实论——实体真实主义相对性条件下的合意真实

何为真实，实为一哲学命题。因判断尺度或者说思维方式的不同，会得出差异化的结论。在刑事诉讼研究领域乃至其他法律领域，都存在以"是"与"不是"作为判断方式和以"应当"与"不应当"作为判断方式的两种命题。前者被称为实然判断或事实判断，后者被称为应然判断或价值判断。[①] 前者，如可以用于证明案件事实的材料都是证据；后者，如任何人在被作出生效判决之前均应视为无罪。从中也能够看出二者在判断标准上的差异，前者依据的是事实，而后者依据的则是价值。由此也产生了不同的观念，前者趋于追求真理，而后者趋于价值权衡。有别于真理的一元性，价值则具有多元性。

在刑事诉讼领域，对真实问题的讨论一定程度上与对刑事诉讼目的的讨论相伴而生。从域外的视角看，尤其是在大陆法系国家，刑事诉讼的目的经由一个从实体真实主义向正当法律程序转向的过程。[②] 实体真实主义基于必罚主义的理念，而正当法律程序基于无罪推定的理念。如果说实体真实主义对应的是真理论，那么正当法律程序对应的则为价值论。之所以会发生此种转向，是因为"与纯科学不同，法律并非旨在真理，全部为了真理，除真理之外别无他求。那样不仅代价过高而且真理有时与解决纠纷的目的并无关系"[③]。虽然实体真实存在与否有着既定答案，但这仅是从纯粹的客观意义上而言的，现代诉讼是"不知情人审判"，法官作为不知情人，无法从诉讼程序之外寻得答案。[④] 加之诉讼认识的特殊性，

---

① 参见[美]E. 博登海默：《法理学——法哲学及其方法》，邓正来等译，华夏出版社 1987 年版，第 485 页。

② 参见李心鉴：《刑事诉讼构造论》，中国政法大学出版社 1992 年版，第 122 ~ 127 页。

③ [美]迈克尔·D. 贝勒斯：《法律的原则——一个规范的分析》，张文显等译，中国大百科全书出版社 1996 年版，第 23 页。

④ 参见宋英辉主编：《刑事诉讼原理》，法律出版社 2003 年版，第 36 页。

人类资源和认识能力的有限性,实体法理论也不要求查明详细的案件真实,只是在可能的范围内作盖然性判断。所以说,刑事诉讼中所追求的真实最终只能是部分的真实或假定真实,绝非全部的真实或真正的真实。基于上述理由,有学者认为,法律上的真实并非先验存在的事物,而是在接续的法律判断中创制生成的;不是严格语言学意义上的事实,而是不断被构筑的。① "我们永远只能根据特定的事实片段以及被定义的时间点,相对性地陈述真实。因此所谓的真实,至少是这种可以运用的真实,永远都是相对性的。由于即使是最为局限的真实片段,也永远都只是'真正'真实里无尽众多元素中的一个片段,因此重点在于,哪些细节是观察者认为重要的。因此真实,至少是这种可以运用的真实,永远都是主观的。"② 但正如前述对真理与价值的关系的讨论,承认实体真实具有相对性绝非一种价值虚无主义,而恰恰是对于前述诸如纠纷解决、诉讼效率、多维正义等多元价值的深度解析。

通过上述梳理可以发现,刑事程序中的事实经由了从实体真实主义到正当法律程序的转向过程,折射出的是判断标准和思维模式的变化,即从"真理一元"向"价值多元"的变迁。但对于上述转向的讨论总体而言是置于前述"第三范式"即职权主义的审问式和对抗式背景之下的。在"第四范式"即"放弃审判制度"日益在世界范围内盛行的场域中,"权利放弃对价说"正在成为一种基于正当法律程序反思的理论学说。该学说认为,正当程序发展至今已经成为影响裁判质效、引发司法不满的导火索,合理的进路应该是国家与被追诉人有效沟通基础上的权利放弃、程序简化、从宽激励。③ "形形色色的协商性司法形式都强烈依赖一个机制——被告人的弃权。"④如果说"权利放弃对价说"从程序的角度解释了

① 参见[日]田口守一:《刑事诉讼的目的》,张凌、于秀峰译,中国政法大学出版社 2011 年版,第 30 ~ 71 页。

② [德]托马斯·达恩史戴特:《失灵的司法:德国冤错案启示录》,郑惠芬译,法律出版社 2017 年版,第 316 页。

③ 参见赵恒:《论从宽的正当性基础》,载《政治与法律》2017 年第 11 期。

④ 魏晓娜:《背叛程序正义:协商性刑事司法研究》,法律出版社 2014 年版,第 134 页。

"第三范式"转向"第四范式"的机理,那么合意真实正在成为"第四范式"的关键支撑,无论是在事实基础上抑或价值指引上都正在发挥越来越重要的作用。在"放弃审判制度"之下,直接言词原则的松动导致了实质真实原则、罪刑法定原则以及无罪推定原则等的动摇,"真实符合论"让位给了"真实共识论",刑事诉讼制度可谓发生了根本性变革。① "与其说判决是真实的宣言,不如说是当事人之间的决定。"②根据真实符合论,与真实相符的判决就是正确的。该理论中,真实就像"被埋藏的黄金",等待被发掘重见天日;而真实共识论则摒弃了先验存在"真相事实"的观念。根据这一理论,真实就是理性的人在全面、公正地交流之后就事实达成的合意。③

至此,对于真实的讨论应当转移到国家与个人的合意上来。正如时任最高人民法院副院长姜伟所言,诉讼的发展历程经过纠问式、抗辩式,到了现在的协作式,法庭不再是检察官和律师的"角斗场",而是成为如何使被追诉人获得更加公正合理刑罚的"谈判席";控辩双方基于协作而形成的合意,只要符合法律规定,法官就应该尊重。④ 但需要注意的是,本书所称合意真实,绝非要以"合意"代替"真实",就像德国相关改革过程中的一种激进声音所称的那样,以新的"同意原则"取代旧的"真相与正义"之基础,认为控方和辩方的同意为法院的判决提供了充足基础,若当事人各方已经对案件处理形成一致立场,法院可以认可这一协议而无须审查其基础。⑤ 如果对于前述刑事诉讼模式转型、实体真实的相对性论述能够成立,那么对于合意真实则可以从以下三个层面进行理解:首

---

① 参见熊秋红:《比较法视野下的认罪认罚从宽制度——兼论刑事诉讼"第四范式"》,载《比较法研究》2019年第5期。

② 李心鉴:《刑事诉讼构造论》,中国政法大学出版社1992年版,第53页。

③ 参见[德]托马斯·魏根特:《德国刑事程序法原理》,江溯等译,中国法制出版社2021年版,第272~273页。

④ 参见张军、姜伟、田文昌:《认罪认罚从宽制度控辩审"三人谈"》,载陈国庆主编:《认罪认罚从宽制度司法适用指南》,中国检察出版社2020年版,第7页。

⑤ 参见[德]托马斯·魏根特:《德国刑事程序法原理》,江溯等译,中国法制出版社2021年版,第210页。

先，合意真实应当是一种嵌入在合意型诉讼模式之下的相对真实，这也是讨论合意真实的应有语境，否则便失去了讨论的基础和意义。如有学者所言，程序空间内形成的法律事实蕴含了程序的要求，是一种程序性共识，而不同诉讼程序下塑造出来的事实会有所不同。① 其次，合意真实并非简单地将“合意”替代“真实”，而是讲求一定的基础事实，避免陷入“交易型真相”的陷阱，即将任何形式化的结果都作为刑事案件的“真相”。最后，虽然当前我国认罪认罚从宽制度中的证明标准没有降低，但应当看到由于合意型司法模式遵循的是一种“合意即正义”的逻辑，合意真实实为一种个案共识，其中蕴含了控辩双方的多重利益考量，也欠缺不认罪案件审理的完备程序，因此长远看来应当与遵循“程序即正义”逻辑的对抗式司法模式的证明标准有所区别。②

第三节　认罪认罚从宽制度的建构原理

任何一项制度的产生均有其深刻的社会背景，认罪认罚从宽制度亦是如此。如前所述，从世界范围内看，“放弃审判制度”的“第四范式”是认罪认罚从宽制度产生的时代背景。具体到国内，认罪认罚从宽制度与速裁程序作为“以审判为中心”改革的配套制度展开。由此，我国的认罪认罚从宽制度成为一项看似不兼容甚至存在内在冲突的复合体（“放弃审判制度”与“以审判为中心”），理论与实践中的诸多问题及争议抑或根源于此。从当前认罪认罚从宽制度运行良好的现实来看，似乎可以说该项制度自有其一套运行逻辑体系。例如，其采用了法官保留原则，仍然服务于审判中心；其顺应了世界范围内检察权不断扩张的趋势，使用量刑建议的制度赋予检察机关以主导地位或者说主导责任，该种权力的来源在

① 参见杨波：《刑事诉讼事实形成机理探究》，载《中国法学》2022年第2期。

② 有学者提出达到“清楚的有说服力的证明”标准即可。参见杨波：《刑事诉讼事实形成机理探究》，载《中国法学》2022年第2期。

很大程度上源自控辩协商;等等。上述种种,可以说从根本上决定了认罪认罚从宽制度中控辩审三方关系的最终态势和走向。

一、审判中心——认罪认罚从宽制度改革的“因”与“果”

首先,审判中立是审判中心的前提。审判之所以成为中心,被认为是刑事诉讼进程中合乎逻辑的高潮,这是因为其具有消极中立和公正无偏的特性,在控辩审三角结构中“居于其间,踞于其上”。如前所述,为了保证审判中立,也发展出了管辖、回避、直接言词、非法证据排除等诉讼制度和原则;为了防止法官产生偏见、形成预断,实行起诉状一本主义、庭前审法官与庭审法官相分离、禁止法官单方面接触等诸多原则。我国的认罪认罚从宽制度设计成为控辩协商而非审辩协商难说不无此考量。“量刑协商系在控辩双方之间进行,法官作为裁判者,不能介入,否则就失去了基本的中立性和超然性,也容易使被追诉人失去真正的自由选择权。”①从域外看,即便是在采用法官参与并主导刑事协商制度的德国,仍有学者对该国的该种制度设计持有异议:于被告人而言,由法庭进行认罪换减刑的协商,如果被告拒绝了法庭以减轻刑罚换取其作出供述的提议,同一个法庭将继续负责审判程序,由此被告人必定会认为他不再真正有机会获得无罪判决;于法官而言,仅仅被告参与了以认罪换减刑的讨论这一事实都会被法官无意识地当作有罪的有力迹象,更不用说由于“提前介入”而产生的心理学上的“判断坚持效应”“自我实现预言”等“法官前偏见”了。②

其次,以审判为中心的诉讼制度改革与认罪认罚从宽制度之间应形成一种良性互动关系,共同促进我国刑事诉讼制度在新时期实现更高质量发展。我国的刑事诉讼制度是以诉讼阶段论为理论基础建构起来的,

---

① 陈国庆:《适用认罪认罚从宽制度的若干问题》,载陈国庆主编:《认罪认罚从宽制度司法适用指南》,中国检察出版社2020年版,第81页。

② 参见[德]贝恩德·许乃曼:《公正程序(公正审判)与刑事诉讼中的协商(辩诉交易)》,刘昶译,载陈光中主编:《公正审判与认罪协商》,法律出版社2018年版,第34~37页。

侦查、起诉、审判成为刑事诉讼中三个独立的阶段。虽然在制度设计中也规定了一些制约原则，但往往配合有余、制约不足，后端难以对前端形成有效制约，所以形成了备受诟病的“侦查中心主义”，“审判中心主义”可谓是对“侦查中心主义”的反思与重构。[①] 时至今日，对于以审判为中心的诉讼制度改革已达成一定共识。有学者指出，按照顶层设计，以审判为中心的诉讼制度改革分三步走：第一步是“庭审实质化”；第二步是调整诉讼结构，对分工负责、互相配合、互相制约的职权关系进行重新调整；第三步是大修刑事诉讼法。[②]

庭审实质化“并非也不可能是所有刑事案件均经历实质化的庭审”[③]。一是没有必要。可用于诉讼活动的司法资源是有限的，并非所有的刑事犯罪都必须自然而然地以刑事起诉而告终，不应将有限的司法资源浪费在不合适的案件上，应以合适的精力将可获得的资源用在那些值得起诉的案件上。[④] 二是可能也负担不起。毕竟，繁复的诉讼程序、精密的规则设计等需要大量的人力、物力投入，也会引发诉讼效率下降、诉讼周期变长等现实问题。在司法责任制改革，员额法官、检察官人数下降而案件数量却在不断上升的情况下，一线办案人员的压力也会增加不少。[⑤] 一个时期以来，我国的刑事司法改革总体沿着两个逻辑脉络发展演进：一是对于被追诉人不认罪案件，推行审判中心主义、庭审实质化的改革举措，使诉讼程序朝着更加公正化、正当化的方向发展；二是对被追诉人认罪案件，在此基础上进一步推行“认罪认罚从宽”，使诉讼程序朝着更为

---

① 参见陈卫东：《以审判为中心背景下的直接言词原则探析》，载陈光中主编：《公正审判与认罪协商》，法律出版社 2018 年版，第 72 页。

② 参见樊崇义：《认罪认罚从宽制度理论与实践若干问题研究》，载陈国庆主编：《认罪认罚从宽制度司法适用指南》，中国检察出版社 2020 年版，第 91 ~ 92 页。

③ 陈国庆：《适用认罪认罚从宽制度的若干问题》，载陈国庆主编：《认罪认罚从宽制度司法适用指南》，中国检察出版社 2020 年版，第 77 页。

④ 参见《澳联邦检察总署起诉政策（全译文）》，载季美君：《中澳检察制度比较研究》，北京大学出版社 2013 年版，第 324 页。

⑤ 参见陈瑞华：《刑事诉讼的公力合作模式——量刑协商制度在中国的兴起》，载《法学论坛》2019 年第 4 期。

简洁、高效的方向发展。[①] 速裁程序、认罪认罚从宽程序正是在第二个层面上作为贯彻、落实、深化第一个层面的以审判为中心的诉讼改革的重要举措而提出和实施的。“在考察美国的辩诉交易后,我们认为美国的做法无法完全搬到中国,所以结合我国的实际情况,开始速裁程序的试点、认罪认罚从宽程序的试点。就是把百分之七八十的案件通过认罪认罚和速裁程序解决,对于那些大案、要案、疑难案件、重点案件、被告人不认罪案件,真正去做庭审实质化。”[②]时任最高人民法院副院长的姜伟在《认罪认罚从宽制度控辩审“三人谈”》中也提道:“检察机关在追诉犯罪中的主导责任为以审判为中心的诉讼制度改革创造了条件。要实现繁简分流、轻重分离、快慢分道,就必须充分发挥检察机关的审前过滤作用。检察机关的主导责任发挥得越充分,认罪认罚从宽制度的适用率越高,就越能使法院的法官集中精力审好那些重大、疑难、复杂案件,实现党中央确定的以审判为中心的诉讼制度改革的目标。同时,检察机关在追诉犯罪中履行主导责任与以审判为中心诉讼制度改革的宗旨和目标是一致的,都是惩罚犯罪、保障无辜者不受追诉。”[③]

从以上可以看出,认罪认罚从宽制度与以审判为中心并非截然对立,而是有机统一的,在以审判为中心的诉讼改革中,实际上包含了认罪认罚从宽制度。[④] 从另一个维度上说,既然庭审实质化是公正审判的核心要义,公正审判又是被追诉人的一项诉讼权利而非义务,那么被追诉人当然可以根据自己的意愿去选择行使或放弃。因此,也可以说以审判为中心与认罪认罚从宽制度在实质意义上是刑事诉讼的应然要求与实然需要之

---

① 参见陈瑞华:《刑事诉讼的公力合作模式——量刑协商制度在中国的兴起》,载《法学论坛》2019 年第 4 期。

② 樊崇义:《认罪认罚从宽制度理论与实践若干问题研究》,载陈国庆主编:《认罪认罚从宽制度司法适用指南》,中国检察出版社 2020 年版,第 91 ~92 页。

③ 张军、姜伟、田文昌:《认罪认罚从宽制度控辩审“三人谈”》,载陈国庆主编:《认罪认罚从宽制度司法适用指南》,中国检察出版社 2020 年版,第 20 ~21 页。

④ 参见顾永忠:《关于“完善认罪认罚从宽制度”的几个理论问题》,载《当代法学》2016 年第 6 期。

间的关系;前者是主张并行使公正审判权的产物,后者是放弃或减少公正审判权的结果。①

再次,以检察机关提出的是确定刑量刑建议还是幅度刑量刑建议作进一步区分,将后者作为认罪认罚案件庭审实质化的发力重点。一段时间以来,学界对于认罪认罚从宽制度、以审判为中心、庭审实质化的讨论,多聚焦于宏观层面三者之间的关系。得出的初步结论是,以审判为中心的诉讼制度改革是个系统工程,庭审实质化只是其所要实现的近期目标,认罪认罚从宽制度服务于以审判为中心的诉讼制度改革,庭审实质化要求投入更多的司法资源更多体现在不认罪案件中,认罪认罚案件中应更多体现协商性逻辑。② 在笔者看来,如果说前述讨论的是一种"长焦式"的,那么不妨将焦距再拉近一些,或许就能够看到,即便是在认罪认罚案件中,仍可以以量刑建议是"确定刑"抑或"幅度刑"作进一步区分,即对于确定刑量刑建议一般应当采纳,而将庭审的重心放在提出幅度刑量刑建议的案件上。

一方面,从司法实践来看,对于能够提出确定刑量刑建议的案件,检察院和法院之间基本上已经形成了一套相对比较成熟的、业已达成共识的办案标准、量刑规则,出现"明显不当"的量刑建议的可能性并不高。③此外,法院一般应当采纳检察机关提出的量刑建议也是立法及相关司法解释的明确规定。另一方面,一定意义上而言,提出幅度刑量刑建议的案件正是需要依靠法庭审理的力量,进行"实质化审理"的发力之处。社会经济的快速发展和刑法的滞后性决定了犯罪的类型必将不断发展变化,新类型、不常见、疑难复杂案件将层出不穷,为量刑建议保留幅度刑的适

① 参见顾永忠:《以审判为中心背景下的刑事辩护突出问题研究》,载《中国法学》2016 年第 2 期;顾永忠、肖沛权:《"完善认罪认罚从宽制度"的亲历观察与思考、建议——基于福清市等地刑事速裁程序中认罪认罚从宽制度的调研》,载《法治研究》2017 年第 1 期。

② 参见陈文聪:《论审判中心主义改革与认罪认罚从宽制度的关系》,载《华东政法大学学报》2022 年第 5 期。

③ 参见董坤:《认罪认罚案件量刑建议精准化与法院采纳》,载《国家检察官学院学报》2020 年第 3 期。

当出口是应对复杂经济社会环境的理性选择。对此,笔者也曾做过一些调研,被调研的办案检察官也大都认为,在认罪认罚从宽制度适用率、确定刑量刑建议提出及采纳率的考核压力下,对于“吃得准”的认罪认罚案件肯定会提出确定刑量刑建议,只有对那些“吃不准”的案件,才会迫不得已提出幅度刑量刑建议。所以说,这些提出幅度刑量刑建议的案件恰恰是需要法庭集中精力进行“实质化审理”的发力点。

最后,所谓“工夫在诗外”,只有在完整的审判程序中更好地保障被追诉人的各种诉讼权利,增强被追诉人的防御手段,更高质量地实现庭审实质化,增加审判结果的不确定性,才能使辩方拥有更多的谈判筹码,而控方也才有更大的协商动力,这也是美国的辩诉交易为我们提供的经验。[①] 此种意义上而言,以审判为中心诉讼制度改革的推进、庭审实质化的实现才能够更好地促进认罪认罚从宽制度的健康发展。

二、控辩协商——合意型诉讼模式的正当性根基

首先,协商是合意的前提条件和制度基础,只有存在平等协商的制度架构,双方合意才有达成的前提条件和空间。协商是各方就某一事项进行的对话、互动和说服活动。虽然修改后的《刑事诉讼法》中并没有直接使用“协商”二字,但对于认罪认罚从宽制度是一种协商型、合作型或合意型司法模式应有一定共识。[②] 有学者更进一步指出,认罪认罚从宽制度的本质内核即为控辩协商。[③] 对于控辩协商的重要地位,可以从以下两个视角进行观察:一是认罪认罚从宽制度之所以被称为一种合意型或者说协商型司法模式,其关键就在于在该种刑事诉讼模式下,被追诉人不再只是诉讼活动的被动参与者,而是对诉讼过程及诉讼结果都具有一定

---

① 参见杜磊:《认罪认罚从宽制度适用中的职权性逻辑和协商性逻辑》,载《中国法学》2020 年第 4 期。

② 参见胡铭:《认罪协商程序:模式、问题与底线》,载《法学》2017 年第 1 期。

③ 参见樊崇义:《认罪认罚从宽协商程序的独立地位与保障机制》,载《国家检察官学院学报》2018 年第 1 期。

影响的参与者。[①] 此前诉讼活动中的公权力单向行为变为现在的公权力与被追诉人方的互动的合意行为。"相比于传统诉讼模式，协商型诉讼模式中的被告人对于诉讼结果有更多的影响力"[②]，其反映的是被追诉人在诉讼主体地位确立以后的进一步提升，"从制度法理上看也是一种进步"[③]。二是认罪认罚从宽制度中检察机关提出的包括确定刑量刑建议在内的量刑建议之所以对法院具有一定程度的决定作用（法院"一般应当采纳"），正是因为该量刑建议并非像此前一样是检察机关的单方决定，而是控辩协商形成的诉讼合意的结果。

其次，合意是协商的最终结果和目标追求，平等协商最终是为了能够达成"双赢、多赢、共赢"的诉讼过程和诉讼结果。理想中的协商或沟通场景，应该像哈贝马斯论及的那样，符合理解性、真实性、真诚性、适当性要求，以及在水平位置上的机会平等、对事实发表意见、有对其他人表达的事实所具有的效力提出疑问、有表达观点的权利等。[④] 易言之，控辩协商应该是控辩之间平等而有效的对话，平等是形式要件，有效是实质要求。当然，一如前述，"因为国家的刑事追诉权与公民的防御权在性质、范围和力度上均有重要区别，若无足够的资源配置，国家将无法有效行使其刑事追诉权"[⑤]，故控辩之间不可能也不应该绝对平等，而应为一种"相对平衡"，一种诉讼过程中的地位平等、手段对等。但从世界范围内来看，协商性司法存在控方利用权力、信息等资源优势压制被追诉人的异变风险：

---

① 参见张建伟：《持续推动刑事司法制度发展进步》，载《检察日报》2022年10月12日，第3版。

② 张益南、邵俊：《中德刑事诉讼法学高端论坛综述》，载陈光中主编：《公正审判与认罪协商》，法律出版社2018年版，第10页。

③ 龙宗智：《完善认罪认罚从宽制度的关键是控辩平衡》，载《环球法律评论》2020年第2期。

④ 参见[德]马蒂亚斯·雅恩：《回到未来——新共识刑事诉讼程序的范式：法的商谈理论》，宗玉琨译，载赵秉志等主编：《当代德国刑事法研究》（第3卷），法律出版社2019年版，第223页。

⑤ 龙宗智：《完善认罪认罚从宽制度的关键是控辩平衡》，载《环球法律评论》2020年第2期。

一方面,控方作为代表国家实现刑罚权的主体,有能力实现这种压制;另一方面,为了提高诉讼效率、消除控诉障碍,控方也有进行压制的动力。[①]比如,美国的辩诉交易案件中就出现了一些无辜者被迫认罪的情况,"享有广泛自由裁量权的检察官在日趋严酷的刑法体系中所掌握的'武器'越来越多,在与辩方的闭门谈判中具有压倒性优势,这打破了契约自由或自治理论包装下的控辩平衡假象"[②],该种情况下,由于人的趋利避害本性,即便无罪之人也可能会在强大的现实压力下选择认罪,进而导致冤错案件的发生。故而,如何保障协商的平等性以及合意的真实性成为合意型诉讼模式正当性的关键所在。

最后,合意真实是合意型诉讼模式的支撑。"法律的演进并不仅仅是以内在特性和环境条件的无意识生长,而是为了解决存在的问题所做的有意识努力的结果。"[③]认罪认罚从宽制度从传统的对抗式诉讼模式走向合意型诉讼模式正是这种努力的结果。而对合意型诉讼模式起到支撑作用的正是合意真实。"如果他是无罪的,他情愿受大陆法院的审判,但倘若他是有罪的,他认为在普通法院受审具有更多逃避或减轻惩罚的机会。"[④]这段经常被用以论证两种司法制度优劣的经典语句,如果换个角度看,又何尝不是在说实质真实的相对性。刑事诉讼能做的也只是尽可能地接近客观真实。承认实质真实的相对性绝非一种价值虚无主义,而恰恰是新的时代条件下对于纠纷解决、诉讼效率、多维正义等多元价值的映射。根据"真实共识论",真实就是理性的人在全面、公正地

---

① 参见龙宗智:《完善认罪认罚从宽制度的关键是控辩平衡》,载《环球法律评论》2020年第2期。

② 参见[美]斯蒂芬诺斯·毕贝斯:《庭审之外的辩诉交易》,杨先德、廖钰译,中国法制出版社2018年版,"译者序"第24页。

③ [英]保罗·维诺格拉多夫:《历史法学导论》,徐震宇译,中国政法大学出版社2012年版,第150页。

④ [美]H. W. 埃尔曼:《比较法律文化》,高鸿钧等译,清华大学出版社2002年版,第151页。

交流之后就事实达成的合意。[①] “与其说判决是真实的宣言，不如说是当事人之间的决定。”[②]我国也有学者提出，传统的事实发现理论往往将裁判事实看成是单方反映和发现的结果，追求的是诉讼认识与客观实在的符合。现代刑事诉讼中，应秉持一种理性的、开放性的程序性事实观，裁判事实的生成基础应为诉讼活动主体间的行为和交互作用的结果，是诉讼主体共同建构的产物，是一种程序性共识，遵循的是一种“合意即正义”逻辑。[③]

进言之，合意真实能够走多远，除社会的接受度之外，关键还要看公权力机关对其的态度，更深层次上可以说是诉讼模式的转型到底有多彻底。如果法官依然固守传统理念，仍然要为实体真实负全部责任，那么合意真实未来的道路可能艰难备至；反之，如果法官理念能够随之更新，诸如卸责等相关配套措施进一步健全乃至证明标准可能发生变化，那么合意真实在前进的道路上将会越走越远。[④] 正如有学者所言，如果法官能够以最大的诚意对控辩合意予以接纳，不仅可以简化庭审、提高效率、节约资源，还可以对控辩合意中所蕴含的为双方所珍视的利益以充分尊重；反之，则不仅不会带来上述“利益”，反而会带来与之相反的效果，如会影响到控方承诺的权威，此亦为司法公信力的重要组成，除案件中的被追诉人外，还会造成不良的示范效应，影响到后来的被追诉人的认罪认罚积极性，最终对认罪认罚从宽制度的运行带来不利影响。[⑤] 此外，在笔者看来，对于该问题的观察，还有一个看起来可能并不是那么明显的视角，那

---

① 参见[德]托马斯·魏根特：《德国刑事程序法原理》，江溯等译，中国法制出版社2021年版，第272～273页。

② 李心鉴：《刑事诉讼构造论》，中国政法大学出版社1992年版，第53页。

③ 参见杨波：《刑事诉讼事实形成机理探究》，载《中国法学》2022年第2期。

④ 当然，社会公众的认识对于诉讼模式的转型也会产生很大甚至是决定性影响，此处没有提及是因为中国的检察官也是司法官，也具有客观公正义务，在作出任何决定之前也会考虑社会公众的接受度，甚至会考虑案件办理的政治效果、法律效果、社会效果的有机统一。

⑤ 参见李奋飞：《论认罪认罚量刑建议与量刑裁决的良性互动》，载《暨南学报（哲学社会科学版）》2020年第12期。

就是官方和学界话语中的刑事司法从“治罪”走向“治理”。[①] 深究而言，治罪对应的应为调查模式、科层模式，而治理对应的应为纠纷模式、协作模式。调查模式对应的应为实体真实，即无论控辩双方对于案件事实是否达成一致，公权力机关都应该通过客观的调查查明实际上发生了什么；纠纷模式对应的应为合意真实，即如果控辩双方对案件事实达成一致的情况下，查明案件实际上是如何发生的重要性降低，对于真相的理解更具合意性和相对性。[②] 从上述话语中的由“治罪”到“治理”的转向中，或许也能够管窥合意真实的未来。

三、检察主导——偶然抑或必然

正如有学者指出的，认罪认罚从宽制度在实践中的发展已经超出了当初制度设计者的预设而获得了自身的生命力。[③] 在笔者看来，这种所谓“超出预设”最典型的表现莫过于“检察主导”——原本作为以审判为中心诉讼制度改革配套而开展的认罪认罚从宽制度改革，借助世界范围内的检察自由裁量权不断扩大、公诉权趋向实体化之势，[④]在法律规定的“一般应当提出确定刑量刑建议＋一般应当采纳”要求下，成了改革场域中的“主角”，检察机关由此成为刑事诉讼程序中的主导者。

所谓检察主导，又称检察主导地位、检察主导责任、检察主导作用，是指检察机关对程序的控制、主导乃至对程序事项作出决定的责任。易言之，即检察机关对程序的走向乃至实体问题有一定的控制作用。[⑤] 有学

---

① 参见孙风娟：《认罪认罚从宽制度促进刑事司法由“治罪”走向“治理”》，载《检察日报》2022年7月29日，第1版；董坤：《以不起诉权实现犯罪的程序治理》，载《检察日报》2022年9月26日，第3版。

② 参见魏晓娜：《冲突与融合：认罪认罚从宽制度的本土化》，载《中外法学》2020年第5期。

③ 参见杜磊：《认罪认罚从宽制度适用中的职权性逻辑和协商性逻辑》，载《中国法学》2020年第4期。

④ 参见朱孝清：《认罪认罚从宽制度对检察机关和检察制度的影响》，载《检察日报》2019年5月28日，第3版。

⑤ 参见韩旭：《刑事诉讼中检察官主导责任的理论考察》，载《人民检察》2020年第5期。

者将检察机关的主导地位归纳为“八者”，即传统刑事诉讼程序中的“五者”：犯罪追诉者、案件把关者、程序分流者、权益保障者、公正维护者，外加认罪认罚案件中的“三者”——案件协商者、实质影响者和案件核准者。[①] 也有学者将检察机关的主导责任归纳为“五者”，即国家追诉的执行者、刑事政策的调控者、程序分流的主导者、诉讼活动的监督者和案件质量的把关者。[②] 还有学者从不同视角，对检察机关的主导作用从法律监督全过程、审查起诉阶段性、审查批捕环节性和认罪认罚从宽结构性四个方面加以阐释。[③]

“检察官站在刑事司法体制的入口处，并且控制着从侦查到法庭审判的进程转换，进而从根本上决定着每位犯罪嫌疑人的命运。通过对有关案件进程的决定，检察官也创制或影响着总体刑事政策，并因此对整个刑事司法体制的运行产生巨大的影响。”[④]从世界范围内看，由于检察机关自身的政治属性，又有刑事政策的规定，检察官拥有越来越大的自由裁量权已经成为一个不争的事实。如有学者所言，如今的检察官，在诉与不诉之间，还有一个广阔的“中间地带”，检察官的角色也已经从“看门人”演进成为“准司法官”，拥有了法官般的（judge-like）权威。[⑤] 例如，在德国，有统计显示，在警察部门向检察院移交侦查案卷的所有案件中，只有15%的案件进入主审程序，其余85%的案件，检察官可以从刑事诉讼法提供的诸多不必开庭但又无碍于结案的方案中选择一种。检察官可以因为对被追诉人的罪责不够确信，或者因为定罪证据不够充分，选择不起诉的方式终结诉讼；也可以以后果和情节轻微为由不予起诉；还可以对被追

---

① 参见朱孝清：《检察机关在认罪认罚从宽制度中的地位和作用》，载《检察日报》2019年5月13日，第3版。

② 参见卞建林：《多重角色决定检察机关在认罪认罚从宽中承担主导责任》，载《检察日报》2019年4月22日，第3版。

③ 参见张建伟：《检察机关主导作用论》，载《中国刑事法杂志》2019年第6期。

④ ［德］托马斯·魏根特：《德国刑事程序法原理》，江溯等译，中国法制出版社2021年版，第185页。

⑤ 参见［德］托马斯·魏根特：《德国刑事程序法原理》，江溯等译，中国法制出版社2021年版，第198～200页。

诉人施加以金钱支付形式为主的给付义务，一旦被追诉人履行了该义务，诉讼程序便以不起诉而终结；或者采用处罚令程序，该类程序中法官几乎对于所有的案件都会采纳检察官的建议，在未对被起诉人进行聆讯的情况下签发处罚令，这样的处罚令与判决具有同等效力。[①] 又如，在法国，检察官实际上扮演了双重角色：一方面，检察官扮演着法律执行者的角色，根据法律规定简单直接地适用法律作出是否追诉的决定，也就是追诉合法性的判断；另一方面，其又承担着裁判者的职能，根据每一个案件的情况评判追诉方式的适当性。事实上，法国的大多数轻罪案件是通过当事人立即出庭程序、快速处理措施（如实时处理程序和司法警察进行的传唤程序）、公诉替代程序（向犯罪人重申法律义务、刑事和解、未成年人教育处理程序、以接受某种治疗替换刑罚等）、刑事调解与庭前认罪答辩程序和不起诉程序（附条件或者不附条件）等方式处理，由检察官自行决定。[②]

那么，检察何以成为主导？可以从两个层面简要分析：一是其传统职能；二是因应形势变化的职能发展。先说其传统职能，检察机关自从诞生之日起就扮演着"法律守护人"的角色，肩负"国家权力之双重控制"重任——前端制约侦查权，后端制约审判权。在此过程中，一方面主导侦查程序，是侦查程序的主宰；另一方面又起到"过滤器"的作用，发挥程序分流、控制裁判入口的把关作用。[③] "检察官已经成为'法官之前的法官'，在许多案件中实际上决定着是否采取惩罚以及惩罚的严厉或宽缓程度。"[④]从此种意义上说检察机关自从诞生之日起就具有主导刑事诉讼程

① 参见［法］菲利普·米尔本等：《法国检察官：司法使命与政治功能》，刘林呐、单春雪译，中国检察出版社2021年版，第153～165页。

② 参见［法］菲利普·米尔本等：《法国检察官：司法使命与政治功能》，刘林呐、单春雪译，中国检察出版社2021年版，第30～55、134页。

③ 参见林钰雄：《刑事诉讼法（总论编）》（上册），中国人民大学出版社2005年版，第100～105页。

④ ［德］托马斯·魏根特：《德国刑事程序法原理》，江溯等译，中国法制出版社2021年版，第185～186页。

序的基因应不为过。

再说因应形势变化的职能发展。从世界范围来看,检察机关作用的差异与自由裁量权的大小密切相关,整体而言,检察官的自由裁量权正呈日益扩大之势。[①] 分析其背后原因,可以很多,如刑法理念从报应刑理念向预防主义的转变、诉讼经济思想的勃兴、严格的起诉法定主义的松动以及起诉便宜主义的兴起等。但在笔者看来,所有种种均避不开案件的"量"和"质"两个因素。首先是案件的"量",随着风险社会的到来,各国刑事司法政策中"严而不厉"的趋势日益明显,刑事治理手段越发从后台走向前台。[②] 面对刑事案件数量急剧增长,司法资源供给却相对滞后的现实困境,让所有案件都经过严格的正当程序审理,只能是镜花水月般的理想。[③] 由此,对部分案件事实的认定,乃至案件处理决定的作出也就合乎逻辑地转移到了检察环节。[④] 与案件数量同时增加的还有办案难度。"由于侦查和审判变得更加复杂,尤其在毒品犯罪和经济犯罪或者所谓白领犯罪领域,帝国刑事诉讼法证明提供的程序实在是太笨重了。辩护方给法官带来了实际上的审判困扰,让审判几近崩溃。"[⑤]因此,一定程度上而言,是案件数量和办案难度不断增加的现实把检察机关推向了主导地位。比如,在司法实践中对于辩诉交易制度,一开始美国的法官极力反对,可最后还是接受,办案压力或许正是"最后一根稻草"。"美国法官也有案件量压力,作为案件管理者,以辩诉交易的方式实现快速结案符合组

---

① 参见熊秋红:《域外检察机关作用差异与自由裁量权相关》,载《检察日报》2019 年 4 月 22 日,第 3 版。

② 参见陈卫东:《刑诉中检察主导地位:形成、发展与未来——评〈美国和欧洲的检察官〉》,载《检察日报》2019 年 8 月 21 日,第 3 版。

③ 参见季美君:《中澳检察制度比较研究》,北京大学出版社 2013 年版,第 196 页。

④ 参见柏懿娜:《域外检察官侦查和审查角色定位与平衡》,载《检察日报》2017 年 11 月 28 日,第 3 版。

⑤ [德]克里斯托夫・扎费林、埃莉萨・霍芬:《联邦宪法法院裁判后的德国辩诉交易》,吕泽华译,载彭海青等编著:《德国司法危机与改革——中德司法改革比较与相互启示》,法律出版社 2018 年版,第 145 页。

织利益，也符合个人利益。”[①]

其次是案件的“质”，这里主要是指办案品质，即对于个案正义、具体正义的不懈追求。如同由于社会发展阶段的变化带来的社会主要矛盾的变化一样，案件办理也面临着办案效果“好不好”的时代之问，最为典型的莫过于当下我们对案件办理“三个效果”相统一的要求，检察裁量权是其中的关键。“真正伟大的法律制度是这样一些法律制度，它们的特征是将僵硬性与灵活性予以某种具体的、反论的结合。”[②]“个案正义的考量推动着法律制度赋予检察官权力去衡量个案中支持或反对提起公诉的具体情节。”[③]支撑检察裁量权这一关键的理论基础在于刑罚的个别化和起诉便宜主义。在日本的起诉犹豫制度的最初法律依据中也可以看到刑罚个别化的影子。[④] 起诉便宜原则意味着并非一切犯罪都必须提起公诉，而是要根据具体的案情，结合社会情势、政策要求，综合权衡追诉的必要性。[⑤] 笔者认为，检察机关之所以被赋予如此之大的自由裁量权，主要由其政治属性的机构性质、诉讼程序中所处阶段等特质所决定的。如前所述，检察机关产生之初就承担着向前、向后制约、把关之责，与侦查机关相比更加精通法律，与审判机关相比更加积极能动，对于一端连接法律，一端连接政治的司法政策有着更好的感知和把握，故由其承担办案效果“调节器”的职能可能最为妥当。[⑥]

此外，也有学者从理论论证角度，提出检察机关发挥主导作用的重心

---

① ［美］斯蒂芬诺斯·毕贝斯：《庭审之外的辩诉交易》，杨先德、廖钰译，中国法制出版社2018年版，“译者序”第20页。

② ［美］E.博登海默：《法理学——法哲学及其方法》，邓正来等译，华夏出版社1987年版，第392页。

③ ［德］托马斯·魏根特：《德国刑事程序法原理》，江溯等译，中国法制出版社2021年版，第195页。

④ 如《日本刑事诉讼法》第248条规定：“根据犯人的性格、年龄及境遇、犯罪的轻重及情节和犯罪后的情况，没有必要追诉时，可以不提起公诉。”参见《世界各国刑事诉讼法》编辑委员会编译：《世界各国刑事诉讼法·亚洲卷》，中国检察出版社2016年版，第339页。

⑤ 参见宋英辉主编：《刑事诉讼原理》，法律出版社2003年版，第28～31页。

⑥ 参见韩东成：《司法政策理念如何引领检察实践》，载《检察日报》2022年12月14日，第3版。

应始终放在审前程序及轻罪上。[1] 但正如另一些学者指出的，随着认罪认罚从宽制度的深度适用，理论界与实务界讨论的重心应当逐渐从制度的正当性转向如何妥善解决适用中的具体问题。[2] 笔者认为，既然相关法律规定中已经明确了认罪认罚从宽制度适用“全流程”“全罪名”，那么接下来就是如何更好适用的问题了。立足检察主导，完善控辩审三方关系，核心在于如何把握检察主导的限度。对于这一问题，可以从限权的两种进路观察：一是用权利约束权力；二是以权力制约权力。无论是权利约束还是权力制约，均应由制度加以保障。正如本书接下来将要讨论的那样，从权利约束的角度，关键是如何保障控辩平衡，通过证据开示、听取意见同步录音录像、值班律师等制度完善促进诉讼资源配置的平衡，实现控辩地位平等、权利对等；从权力制约的角度，现阶段达成的共识是，既然证明标准没有降低，保留了法官裁判原则，则法院依然要履行实质审查的义务，但在审查的方式方法上应与不认罪案件有所区别。[3] 易言之，对于法官而言，既不能“借势下坡”，产生“你怎么诉、我怎么判”的消极心态，也要注意把握审查的力度，把主要精力放在那些不认罪案件和认罪认罚案件中检察机关提出幅度刑量刑建议的案件上，以更好实现庭审实质化，实现以审判为中心的诉讼制度改革的目标。此外，对于检察机关而言，也要时刻关注对于客观公正义务的遵循，避免“用情太深、用力过猛”。

当然，检察机关拥有的主导权，与其他任何公权力一样，也存在被滥用的风险。对此，检察机关也作出了相关规定。如最高人民检察院于2020年5月11日印发的《人民检察院办理认罪认罚案件监督管理办法》对监督管理原则，检察官自身如何规避办案风险，遇到特殊案件情形如何操作，以及部门负责人、(副)检察长监督职责、流程之外的监督、办案出

---

① 参见万毅：《论检察官在刑事程序中的主导地位及其限度》，载《中国刑事法杂志》2019年第6期。

② 参见刘少军：《二审认罪认罚案件如何从宽——基于人身危险性降低理论的分析》，载《中国刑事法杂志》2021年第4期。

③ 参见樊崇义：《认罪认罚从宽制度理论与实践若干问题研究》，载陈国庆主编：《认罪认罚从宽制度司法适用指南》，中国检察出版社2020年版，第100～101页。

现错误的追责等问题全方位、多角度、有针对性地加以规定,扎紧认罪认罚从宽制度适用的“篱笆”。最高人民检察院《贯彻审议意见》中也有针对性地从树立正确的工作目标和业绩导向、准确把握宽严相济政策、切实保障当事人权益、促进认罪悔罪、加强与律师沟通协商、用好起诉裁量权、提升量刑建议精准性、防范廉政风险等10个方面提出28条具体举措,旨在提升认罪认罚从宽制度的适用效果。上述文件是检察机关提出的自我约束、自我完善的对策建议,其中不乏可圈可点之处,如对绩效考核的反思、对沟通协商的强化等,若能落实到位,对于认罪认罚从宽制度更好落实、控辩审三方关系的良性发展定能起到显著的促进作用。

第 三 章

失衡与平衡:认罪认罚从宽制度中的控辩关系

刑事责任是国家对个人最为严厉的追究方式。一方面,刑事诉讼程序的控辩审三方中,控方、审方均为国家代表,只有辩方是个人;相较于控审间“公对公”的平等较量,控辩关系中的辩方作为个人,与背后代表着国家的控方相比,极易出现地位不平等、权利受侵犯的情况。另一方面,在整个认罪认罚从宽制度的体系设计和实践样态中,被追诉人往往处于一种看似“主体”实则“客体”的地位,[①]表现为司法实践中出现的一些由于制度权力性特征所造成的,诸如对于合意真实性的质疑、量刑建议单方决定失衡的问题,[②]可以说是一种“后天缺陷”。产生上述问题的原因错综复杂,有观念认识滞后于制度发展,有诉讼程序固有的结构风险,也有制度设计中的逻辑不清等。由于认罪认罚从宽制度中的控辩关系实际上关涉整个制度的运行根基,所以,未来需要通过对传统观念的不断调适、系统性的防范和治理以及制度的逻辑纠偏等途径才能走向控辩平衡。

---

① 参见詹建红、李清龙:《认罪认罚从宽制度程序偏离问题之省思》,载《中国法律评论》2023 年第 3 期。

② 参见闵春雷:《回归权利:认罪认罚从宽制度的适用困境及理论反思》,载《法学杂志》2019 年第 12 期;郭烁:《认罪认罚背景下屈从型自愿的防范——以确立供述失权规则为例》,载《法商研究》2020 年第 6 期;陈实:《认罪认罚案件量刑建议的争议问题研究》,载《法商研究》2021 年第 4 期。

第一节 认罪认罚从宽制度中的控辩失衡问题

控辩失衡问题并非认罪认罚从宽制度所独有,在此前的普通刑事诉讼程序中也一直存在。认罪认罚从宽制度作为控辩从对抗走向合作的一种诉讼模式转型,有可能成为改变控辩失衡状态的比较理想的"窗口期"。但需要警惕的是,因为认罪认罚从宽制度的特殊诉讼构造,即检察机关一般应当提出确定刑量刑建议加之法院一般应当采纳的"两个一般"规定,就使检察机关具有了较之普通刑事诉讼程序尤甚的主导地位,也就存在控辩失衡进一步加剧的风险了。这无疑会影响认罪认罚从宽制度的"安身立命"之本。

一、控辩失衡的"范式"

对于控辩失衡,学界基于理论分析和实践观察,总结出"听取意见式""闭门造车式""确认核准式"等不同"范式"。[①] 应该说,上述概括归纳从不同的视角出发,对控辩关系中存在的失衡问题进行了较为细致的"描摹"和"刻画"。在对这些"范式"进行再次梳理、比较分析的基础上,应能较为全面地反映出控辩失衡问题的"全貌"。

(一)听取意见式

根据一些学者的观点,"听取意见"是我国刑事诉讼中侦查、检察、审判机关的一种工作和决策方式。[②] 例如,我国《刑事诉讼法》中规定,开庭

---

① 对于三种"范式"的讨论,参见闫召华:《听取意见式司法的理性建构——以认罪认罚从宽制度为中心》,载《法制与社会发展》2019 年第 4 期;曾亚:《认罪认罚从宽制度中的控辩平衡问题研究》,载《中国刑事法杂志》2018 年第 3 期;吴思远:《我国控辩协商模式的困境及转型——由"确认核准模式"转向"商谈审查模式"》,载《中国刑事法杂志》2020 年第 1 期。

② 参见闫召华:《听取意见式司法的理性建构——以认罪认罚从宽制度为中心》,载《法制与社会发展》2019 年第 4 期。

前法官可以召集公诉人、被追诉人方等，对回避、非法证据排除等事项听取各方意见。具体到认罪认罚从宽案件，主要是指检察机关对认罪认罚案件应当就涉嫌的犯罪事实、罪名、法律适用、从宽处罚建议、审理适用程序等听取被追诉人方、被害人等的意见，以便作出更为妥适的决定。[①] 如此，在追求效率的同时，也能有效避免出现类似美国辩诉交易“从一个极端走向另一个极端”的价值失序和机制冲突，充分发挥专门机关的主导和把关作用，确保司法公正。其实质是一种公权力机关的职权从宽模式。该模式反映出的是一种权力逻辑面向：首先是明确的指向性，听取意见的目的主要是了解被追诉人的认罪认罚意向；其次是公权力机关的主导性，即便被追诉人被视为诉讼主体，听取意见过程中也许会有互动，但并不存在实质协商，各方意见仅可作为对权力纠偏的手段；最后是认罪认罚利益确定的单向性，即对最终确定的利益，被追诉人“要么接受、要么放弃”，并不存在可供选择的“第三条道路”。之所以被称为一种听取意见模式而非协商模式，其逻辑遵循在于事实和法律不能协商。从根本上来说，我国长期采用的是职权主义诉讼模式，该种模式的观念基础是“职权信赖”，听取意见只是基于一种权利对于权力的制约和纠偏，体现司法民主和公正的逻辑对于职权决定方式的完善，并没有改变职权主义的根本，如专门机关基于职权调查对于诉讼程序包括启动在内的主导与控制，对于证明标准的坚守等。

(二)闭门造车式

有学者通过实证研究发现，控辩协商呈现一种“闭门造车”的特征，

---

① 《刑事诉讼法》第173条规定：“人民检察院审查案件，应当讯问犯罪嫌疑人，听取辩护人或者值班律师、被害人及其诉讼代理人的意见，并记录在案。辩护人或者值班律师、被害人及其诉讼代理人提出书面意见的，应当附卷。犯罪嫌疑人认罪认罚的，人民检察院应当告知其享有的诉讼权利和认罪认罚的法律规定，听取犯罪嫌疑人、辩护人或者值班律师、被害人及其诉讼代理人对下列事项的意见，并记录在案：(一)涉嫌的犯罪事实、罪名及适用的法律规定；(二)从轻、减轻或者免除处罚等从宽处罚的建议；(三)认罪认罚后案件审理适用的程序；(四)其他需要听取意见的事项。人民检察院依照前两款规定听取值班律师意见的，应当提前为值班律师了解案件有关情况提供必要的便利。”

主要表现为控方基本掌握协商话语权，而被追诉人方则明显处于被动、劣势地位。① 具体而言，一方面，控方主导协商过程。控方对于认罪认罚从宽制度是否适用以及适用过程中选择何种程序，如适用速裁程序还是简易程序等均具有一定的随机性。在程序推进过程中，也体现出强烈的“权力意志”——对于提出量刑建议，检察官多根据案情和量刑规范性文件、结合自身办案经验，单方面拟定，之后携带已经明确刑期和适用程序的具结书与被追诉人“协商”。对于检察官提出的量刑建议和适用程序，被追诉人必须当场表示同意与否。被追诉人表示疑义的，检察官可能也会解释量刑的由来以及从宽的考量，但基本不会再做修改。另一方面，被追诉人始终处于被动状态。前期试点过程中由于值班律师制度尚未落实，甚至出现了被追诉人自动放弃值班律师在场或由其家属签字代替值班律师的情形。此外，无论是“驻点式”值班律师还是“随案式”值班律师一般事先均不会阅卷和会见，即便全程在场，也多为起到见证作用。认罪认罚情节未能与“程序从简、实体从宽”实现对接，使被追诉人对未来的预期也难以确定。闭门造车模式之所以会产生，主要是因为制度改革中对于职权主义的“路径依赖”、程序参与者的角色认知和行为习惯以及制度设计中过度限制导致的“活力”不足。

（三）确认核准式

所谓确认核准式，指的是由检察官主导的量刑建议在辩方确认的基础上，经过法官核准作出裁决的诉讼模式。② 确认核准式具有以下三个特征：一是检察机关的主导性。对于认罪认罚案件，先由检察官根据案情、相关法律规定以及办案工作经验等单方提出认为适合的量刑建议，再听取被追诉人方意见。被追诉人方可以就罪名、适用法律、量刑建议、适

---

① 参见曾亚：《认罪认罚从宽制度中的控辩平衡问题研究》，载《中国刑事法杂志》2018 年第 3 期。

② 参见吴思远：《我国控辩协商模式的困境及转型——由“确认核准模式”转向“商谈审查模式”》，载《中国刑事法杂志》2020 年第 1 期。

用程序等向检察官表达己方意见。但一般而言，检察官不会与被追诉人方展开多轮协商，如果被追诉人方不接受检察官提出的量刑建议，则可能不再适用认罪认罚从宽制度了。二是协商内容（利益）的有限性。与美国的辩诉交易不同，我国的认罪认罚从宽制度不能对罪名和罪数进行协商，只能对量刑进行协商。进言之，即便是量刑协商，受制于法律及相关司法解释对于量刑种类和幅度的明确规定，专门机关的自由裁量空间也非常有限，导致有些案件中出现对被追诉人激励有限的问题。三是法官核准的形式性。认罪认罚从宽制度是一种典型的以检察官为主导的制度设计，可以说在一定程度上检察官分担了法官的裁判权，行使着检察裁判权。[①] 实践也表明法院的最终判决基本上与检察官提出的量刑建议一致，有的地方法官对于量刑建议的采纳率甚至达到了百分之百。[②] 立法中虽然保留了法官的审查义务，但由于程序的压缩和简化，法官基本上也是依靠庭前阅卷，庭审中仅进行形式上的核准。总之，在确认核准式之下，控辩双方协商余地比较小，权力与权利的不对等关系进一步弱化了制度的协商色彩，控辩协商的本质内涵难以实质展开。

综上所述，我国的认罪认罚从宽制度是在职权主义的背景下生长出来的，虽然为控辩平等原则所调适，[③]但量刑协商机制的“非对称性”特征十分显著，[④]控辩失衡问题依然突出。这不仅表现在控方对于过程和结果的控制，以及与之相对的辩方的从属性和被动性上，而且还表现在作为体现平等重要一环的律师作用不彰显上，以及作为最后一道防线的法官审查的有限性上。

---

① 参见柏懿娜：《域外检察官侦查和审查角色定位与平衡》，载《检察日报》2017 年 11 月 28 日，第 3 版。

② 参见匡雪、王文斌：《量刑建议采纳率 100%——山东淄博：找准突破口落实认罪认罚从宽制度》，载《检察日报》2019 年 5 月 22 日，第 1 版。

③ 参见魏晓娜：《认罪认罚从宽制度中的诉辩关系》，载《中国刑事法杂志》2021 年第 6 期。

④ 参见陈文聪：《论我国量刑协商机制的非对称性问题》，载《法学论坛》2021 年第 6 期。

二、控辩失衡的“隐忧”

对于控辩失衡可能带来的认罪认罚从宽制度的程序异化，有多重观察视角。如有学者认为，鉴于被追诉人的口供以及案卷笔录在该项制度中的重要作用，可能会导致传统的“口供中心主义”“案卷笔录中心主义”弊端固化、强化。[①] 还有学者指出，在该项制度中由于控方过于主导，容易导致对案件质量把关不严、证明标准实际降低、无辜者认罪等情况发生。[②] 在笔者看来，上述观点固然有其道理，但缺乏一个内在逻辑，如果从合意的形成与效力视角分析，不难发现控辩失衡于前端而言会影响到控辩合意的真实性，于后端而言则会影响作为合意载体的量刑建议对法院裁决的拘束力，进而影响认罪认罚从宽制度的生命力。

(一)影响审前合意的真实性

之所以称认罪认罚从宽制度是一种从对抗式转向合意型的诉讼模式转型，根本原因在于控辩协商的存在。“协商”是该项制度正当性的基础，“合意”则是协商所要追求的结果和效果，也是协商最终成果的体现。此中暗含两个前提，一是协商必须是平等、理性的，二是合意必须是自愿、理性的。然而，通过前述对于控辩失衡范式的梳理与分析可以发现，认罪认罚从宽制度是否适用、量刑建议的提出、最终是否以抗诉对上诉都是由检察机关说了算。在这样一种态势之下，出现被追诉人“真的认了假罪”“屈从型自愿”的情况，以及作出带有“技术性认罪认罚”的“虚假的忏悔”等[③]也就不足为奇了。其实，无论是听取意见式、闭门造车式抑或确认核准式，都有可能产生“合意失真”的结果。表现在司法实践中主要是听取

---

① 参见龙宗智：《完善认罪认罚从宽制度的关键是控辩平衡》，载《环球法律评论》2020 年第 2 期。

② 参见韩旭：《认罪认罚从宽制度研究》，中国政法大学出版社 2020 年版，第 73 页。

③ 参见郭烁：《认罪认罚背景下屈从型自愿的防范——以确立供述失权规则为例》，载《法商研究》2020 年第 6 期；闫召华：《虚假的忏悔：技术性认罪认罚的隐忧及其应对》，载《法制与社会发展》2020 年第 3 期。

意见不真实、不规范，量刑协商不充分、走过场，“你辩你的”“我诉我的”，办案人员“一锤定音”“我说了算”，等等。

《贯彻审议意见》指出，有的案件认罪认罚自愿性保障不足，存在听取意见不到位、协商不充分、对被追诉人方意见不够重视等问题，要求办案人员务必严格按照法律规定要求，认真履行责任义务。首先从思想上重视被追诉人方意见，在此前提下认真听取被追诉人方意见，理性沟通解释，合理的意见要及时认真吸收，认为不合理、不予采纳的意见也要认真加以记录、及时给予反馈，避免检察官单方搞“一言堂”。应该说，最高人民检察院也认识到了控辩协商中存在的一些现实问题，也在通过积极探索控辩协商听取意见同步录音录像制度等方式进一步提升沟通协商的透明度和公信力。

此处笔者拟附带讨论前述控辩失衡范式中提及的两个问题：一是对于听取意见中是否存在协商问题的理解。有学者认为，检察官提出量刑建议后，被追诉人虽然予以接受，但同时又提出新的附加条件如更轻的量刑等，检察官据以做出调整，此中并不存在协商，最多只是一种纠偏手段，因为从理论上讲不可能同时存在两个以上的合理量刑建议。[①] 易言之，如果提出量刑建议后才调整的，只能说明之前的提错了，是对此前的纠偏，而不是协商的结果。笔者认为，此种纯粹从逻辑上推演的观点略显绝对。其实，沟通也好，协商也罢，都只是被追诉人方实现自身利益的手段。即便是相对弱势的辩方对于强势控方的“纠错”，只要是控方更改了量刑建议，辩方达到了目的，就不能说其中不存在协商，实现的结果中不存在合意。反之，如果控方的量刑建议十分精准科学，最终辩方的观点没有被接受甚至反倒为控方说服，是否就能说其中便不存在协商和合意呢？结果显然是否定的。因为并非必然倒向辩方利益的结果才是协商，才存在合意。

---

① 参见闫召华：《听取意见式司法的理性建构——以认罪认罚从宽制度为中心》，载《法制与社会发展》2019 年第 4 期。

二是如何全面看待人工智能、大数据在检察实践中的应用。比如，控辩失衡范式中确认核准式的提出者认为，人工智能的司法应用可能会进一步加剧协商过程中控辩间的力量失衡。① 对此，笔者认为，一方面，检察大数据的运用可能会压缩控辩协商的空间，如果要改变经过充分考量各种量刑情节和精确计算的量刑建议，确需充足的理由；但另一方面也应看到，检察机关借助大数据模型也能够更好尽到客观公正的义务，提出更加精准的量刑建议，防止提出的量刑建议偏差过大，造成“类案不类判”和量刑失衡。而罪责刑相适应的量刑无疑也是辩方通过沟通协商所要达到的目的。尤其是在现阶段被指值班律师有效帮助不足、控辩力量对比悬殊的情况下，由控方依据大数据提出相对科学的量刑建议，于被追诉人而言，无疑是一个好消息。一如前述，不能单纯为了能够协商而刻意创造协商空间，在协商空间有限的情况下，如果控方能够最大限度尽到客观公正的义务，提出尽可能符合罪责刑相适应原则的量刑建议，对辩方而言也将是有利的。

(二)影响量刑建议对法院的约束力

如前所述，我国的认罪认罚从宽制度中有一个“特殊装置”，那就是法律明确规定对于检察机关提出的量刑建议，无论是确定刑抑或幅度刑，法院一般应当予以采纳。量刑建议也经由认罪认罚从宽制度的确立成功实现了效力转型。“伴随认罪认罚从宽制度从试点过渡到正式确立，量刑建议也正经历着一个由幅度化迈向精准化、由单方封闭式迈向双方协商式、由意见参考型迈向结果审核型的转型过程。”②传统意义上，量刑建议是检察机关依法向法院提出的对被追诉人应当判处刑罚的建议，是控方单方面的意思表示。既然是一种“建议”，作为求刑权的一种具体方式，

---

① 参见吴思远：《我国控辩协商模式的困境及转型——由“确认核准模式”转向“商谈审查模式”》，载《中国刑事法杂志》2020 年第 1 期。

② 郭烁：《控辩主导下的“一般应当”：量刑建议的效力转型》，载《国家检察官学院学报》2020 年第 3 期。

虽然有启动量刑程序、制约量刑裁判等效力，但对于法院其只是仅供参考，并无明确的约束力，法院没有义务按照检察机关的建议量刑，是否采纳以及最终如何量刑全权由法院依法独立决定。[①] 但在认罪认罚从宽制度语境下，量刑建议已经从单方走向合意，成为控辩双方协商的产物和诉讼合意的表示[②]，于法院而言，也具有了“推定接受”的效力。[③] 如果说此前检察机关提出的量刑建议对于法院的量刑裁量权是一种“权力对权力”的关系，那么，认罪认罚案件中的上述关系就变成了“权力 + 权利对权力”这样一种复合关系。[④] 这样在“权利”的加持之下，检察机关提出的量刑建议对于法院就具有了推定的约束力，“于法院而言，有尊重职责”的要求也就较为符合制度设计的理论逻辑和价值逻辑了。[⑤]

虽然《刑事诉讼法》第 201 条“一般应当采纳”条款的设计被有的学者认为是对控审分离原则的直接冲击，是一种立法者急于推动认罪认罚从宽制度适用的“立法失误”[⑥]，即便是在“大部分的法院多接受双方协商的结果”的美国，那也只是一种事实状态，实际规范中量刑仍为法官独有之权责[⑦]，但从立法解释的角度，此种规定明确了法院在审理认罪认罚案件时，采纳检察机关指控的罪名和量刑建议是一般原则。在笔者看来，之所以如此规定，一是有助于被追诉人的“稳预期”，鼓励被追诉人及早认罪认罚。认罪认罚从宽制度是党和国家长期坚持的宽严相济、坦白从宽刑事政策具体化、制度化的重要成果。党和国家鼓励被追诉人及早认罪

---

① 参见朱孝清：《论量刑建议》，载《中国法学》2010 年第 3 期。

② 参见卞建林：《认罪认罚从宽制度赋予量刑建议全新内容》，载《检察日报》2019 年 7 月 29 日，第 3 版。

③ 参见林喜芬：《论量刑建议制度的规范结构与模式——从〈刑事诉讼法〉到〈指导意见〉》，载《中国刑事法杂志》2020 年第 1 期。

④ 参见郭烁：《控辩主导下的“一般应当”：量刑建议的效力转型》，载《国家检察官学院学报》2020 年第 3 期。

⑤ 参见卞建林：《认罪认罚从宽制度赋予量刑建议全新内容》，载《检察日报》2019 年 7 月 29 日，第 3 版。

⑥ 参见孙远：《“一般应当采纳”条款的立法失误及解释论应对》，载《法学杂志》2020 年第 6 期。

⑦ 参见王兆鹏：《美国刑事诉讼法》，北京大学出版社 2005 年版，第 538 页。

认罚是一以贯之的，也是有程序保障的。二是有利于监督制约法官的自由裁量权。“检察机关向法庭提出量刑建议，有利于提高人民法院裁判量刑的公开性和公信力，使量刑的确定公开透明。”①从比较法的视野看，虽然美国的司法理念中定罪量刑属于法官的专属权力检察机关不得染指，即便实践中法院一般不会改变控辩协商的结果，但在相关立法中也没有作如此规定。在笔者看来，我国认罪认罚从宽制度作如此规定绝非立法技术失误，而是基于现实国情考量后的有意为之，因为如果不明确规定，可能从一开始就会影响到认罪认罚从宽制度的效果与适用。质言之，该项制度可能自始就难以开展。反倒是在开始时要求明确一些，运行一段时间之后，通过各方力量的博弈，最终达到一种均衡状态，该项制度才能更好适用。

但上述论述的成立有一个基本前提和现实基础，那就是控辩合意必须是真实的，或者说作为控辩合意载体的具结书、检察机关提出的量刑建议中必须是体现或者吸收了辩方的意见。“认罪认罚具结书虽形式上是单方声明，但实质上具有合意之性质，是司法机关与犯罪嫌疑人、被告人共同沟通协商、共同认可的法律文件，具有法定的效力。”②如果控辩失衡之下合意失真，具结书以及检察机关提出的量刑建议仅为检察机关“一家之言”，没有了“权利”的加持，让法院接受一个失真的合意，无论是在理论上还是在实践中，恐怕均会造成依据和支撑的缺失。

(三)影响认罪认罚从宽制度的生命力

如前所述，控辩失衡会影响合意的真实性，进而影响量刑建议对法院约束力的正当性。正如有学者所言，立法者规定量刑建议对裁判的约束力，“协商性”是其逻辑起点，如果量刑建议蜕变为单方意志，那么逻辑依

---

① 王爱立主编：《中华人民共和国刑事诉讼法释义》，法律出版社 2018 年版，第 429～430 页。

② 胡云腾主编：《认罪认罚从宽制度的理解与适用》，人民法院出版社 2018 年版，第 97 页。

据以及与之相伴的理论基础也就不复存在了。[①] 长此以往,终将影响认罪认罚从宽制度的生命力。这种危害可以从不同视角观察,以下仅从三个方面作简要分析。

一是对于社会治理效果的影响。刑事诉讼就其本质而言也是一种社会治理的手段,认罪认罚从宽制度的确立最终也是为了实现社会治理体系和治理能力的提升,在更高层次上实现刑事司法公正与效率的有机统一。“落实好认罪认罚从宽制度,有利于鼓励被追诉人自愿如实认罪、真诚悔罪认罚、积极改过自新;有利于及时查明犯罪事实,准确有效惩罚犯罪,修复社会关系,维护社会稳定。”[②]但如果这种合意是失真的,虽然量刑建设从形式上看似“合规”,但就实质而言,被追诉人很难真心接受,果真照此判决,所取得的效果也不一定好,甚至可以说一定不会好。

二是对于(值班)律师参与积极性的影响。作为一个能够作出自由选择的行为主体,作出某种行为的动力,要么是能够获得物质上的收益,要么是能够满足精神上的追求,通过自身价值被认可获得一种精神上的慰藉。律师群体也大体如此。首先,从物质收益上看,虽然对值班律师的补贴标准、政府购买服务等有相关规定,但相关补贴标准总体而言仍然偏低。[③] 例如,虽然《法律援助值班律师工作办法》中明确规定,值班律师的补贴标准应根据直接发生的费用、基本的劳务费等因素合理确定,一些法律帮助如法律咨询、申请转交等的补贴标准可按日计算,认罪认罚案件中的法律帮助补贴标准可按日计算也可以按件计算,这些都要纳入财政预算加以保障;在律师资源供给不足的地方,还可以通过政府购买服务的方

① 参见陈实:《认罪认罚案件量刑建议的争议问题研究》,载《法商研究》2021 年第 4 期。

② 胡云腾:《准确适用认罪认罚从宽制度　在更高层次上实现刑事司法公正与效率相统一》,载胡云腾主编:《认罪认罚从宽制度的理解与适用》,人民法院出版社 2018 年版,第 3 ~ 4 页。

③ 参见张苏军:《关于〈中华人民共和国法律援助法(草案)〉的说明——2021 年 1 月 20 日在第十三届全国人民代表大会常务委员会第二十五次会议上》,载《中华人民共和国全国人民代表大会常务委员会公报》2021 年第 6 期。

式加以调节。[①] 但从各地情况来看,值班律师补贴普遍较低。即便是与指定辩护律师相比,值班律师的待遇也显得过低。如 2018 年北京市司法局、财政局《关于修订〈北京市法律援助补贴办法〉的通知》第 5 条规定,对于指定辩护律师而言,刑事案件是按照办案阶段分别确定补贴标准的,在侦查、审查起诉、审判阶段的补贴标准分别为 1850 元、1850 元、3250 元,对于有可能被判处死刑、无期徒刑的案件及死刑复核案件每件补贴 3850 元。[②] 其次,通过自身价值被认可获得精神上的慰藉。孟子说,人之所以异于禽兽者几希。[③] 除了能生产和制造工具之外,很重要的是人有精神追求。有的律师愿意免费为被追诉人辩护,甚至一些疑难复杂、重大影响的案件也免费提供辩护,不排除其有提升影响力的考量,但也不可否认其中存在通过挑战高难度案件、为被追诉人提供帮助,从而获得自身价值认可、得到精神慰藉的因素。然而,如果控方总是持"一锤定音""我说了算"的态度,对待辩方意见总是"你辩你的,我诉我的",律师仅仅是权力行使的"见证人",[④]试问,律师能从中获得什么精神慰藉呢?综上,一则补贴标准低,二则价值得不到认可,(值班)律师参与认罪认罚案件缺乏动力也就不难理解了。

三是对于诉讼效率的影响。"新修改的刑事诉讼法明确规定了认罪认罚从宽制度,体现了关注诉讼效率的价值追求。"[⑤]有学者对认罪认罚从宽制度的立法目的进行了系统梳理和专门研究,认为无论是从规范性文件中"一元化"到"多元化"发展,还是从多元并存到刑事诉讼法中的不予提及、作模糊化处理,"繁简分流,提升诉讼效率"无疑均系该项制度始

---

① 参见《法律援助值班律师工作办法》(司规〔2020〕6 号)第 30 条、第 32 条。

② 参见冀祥德:《论法律援助制度的中国特色》,载《政治与法律》2022 年第 6 期。

③ 《孟子·离娄下》。

④ 参见闵春雷:《回归权利:认罪认罚从宽制度的适用困境及理论反思》,载《法学杂志》2019 年第 12 期。

⑤ 臧德胜、杨妮:《论认罪认罚从宽制度中被告人上诉权的设置——以诉讼效益原则为依据》,载《人民司法(应用)》2018 年第 34 期。

终不变的独立价值追求。[①] 为此，从法庭审理的角度来看，《指导意见》中也进一步明确，对于认罪认罚案件适用速裁程序的一般不再进行法庭调查、法庭辩论，适用简易程序的法庭调查可以简化，法庭辩论可以仅围绕有争议的问题进行。"法庭即便保持法庭调查和法庭辩论的形式，也无非是有选择地宣读案卷笔录，既不传召证人出庭作证，也不再对无争议的定罪问题进行实质性审理。"[②]因此，也有学者将法院对于认罪认罚案件尤其是适用速裁程序的认罪认罚案件的审理模式称为"确认式庭审"，即有别于通过控辩对抗实现对案件事实的准确认定以及在此基础上正确适用法律的"实质化庭审"，在"确认式庭审"中控辩双方对于事实、罪名、量刑、适用程序等通常均无争议，法庭基本上是通过审查认罪认罚的自愿性和认罪认罚具结书内容的真实性、合法性完成司法裁判活动，具有较为鲜明的确认性特征。[③] 但上述通过确认式审理提升诉讼效率的前提是控辩合意是真实的，如果合意失真，比如是在"屈从"的状态下达成的，或者出现"真的认了假罪"等情形，[④]那么具结书、量刑建议对于法院的约束力也就不复存在了。法庭还要重新进行实质化审理，可能还涉及程序的转换，必然会影响庭审效率，改革所追求的诉讼效率价值必然受到减损。

从被告人上诉权的角度来看，有学者提出，对于被追诉人的上诉权应该以诉讼效益原则为依据进行必要限制。[⑤] 如若在平等协商的基础上双方达成真实合意，基于"契约精神"所蕴含的平等、自愿、合意、互利、诚信等思想要义，对被追诉人的上诉权进行一定限制，具有一定的理论基础和

---

① 参见张泽涛：《认罪认罚从宽制度立法目的的波动化及其定位回归》，载《法学杂志》2019年第10期。

② 陈瑞华：《刑事诉讼的公力合作模式——量刑协商制度在中国的兴起》，载《法学论坛》2019年第4期。

③ 参见李奋飞：《论"确认式庭审"——以认罪认罚从宽制度的入法为契机》，载《国家检察官学院学报》2020年第3期。

④ 参见郭烁：《认罪认罚背景下屈从型自愿的防范——以确立供述失权规则为例》，载《法商研究》2020年第6期。

⑤ 参见臧德胜、杨妮：《论认罪认罚从宽制度中被告人上诉权的设置——以诉讼效益原则为依据》，载《人民司法（应用）》2018年第34期。

实践价值。[1] 但在控辩合意失真的情况下,上述契约必须被信守的前提和基础将不复存在。不仅如此,因合意并非被追诉人的真实意图,故可能会引发上诉率居高不下甚至上访等行为,造成新的社会矛盾和诉讼成本的增加,一定程度上也会损及司法公信力。

第二节 理想与现实之间:控辩失衡成因分析

正如亚里士多德所言,对于人类事务,我们必须要同时考虑什么是所向往的,什么又是可能的。[2] 对于控辩关系,失衡的状态是客观存在的,在整个刑事诉讼活动中达到平衡无疑是“所向往的”。这种失衡状态并非产生于朝夕之间,成因也较为复杂。当前学界主流观点认为,从合意型诉讼模式的发展历程看,许多国家都经历了从正当程序到协商司法的过程,也就是先经历了“第三范式”之后方才进入“第四范式”的。但我国显然不同,在笔者看来,认罪认罚从宽制度中产生的控辩失衡问题,既有刑事诉讼程序中原有的诸如义务本位、职权信任、“三重三轻”等传统诉讼理念以及侦诉机关形成的“大控方”与辩方之间诉讼地位、诉讼能力不对称等原因,也存在在职权主义的影响下以权利本位、协商性逻辑为设计与运行机理的制度逻辑混同等“后天缺陷”。

一、传统观念的深刻影响

(一)义务本位

有学者总结出中国古代法律的十八个传统,其中之一即为“权利等

---

① 参见刘原:《认罪认罚具结书的内涵、效力及控辩应对》,载《法律科学(西北政法大学学报)》2019 年第 4 期。

② 参见[英]保罗・维诺格拉多夫:《历史法学导论》,徐震宇译,中国政法大学出版社 2012 年版,“前言”第 1 页。

差,义务本位”。[1] 权利等差表现在立法上是立法等差,即所谓“良贱异制”,同罪不同罚,表现在司法上则为司法特权,如“八议”、赎刑等。旧时法律从一开始便被设定为特权阶层役使百姓的工具,虽然其中也象征性地赋予了百姓一些基本的生产劳作的谋生权利,但根本上仍是为了服务于特权阶层的不劳而获,而且与严苛庞杂的义务相比这些权利可谓不值一提。这种权利义务的不对等,最为典型的代表或属所谓的“三纲”学说。“三纲”的法律化,同时也意味着义务本位的法律化。义务本位法律观的形成反映着当时特殊的社会历史背景,如所谓“奉公去私”的专制主义政治体制、义务天职权利非分的宗法家族制度、亲亲尊尊的儒家思想以及压制性的法律后盾等。[2] 上述背景下,个人很难享有成为法律关系主体的资格,甚至以个人利益为核心的权利观念也难以形成。

从上述对于义务本位法律观的勾勒中可以看出,服从与接受是其核心要义。在义务本位法律观之下,首先是权利观念难以形成,因为主张权利的合法性前提不存在,即便有一些“权利意识的觉醒”,也会出于对因主张权利而遭受惩罚的担忧而熄灭,更不消说“为了权利而斗争”,因此权利主体地位也就难以形成。具体到刑事诉讼程序中尤其如此。作为国家统治秩序最为严厉的一种调解手段,此中没有“无罪推定”“沉默权”等概念,只有“如实招来”的义务,也不存在“讨价还价”的余地。以世俗的眼光观之,国家抓的都是坏人,如果没有干坏事,国家是不会找到你的。作为被追诉人个人,也常常以有罪之身看待自己,更不要说主张什么权利了。

(二)职权信任

与义务本位密切相关的另一个观念是职权信任,即权利主体对于权

---

① 参见张晋藩:《中国法律的传统与近代转型》(第 4 版),法律出版社 2019 年版,第 133 页。

② 参见张晋藩:《中国法律的传统与近代转型》(第 4 版),法律出版社 2019 年版,第 143 ~ 145 页。

力主体应该而且能够正确行使权力的信任。这从中国传统法律中对于权力主体的称谓如“包青天”“青天大老爷”“父母官”中不难看出。当然与之相对的是公权力主体的自律,如称百姓是自己的子民等。从前文域外刑事诉讼构造相关理论中也不难发现职权信任的因子。无论家庭模式抑或家长模式,对于公职人员的信心和对于职权的高度信赖均是其成立的前提。家庭模式要求对公职人员的信任,相信他们不会滥用权力。“刑事司法中的执法人员只有在有人犯法时才给予必要的干预,除此以外不干涉任何人的活动,即使干预,他们也是带着爱和尊敬,始终将个人的悔过迁善作为他们的主要目标。”[①]“政府具有智识上的能力来辨识值得追求的目标并确立准确导向于这些目标之实现的政策。”[②]家长模式的思想基础也是犯罪人与社会群体之间的一种协作关系,二者“处于一种‘我们’的感情之中”,“对于官员,没有理由不信任,因为官员具有博爱的情感”。[③] “每个人都希望并且相信,无论怎么做,这将是与父母对他们孩子的基本福祉的认识相一致的。”[④]

在笔者看来,职权信赖观念得以形成并运行至今,其机理在于科层式的权力组织架构。科层式为在行政管理上依据纯粹的技术性因素实现分工原则提供了最佳可能性,将各个任务分派给受过专业训练且通过不断实践而持续积累经验的公务员。在这种情况下,“专业人员”的执行主要是按照可预见的规则“不因人而异”地执行。[⑤] 质言之,在一个非当事人

---

① [美]丹尼尔·富特:《日本刑事司法中的家长模式》,刘丽君译,载[美]虞平、郭志媛编译:《争鸣与思辨:刑事诉讼模式经典论文选译》,北京大学出版社2013年版,第143页。

② [美]米尔伊安·R.达玛什卡:《司法和国家权力的多种面孔:比较视野中的法律程序》(修订版),郑戈译,中国政法大学出版社2015年版,第105页。

③ 李心鉴:《刑事诉讼构造论》,中国政法大学出版社1992年版,第51页。

④ [美]约翰·格里菲斯:《刑事程序中的理念或刑事诉讼的第三种“模式”》,吴啟铮译,载[美]虞平、郭志媛编译:《争鸣与思辨:刑事诉讼模式经典论文选译》,北京大学出版社2013年版,第62页。

⑤ 参见[美]马尔科姆·M.菲利:《刑事司法制度的两种模式:以机构为视角》,郭志媛译,载[美]虞平、郭志媛编译:《争鸣与思辨:刑事诉讼模式经典论文选译》,北京大学出版社2013年版,第111页。

对立的科层式权力组织架构中,国家是积极能动的政策实施者,会公平地给予每个人所应当得到的。“根据能动主义的意识形态,公民们不一定是其自我利益的最佳代表——这里的自我利益是指正确理解下的自我利益,也就是根据国家价值来判断的自我利益。由此而导致的对待当事人的态度,如果从另一种意识形态的角度看,便是几乎永远把公民个人视为需要加以引导的学生。”①

具体到刑事诉讼程序中,在上述科层式权力组织架构下,即便是在一种合意型司法模式中,也不能对合意结果抱有过高期待,而只能寄希望于权力主体给予“不因人而异”的对待。“如果公职人员具有特殊的作用或责任,人们就可以假定能期待他负有诚意履行职责并得出自己的最佳判断。”②在笔者看来,在科层式权力组织架构下,根据诸如官员司法、层层审核把关等运作机理,即便决策结果偶尔有所偏离也不会过于离谱,这是该种机制的优点。以我国的认罪认罚从宽制度为例,如果把美国的辩诉交易比作贸易市场,买卖双方可以自由地讨价还价,是否能够以最优惠的价格买到最好的商品全靠议价能力,那么,我国的认罪认罚从宽制度则犹如超市商品的打折,什么时段打什么折扣全部是明码标价且不存在议价空间,但基本能够保证你买到的商品“货真”(至于“价”是否“实”则要凭个人判断了)。

如此一来,从诉讼模式转型的角度观之,也会导致权力主体的一方自我认知的强化,加剧控辩间的不平等。“传统的程序结构运行会将程序参与者不断内化,这种内化过程使参与者形成较为稳定的认知,会以一种特定的方式来理解刑事程序以及各自的角色和职能。”“在长期形成的权力主体的角色认知以及官方调查的诉讼行为模式影响下,检察官短期内难以适应协商机制下作为协商者的新角色分配,难以放下权力主体的优越

---

① [美]米尔伊安·R.达玛什卡:《司法和国家权力的多种面孔:比较视野中的法律程序》(修订版),郑戈译,中国政法大学出版社2015年版,第198页。

② [美]丹尼尔·富特:《日本刑事司法中的家长模式》,刘丽君译,载[美]虞平、郭志媛编译:《争鸣与思辨:刑事诉讼模式经典论文选译》,北京大学出版社2013年版,第143页。

性地位而与犯罪嫌疑人、辩护律师进行充分协商，也难以严格按照规定切实保障被告人的各项协商权利。”①

（三）“三重三轻”

所谓“三重三轻”，是指“重权力、轻权利”“重打击、轻保护”“重实体、轻程序”，三者虽称谓各异，但深究起来，其产生的根源均在于与义务本位主义相对的国家权力本位主义以及权威主义政治哲学。这种国家权力本位主义的观念早在青铜时代就已经有了相当发展，随着封建社会的发展而不断增强，直至后来发展成为家国一体、融家于国的一体格局。此种格局下，必然形成一种以国家利益和社会稳定为最高价值的国家权力本位观念，与之相对的则是个人独立存在的价值与利益的基本丧失。②权威主义政治哲学亦有此蕴含。按照这一政治哲学，政府不仅是政治权力的行使者，具有不容挑战的权威，也是真理的掌握者和道德伦理的维护者。③ 在政府行使权力之时，任何个人都应作为配合者而非挑战者。“在非当事人对立程序中，对官员的不信任是很少有的，以违反程序和技术性规则为借口试图推翻判决，是不能被允许的。”④为了查明事实真相，政府可以利用所有社会资源，采用一切调查手段，而被调查者只能是“如实陈述”而不能有有碍真相发现的任何举动。

刑事诉讼制度是国家政治制度的灵魂呈现。国家权力本位主义、权威主义政治哲学表现在刑事诉讼中就产生了封建专制长期统治下的纠问式诉讼模式及其深层结构。一般而言，封建集权国家大都热衷于纠问式诉讼。⑤ 纠问式诉讼模式中的国家司法机关拥有几乎不受限制的权力，

---

① 曾亚：《认罪认罚从宽制度中的控辩平衡问题研究》，载《中国刑事法杂志》2018 年第 3 期。

② 参见谢佑平、万毅：《刑事诉讼法原则：程序正义的基石》，法律出版社 2002 年版，第 122 页。

③ 参见陈瑞华：《刑事诉讼的中国模式》（第 3 版），法律出版社 2018 年版，第 445 页。

④ 李心鉴：《刑事诉讼构造论》，中国政法大学出版社 1992 年版，第 53 页。

⑤ 参见［法］卡斯东·斯特法尼等：《法国刑事诉讼法精义》，罗结珍译，中国政法大学出版社 1999 年版，第 76 页。

被追诉人的权利却被极大遏制，甚至可以说基本上处于毫无权利的地位，仅仅被视为一个任由司法机关摆布的程序对象、诉讼客体。纠问式诉讼模式以效果为导向，担心因过于尊重个人权利而使追究犯罪受阻，总是以结果来证明手段的正确性。[①] 也就是所谓的“程序工具主义”或“程序虚无主义”，即程序自身没有价值，其价值体现在保障实体法的实施上。只要能够查明案件的事实真相，保障国家刑罚权的实现，司法机关可以动用一切必要的诉讼手段，甚至包括刑讯。

虽然在职权主义诉讼模式下，被追诉人的诉讼地位得到极大改善，不再是消极被动的诉讼客体，但若为积极主动的诉讼主体，仍为时尚远。在“三重三轻”的传统观念影响下，即便在合意型诉讼模式的认罪认罚从宽制度中，控辩之间也很难形成平等的诉讼关系。“虽然，认罪认罚从宽制度的推行因需要得到被追诉人的配合，多少有助于改善和提升其诉讼地位，但只要这种权力本位的司法理念不发生实质性改变，那么，不少人所倡导的‘平等协商’也就很难有存在的空间。”[②]此外，原本应该作为认罪认罚从宽制度核心架构的协商程序也变得可有可无，即便是有协商程序也可能是徒有其形而难具其神。从被追诉人的视角观之，在长期的义务本位、职权信赖等传统诉讼观念浸染之下，其很少也很难去主张自己的权利。“被告人虽然是诉讼参与主体，享有系列诉讼权利保障，但在诉讼程序中长期处于惩罚结果的被动接受者地位。被告人只有在服从和配合司法机关、协助查明案件真相时，才可能获得国家的从宽‘恩惠’。”[③]

---

① 参见［法］卡斯东·斯特法尼等：《法国刑事诉讼法精义》，罗结珍译，中国政法大学出版社 1999 年版，第 76 页。

② 李奋飞：《量刑协商的检察主导评析》，载《苏州大学学报（哲学社会科学版）》2020 年第 3 期。

③ 曾亚：《认罪认罚从宽制度中的控辩平衡问题研究》，载《中国刑事法杂志》2018 年第 3 期。

二、我国刑事诉讼审前程序中固有的“结构性风险”

控辩失衡是刑事诉讼审前程序中普遍存在的现象，而非认罪认罚从宽制度所特有。控辩失衡的根源在于刑事诉讼审前程序的特殊诉讼构造，集中表现为控辩之间在诉讼地位和诉讼能力上的非对称性，可谓存在“先天不足”。此外，我国刑事诉讼审前阶段的高羁押率、低辩护率等在一定程度上加剧了这种“结构性风险”。

（一）信息不对称、资源不对等

1. 信息不对称

一方面，控辩双方在取证能力上存在显著差异，大量证据更多为控方所掌握，控辩双方信息落差较大，表现在控辩双方调查取证权上尤为明显。例如，我国《刑事诉讼法》规定，公权力机关有权向有关单位、个人取证，相关单位、个人应当积极配合、如实提供证据；对于公权力机关的提问，被追诉人应如实回答。相关立法释义进一步明确，赋予公权力机关有权向有关单位和个人收集、调取证据，是查明案件事实，打击犯罪，保障人权的需要；对于侦查人员的讯问，犯罪嫌疑人“应当如实回答，既不能夸大，也不能缩小；既不能隐瞒，也不能无中生有，或者避重就轻”。[①] 与之形成鲜明对比的是辩方律师在调查取证方面堪称经历一场场“障碍赛”。辩护律师的取证，必须获得证人或其他单位和个人的同意，否则就很难实现，或者获得公权力机关的同意，由他们进行调查取证或通知证人出庭。这种让对手提供“进攻弹药”的规定也存在一定的逻辑悖论。

另一方面，作为被追诉人的权利，同时也是侦控机关和审判机关的义务的被追诉人的知悉权也没有得到应有的保障。被追诉人的知悉权主要包括诉讼地位、权利义务、诉讼行为法律后果的知悉，案件进展、处理结果及依据的知悉等。在一定程度上，被追诉人的知悉权是人权在刑事诉讼

---

① 王爱立主编：《中华人民共和国刑事诉讼法释义》，法律出版社 2018 年版，第 114、267 页。

中的具体体现，是被追诉人充分行使其他诉讼权利以及进行有效防御的前提和基础，也是实现实体公正和正当程序的必然要求和重要保障。[①]作为被追诉人，其本身不可能享有与“大控方”相抗衡的侦控权力，且其人身自由往往受限，故其与控方对等和均衡对抗的可能性更多依赖于知悉权等保障性权利设置。因此，知悉权可谓从另一个侧面对于被追诉人取证能力的补偿，被追诉人的知悉权同时也是公权力机关的法定义务。我国也在一定程度上确立了被追诉人的知悉权，[②]但仍然存在一些不足，如对于告知的方式是口头还是书面并没有明确规定，对于公权力机关违反告知义务的后果也没有作出相应规定。司法实践中，即便是书面告知也多为格式文本，从中很难获取对辩方有用的信息。此外，同域外相比，我国在被追诉人知悉权保障上仍有不少缺失，如被追诉人在遭受强制措施及限制财产权和通信自由权时缺乏相关的知悉权等。[③]

2. 资源不对等

当今时代，谁掌握了信息，谁就掌握了主动权。刑事诉讼中的信息不对称根源还在于资源不对等。这也是由刑事追诉活动收集犯罪证据、查获犯罪嫌疑人、查明犯罪事实真相、提起刑事指控并支持公诉的内容或者说目的所决定的。控辩之间的资源不对等，主要是指控方可以采用讯问犯罪嫌疑人，询问证人、被害人，勘验，检查，搜查，查封、扣押书证、物证，鉴定乃至技术侦查、通缉等侦查手段；采用拘留、逮捕等限制、剥夺人身自由的刑事强制措施。从这个意义上说，任何公民，无论其多富有、职位有多高，都无法和国家相提并论，被追诉人的诉讼地位存在先天不足，控方

① 参见刘梅湘：《犯罪嫌疑人知悉权初探》，载《国家检察官学院学报》2004 年第 4 期。

② 如我国《刑事诉讼法》第 34 条第 2 款规定：“侦查机关在第一次讯问犯罪嫌疑人或者对犯罪嫌疑人采取强制措施的时候，应当告知犯罪嫌疑人有权委托辩护人。人民检察院自收到移送审查起诉的案件材料之日起三日以内，应当告知犯罪嫌疑人有权委托辩护人。人民法院自受理案件之日起三日以内，应当告知被告人有权委托辩护人。……”第 97 条规定：“犯罪嫌疑人、被告人及其法定代理人、近亲属或者辩护人有权申请变更强制措施。人民法院、人民检察院和公安机关收到申请后，应当在三日以内作出决定；不同意变更强制措施的，应当告知申请人，并说明不同意的理由。”

③ 参见刘梅湘：《犯罪嫌疑人知悉权初探》，载《国家检察官学院学报》2004 年第 4 期。

力量先天强大。理想状态下，侦查活动本应在保证侦查效能与保障人权两种基本价值之间达到基本平衡。但作为刑事诉讼开端的侦查活动具有天然的主动性和扩张性，这就决定了其必然会导致对公民的人身权利和财产性利益作出限制，具有较强的侵犯性。“侦查机关往往对追究犯罪有着过度的执着，这种执着可能异化为对被追诉人的有罪证明的不择手段，这种情况下侦查权对被追诉人的人身权利、财产权利具有较强的侵害性。尚且不论被追诉人可能是无罪的，那些确实实施了犯罪行为并理应被追究刑事责任的被追诉人仍然应该具有获得正当程序对待的权利。但就被追诉人个人而言，他很难对抗公权力，更不能奢望侦查活动的主体对其权利提供保障。”①审查起诉阶段，控方除了可以采取对人和对物的强制性措施以外，还可以利用手中掌握的起诉裁量权作出诉与不诉的决定，在作出起诉决定后还可以通过行使定罪请求权和求刑权对法院审判形成制约，一定程度上决定着被追诉人未来的命运。综上，为了实现刑事追诉活动目的，控方必须配备强大的侦控资源，由此决定了控方有能力对辩方实施压制，这也是造成控辩失衡的结构性因素。

（二）高羁押率、低辩护率

未决羁押率高企、律师刑事辩护覆盖严重不足是一个老生常谈的话题，但其对控辩关系确实有着显著影响，是导致控辩失衡的重要原因。

1. 高羁押率

根据刑事诉讼权力配置原理，强制措施的功能在于保障被追诉人及时到案，接受调查、起诉和审判，从而保障刑事诉讼的顺利进行。② 基于强制措施诉讼保障的功能定位，根据无罪推定原则、比例原则、程序正当原则等强制措施适用原则，非羁押诉讼应为刑事诉讼的常态，而羁押诉讼则为刑事诉讼的例外，成为保障刑事诉讼活动顺利进行的最后手段。虽然近年来

---

① 陈卫东：《中国刑事诉讼权能的变革与发展》，中国人民大学出版社 2018 年版，第 310～311 页。

② 参见陈瑞华：《刑事诉讼法》，北京大学出版社 2021 年版，第 292～293 页。

因应犯罪结构变化，检察机关协同其他政法单位持续推动宽严相济刑事政策的贯彻落实，刑事案件的诉前羁押率已降至有司法统计以来的历史最低，[①]但根据学者基于对官方数据的统计分析，仍有接近 1/3 被逮捕的人并不符合可能判处徒刑以上刑罚的法定条件。[②] 之所以会产生此种异化，既有制度功能定位自身存在的问题，也有作为"疏堵结合"的替代措施效果不彰的问题，还有制度实际运行过程中作为配套的机制导向的问题。例如，原本作为诉讼保障措施的拘留、逮捕实践中更多承担了威慑犯罪、刑罚预支、确保追诉成功的功能；2012 年修改《刑事诉讼法》时一度被寄予很高期望的取保候审、监视居住在实践中也未能担起替代羁押性强制措施的"大任"；基于程序的"惯性"以及对于刑事诉讼程序中"逆向运行"的风险防控，在整体的运行机制设计上也倾向于鼓励"正向操作"，对于不捕不诉等持谨慎态度。这种异化产生的危害是多方面的。例如，对于口供的过度依赖，导致刑讯逼供的产生，错失取证良机；又如，可能不适当地剥夺了被追诉人继续贡献社会的机会，反而造成"交叉感染"，甚至会导致接下来的错诉、错判；等等。[③] 从控辩失衡的角度，高羁押率可能还在于不合理地限制了缺乏羁押必要性的被追诉人准备辩护的能力和条件，"被追诉人因处于孤立的被羁押状态，不仅渴望解脱羁押，而且在此种状态下更难获得可供判断并作出理性选择的案件信息"[④]。此外，由于受到不适当羁押，被追诉人在心理上也会受到不应有的震慑，在心理上产生"低人一等"的错觉，无形中强化了控辩失衡的格局。

---

① 根据时任最高人民检察院检察长张军 2023 年 3 月 7 日在第十四届全国人民代表大会第一次会议上所作的《最高人民检察院工作报告》，2022 年的诉前羁押率已经从 2018 年的 54.9% 下降至 26.7%，为有司法统计以来的最低。参见《张军作最高人民检察院工作报告》，载《检察日报》2023 年 3 月 8 日，第 2 版。

② 参见孙长永：《少捕慎诉慎押刑事司法政策与人身强制措施制度的完善》，载《中国刑事法杂志》2022 年第 2 期。

③ 参见孙长永：《少捕慎诉慎押刑事司法政策与人身强制措施制度的完善》，载《中国刑事法杂志》2022 年第 2 期。

④ 龙宗智：《完善认罪认罚从宽制度的关键是控辩平衡》，载《环球法律评论》2020 年第 2 期。

2. 低辩护率

“刑事诉讼的历史就是辩护权扩充的历史。”[①]在笔者看来，这种扩充不仅表现在被追诉人辩护权的“从无到有”上——从形式上保障被追诉人的辩护人选任权，还表现在被追诉人辩护权的“从有到优”上——在实质上保障被追诉人与辩护人商谈、接受辩护人的解释等辩护人援助的机会，也就是得到有效辩护。[②] 因为，一般而言，被追诉人通常并不具备与公安司法机关平等、理性对话的法律知识、诉讼技能；加之通常身陷囹圄，无法自行调查取证，也就失去了举证、质证、辩论的基础和能力。诸多因素综合作用之下，即便从形式上确立了被追诉人有获得辩护权的资格和权利，但在行使诉讼权利方面相当于“无行为能力人”。[③] 没有律师的帮助，仅凭被追诉人一己之力，根本无法有效行使辩护权。为了实现“平等武装”，一方面要通过立法完善、审判机关的后续约束等以权力的形式加强对控方权力的制约；另一方面还要靠不断强化被追诉人方的权利，甚至是以形式上的“偏爱”和“关照”实现对强大的控方达到平等对话的目的。而辩护律师的帮助就成为最为关键的一环。但现实却是，我国“刑事案件的辩护率整体较低，而且长期在低位徘徊”。[④] 有学者采用大数据统计分析方法，对中国裁判文书网发布的2013～2017年作出的303.2万份刑事一审判决书（占全国同期一审刑事判决书的55.24%）进行统计分析，发现5年间律师辩护率从19.07%增加至22.13%，其中除了法律援助律师提供的辩护以外，当事人委托律师的辩护率从16.07%增加至19.41%。[⑤] 可见就全国范围而言，虽然刑事案件辩护率有一定提升，但整体而言仍然

---

① ［日］田口守一：《刑事诉讼法》（第7版），张凌、于秀峰译，法律出版社2019年版，第172～173页。

② 当然，这里对于从有到优中“优”的理解，除有效辩护以外，还可以从覆盖诉讼阶段的扩展以及法律援助国家责任的确立等多角度解读。

③ 陈瑞华：《刑事诉讼法》，北京大学出版社2021年版，第165页。

④ 孙长永主编：《中国刑事诉讼法制四十年：回顾、反思与展望》，中国政法大学出版社2021年版，第76页。

⑤ 参见王禄生：《论刑事诉讼的象征性立法及其后果——基于303万判决书大数据的自然语义挖掘》，载《清华法学》2018年第6期。

较低。形成这种态势,有“供需”两端的原因。就供给端而言,根据司法部的统计,截至2022年6月,全国共有律师60.5万名;[①]根据司法部2021年12月印发的《全国公共法律服务体系建设规划(2021—2025年)》,到2025年,全国执业律师大约75万名。此间已然存在不小的缺口。就需求端而言,根据2021年最高人民检察院工作报告,全年检察机关共批捕各类犯罪嫌疑人近87万人、提起公诉近175万人。表面上虽然看不出律师人数与犯罪嫌疑人人数的显著差距,但如果结合刑事辩护案件在执业律师办案量中的占比,供给缺口或许就显而易见了。现阶段,聘请辩护律师,对于犯罪嫌疑人尤其是自然犯而言可能仍然需要再三斟酌,一则律师费仍是一笔不小的支出,二则对于刑事辩护律师作用不无顾虑。此外,国家作为主体真正担起法律援助责任并使之起到实质作用尚需时日。

三、认罪认罚从宽制度中的逻辑错位

如果说义务本位、职权信任、重打击轻保护、重实体轻程序、重权力轻权利等传统观念,以及信息不对称、资源不对等、高羁押率、低辩护率是原有刑事诉讼模式下导致控辩失衡的重要因素,是一种“先天不足”。那么,在认罪认罚从宽制度中,职权性逻辑与协商性逻辑混同则成为诉讼模式转型语境下诱发控辩失衡的另一风险因子,[②]是一种“后天缺陷”。

(一)认罪认罚从宽制度中的职权性逻辑

总体而言,认罪认罚被当作公权力机关的一项权力而存在,适用认罪认罚从宽制度成为公权力机关对于被追诉人的一种奖励。[③]

---

① 参见张维:《习近平法治思想指引新时代全面依法治国取得历史性成就》,载司法部网站2022年7月28日,http://www.moj.gov.cn/pub/sfbgw/qmyfzg/202207/t20220728_460763.html。

② 参见杜磊:《认罪认罚从宽制度适用中的职权性逻辑和协商性逻辑》,载《中国法学》2020年第4期。

③ 参见闵春雷:《回归权利:认罪认罚从宽制度的适用困境及理论反思》,载《法学杂志》2019年第12期。

其一,认罪认罚从宽制度是否适用由检察机关决定。虽然认罪认罚从宽制度的适用没有案件性质、刑罚轻重、诉讼阶段的限制,不应剥夺被追诉人自愿认罪认罚进而获得从宽处理的机会,每一个被追诉人都可以提出认罪认罚,但最终是否适用却不是被追诉人所能决定的。比如,试点阶段的一项实证研究表明,是否适用认罪认罚从宽制度以及适用何种程序均由公权力机关决定,“所有适用认罪认罚从宽制度的案件均为公权力机关依职权决定,且具有一定的随机性”“检察机关提出的程序适用建议并没有严格按照规定的标准,而是处于‘随机’状态”。① 如果说此时尚可以以仍处试点阶段、认识模糊作解,那么,在正式为立法所确认以后的各种统计和实证研究则无可辩驳地说明了制度适用的职权性。如最高人民检察院公布的适用认罪认罚从宽制度的三起典型案例均是由检察官依职权启动。② 实证研究也表明认罪认罚从宽制度在适用的案件类型上具有一定的选择性,如在职务犯罪案件中的适用率较低,在调研的768件职务犯罪案件中,只有46件适用了认罪认罚从宽制度,适用率不足6%。③ 司法实践中对一些涉黑涉恶等案件适用认罪认罚从宽制度采取的也是一种较为保守的态度。④ 对此,《指导意见》第5条的规定可以作解,该条规定明确,“可以”适用并非一律适用,被追诉人认罪认罚后是否从宽,最终由司法机关说了算。

其二,即便适用了认罪认罚从宽制度,是否从宽也由检察机关决定。司法实践中,在认罪认罚案件移送审查起诉后,检察官一般会依据案情,以各类量刑意见为指导,结合自身办案经验,拟定量刑建议和程序适用建议。《指导意见》第8条也规定,“可以从宽”是指一般应当体现法律规定

① 曾亚:《认罪认罚从宽制度中的控辩平衡问题研究》,载《中国刑事法杂志》2018年第3期。

② 参见《检察机关适用认罪认罚典型案例》,载《检察日报》2019年10月25日,第2版。

③ 参见韩旭:《监察委员会办理职务犯罪案件程序问题研究——以768份裁判文书为例》,载《浙江工商大学学报》2020年第4期。

④ 参见梁琪等:《涉黑涉恶案件适用认罪认罚从宽制度初探》,载《广西法治日报》2021年1月28日,第5版。

和政策精神,予以从宽处理,但可以从宽不是一律从宽,而是应当综合考虑认罪认罚的具体情况,依法决定是否从宽以及如何从宽。

其三,如何从宽也由检察机关决定。如前所述,由于性质不够明晰,认罪认罚被作为公权力机关的一项权力,制度适用作为对被追诉人的一种奖赏,也就决定了被追诉人参与的被动性和有限性。具结书是认罪认罚从宽制度的重要载体以及控辩合意的集中体现。但司法实践中,认罪认罚具结书一般为格式条款,很多情况下被追诉人只需要签字确认。[①]虽然此举可以理解为是为了提升诉讼效率,但由此也表明,量刑建议、适用程序等认罪认罚具结书上需要填写的内容,在检察官与被追诉人正式沟通协商前就已经由其自主决定。[②] 于被追诉人而言,一般也只有当场表示同意与否的权利。

以上仅较为粗浅地梳理了认罪认罚从宽制度适用中职权性逻辑的表现。其实,在其他的一些制度设计以及司法实践中也不乏职权性逻辑的影踪。例如,在对于认罪认罚具结书中"具结"二字的词义解读中——旧时对官署表示负责保证的文件,[③]就不难发现职权的痕迹;又如,对于证明标准的坚持更是职权主义原则的直接体现;再如,司法实践中,值班律师在会见被追诉人时更多是跟着检察官一起前往羁押场所;等等。[④]

(二)认罪认罚从宽制度中的协商性逻辑

立法原意中,认罪认罚从宽制度应遵循协商性逻辑建构,且这种协商性逻辑主要应体现在审前阶段,如诉讼过程中的相关权利告知、各种听取

---

① 参见杜磊:《认罪认罚从宽制度适用中的职权性逻辑和协商性逻辑》,载《中国法学》2020 年第 4 期。

② 参见曾亚:《认罪认罚从宽制度中的控辩平衡问题研究》,载《中国刑事法杂志》2018 年第 3 期。

③ 参见中国社会科学院语言研究所词典编辑室编:《现代汉语词典》(第 5 版),商务印书馆 2005 年版,第 704 页。

④ 参见韩旭:《认罪认罚从宽案件中有效法律帮助问题研究》,载《法学杂志》2021 年第 3 期。

意见等,[1]至于审判阶段的结果,如一般应当采纳检察机关的量刑建议等,仅为审前阶段协商性逻辑的自然延伸。经过前文的论证不难发现,审前阶段认罪认罚从宽制度适用中的职权性逻辑特征非常鲜明,反倒是在审判阶段包括检察机关量刑建议的提出、法院对于量刑建议的采纳以及对于被追诉人上诉的抗诉等方面无不彰显出一种"以协商性逻辑示人"的面向。

其一,检察机关一般应当提出确定刑量刑建议。《刑事诉讼法》中规定了被追诉人认罪认罚的,检察机关应当就主刑、附加刑以及是否适用缓刑提出量刑建议。后续出台的一系列相关司法解释中进一步明确,检察机关办理认罪认罚案件,除对于少数新型、不常见、情节复杂的案件外,一般均应提出确定刑量刑建议。即确立了"以确定刑为原则,幅度刑为例外"的认罪认罚案件量刑建议的基本原则。传统意义上,检察机关的量刑建议权系公诉权的组成部分,性质上属于求刑权。但在认罪认罚从宽制度中,量刑建议则具有了有别于非认罪认罚案件中的效力,其理论基础和制度逻辑就在于形成过程中的协商性或曰合意性。"这种'合意'的达成以犯罪嫌疑人认罪认罚为前提,以检察机关的量刑减让为承诺。"[2]正因为认罪认罚案件中的量刑建议是控辩协商合意的结果,所以更应该精准化、确定化,以稳定被追诉人预期,增强制度适用"黏性"。[3]根据最高人民检察院发布的2022年全国检察机关办案数据,2022年度全国检察机关认罪认罚从宽制度适用率以及其中的确定刑量刑建议提出率均超过了90%。[4]

其二,对于检察机关提出的确定刑或幅度刑量刑建议,法院一般应当采纳。如前所述,认罪认罚从宽制度的建构原理遵循的是一种协商性逻

① 参见魏晓娜:《结构视角下的认罪认罚从宽制度》,载《法学家》2019年第2期。

② 胡云腾主编:《认罪认罚从宽制度的理解与适用》,人民法院出版社2018年版,第38页。

③ 参见卞建林:《认罪认罚从宽制度赋予量刑建议全新内容》,载《检察日报》2019年7月29日,第3版。

④ 参见《2022年全国检察机关主要办案数据》,载《检察日报》2023年3月8日,第3版。

辑。在此基础上,量刑建议有别于非认罪认罚案件中的量刑建议,成为控辩协商的合意载体,具有一定的司法公信力,所以才在立法中明确,除被告人的行为不构罪或不应追究刑事责任、违背自愿性、否认指控事实、指控罪名与认定罪名不一致以及其他能影响公正审判的五种法定情形外,法院一般应当采纳。正如有学者所言,认罪认罚从宽制度中的量刑建议,对于控辩审三方都具有相应的效力:于控辩方而言,有遵守的义务;于法院而言,也有尊重的职责,即除法定情形外,一般应当采纳,否则会动摇认罪认罚从宽制度的根基。① 根据最高人民检察院发布的2022年全国检察机关办案数据,在认罪认罚从宽制度适用率、确定刑量刑建议提出率双超90%的基础上,法院的量刑建议采纳率也超过了95%。②

立法中明确规定了前置程序,即先由检察机关自我检视,检察机关不调整或调整后仍然"明显不当"的,法院才能依法作出判决,而不能径行判决。如此规定,其背后的考量在于法院对于控辩合意内容的尊重,同时也是量刑建议对法院量刑裁量权程序性约束的体现。③ 但即便如此,司法实践中仍对此存在不同的理解与认识。如最高人民法院发布的"苏桂花开设赌场案"(指导案例第1409号)中就认为,检察机关因一审法院未建议调整量刑建议而抗诉的,二审法院不应以程序违法为由发回重审。理由在于,"人民法院在庭审中已就量刑充分听取控辩双方意见,并在此基础上依法径行作出判决的,不属于程序违法,符合确保裁判形成在法庭的庭审实质化要求,同时还避免了因量刑建议调整造成审判周期的延长和司法资源的浪费"。④ 对此,最高人民检察院已经在量刑建议工作的相关指导意见中明确,对于法院未经通知调整径行判决的,检察机关应当提出抗诉;对于法

① 参见卞建林:《认罪认罚从宽制度赋予量刑建议全新内容》,载《检察日报》2019年7月29日,第3版。

② 参见《2022年全国检察机关主要办案数据》,载《检察日报》2023年3月8日,第3版。

③ 参见董坤:《认罪认罚案件量刑建议精准化与法院采纳》,载《国家检察官学院学报》2020年第3期。

④ 最高人民法院刑事审判第一、二、三、四、五庭编:《刑事审判参考》总第127辑,人民法院出版社2021年版,第29页。

院通知调整后检察机关不予调整或检察机关调整后法院不予采纳的，检察机关认为裁判有误，应当提出抗诉或制发检察建议、纠违通知。①

其三，对于被追诉人仅以量刑过重为由的上诉，检察机关一般应当提出抗诉。“之所以检察机关对认罪认罚案件中被追诉人上诉持抵制的态度，也是因为协商性逻辑的缘故。”②对于认罪认罚具结书，从形式上看其是被追诉人认可控方指控犯罪事实、罪名、建议刑罚和适用审理程序的单方声明，因此允许其反悔、撤回；但从实质上看，认罪认罚具结书又是控辩合意的承载，是公权力机关与被追诉人协商沟通、共同认可的法律文书，具有法定的效力，因此一旦签署，对于被追诉人而言也具有一定的约束力，若在检察机关作出不起诉决定以后、起诉前、审判阶段等反悔的，应当承担撤销原不起诉决定、具结书失效、程序转换等可能面临的不利后果。③ 具体到量刑建议，更是被追诉人以认罪认罚甚至是一些诉讼权利的放弃，换取检察机关程序从简、实体从宽的承诺。“此同意和具结无疑对犯罪嫌疑人、被告人有拘束力，除非出现特定情由，不得反悔，否则会动摇认罪认罚从宽制度的基础。”④司法实践中，也不乏“当庭认罪认罚获从宽，无正当理由上诉尝苦果”的案例。在检察机关看来，认罪认罚是被追诉人通过签署具结书，作出真诚认罪悔罪接受刑罚处罚的承诺，但在判决后无正当理由反悔的，既违背了诚信原则、损害司法权威，也浪费了司法

---

① 《量刑建议指导意见》第37条规定：“人民法院违反刑事诉讼法第二百零一条第二款规定，未告知人民检察院调整量刑建议而直接作出判决的，人民检察院一般应当以违反法定程序为由依法提出抗诉。”第38条规定：“认罪认罚案件审理中，人民法院认为量刑建议明显不当建议人民检察院调整，人民检察院不予调整或者调整后人民法院不予采纳，人民检察院认为判决、裁定量刑确有错误的，应当依法提出抗诉，或者根据案件情况，通过提出检察建议或者发出纠正违法通知书等进行监督。”

② 杜磊：《认罪认罚从宽制度适用中的职权性逻辑和协商性逻辑》，载《中国法学》2020年第4期。

③ 参见胡云腾主编：《认罪认罚从宽制度的理解与适用》，人民法院出版社2018年版，第97页。

④ 卞建林：《认罪认罚从宽制度赋予量刑建议全新内容》，载《检察日报》2019年7月29日，第3版。

资源，此外还作出了不良示范，故而必须加以规制。[①] 对此，最高人民检察院在量刑建议工作相关指导意见中也明确，对于被追诉人仅以经合意形成且被法院采纳的量刑过重为由提出上诉的，检察机关应予抗诉。[②]

（三）小结

认罪认罚从宽制度在一定程度上打破了原有刑事诉讼中的控辩审三方关系及力量对比。[③] 但在制度运行了一段时间之后需要进行反向审视："当初的愿望实现了吗？"通过前文的梳理分析不难发现，支配认罪认罚从宽制度适用的有两种逻辑，一种是职权性逻辑或者说权力逻辑，另一种是协商性逻辑或者说权力—权利交互逻辑，[④]且两种逻辑支配着不同的场域。但因不同场域中的支配逻辑存在混同或者错位，使其中的控辩关系并没有朝着预设的平等协商的方向演进。申言之，认罪认罚从宽制度中支配控辩关系的原本应为协商性逻辑或曰权力—权利交互逻辑，但实践中却呈现出显著的职权性逻辑或曰单向度的权力逻辑面向；与之相对，认罪认罚从宽制度并没有改变公、检、法三机关之间的配合制约关系，[⑤]法院依然"要依法充分发挥审判特别是庭审对侦查、起诉活动的把关、制约作用"[⑥]，但司法实践中，审判机关并没有于后端很好发挥对于控辩失衡的调节作用。

---

① 参见卢志坚等：《当庭认罪认罚获从宽　无正当理由上诉尝苦果——淮安市淮安区：一起开设赌场案两被告人均被加刑三个月》，载《检察日报》2021 年 9 月 5 日，第 2 版。

② 《量刑建议指导意见》第 39 条明确规定："认罪认罚案件中，人民法院采纳人民检察院提出的量刑建议作出判决、裁定，被告人仅以量刑过重为由提出上诉，因被告人反悔不再认罪认罚致从宽量刑明显不当的，人民检察院应当依法提出抗诉。"

③ 参见魏晓娜：《结构视角下的认罪认罚从宽制度》，载《法学家》2019 年第 2 期。

④ 参见吴思远：《我国重罪协商的障碍、困境及重构——以"权力—权利交互说"为理论线索》，载《法学》2019 年第 11 期。

⑤ 《指导意见》第 4 条规定："坚持公检法三机关配合制约原则。办理认罪认罚案件，公、检、法三机关应当分工负责、互相配合、互相制约，保证犯罪嫌疑人、被告人自愿认罪认罚，依法推进从宽落实。要严格执法、公正司法，强化对自身执法司法办案活动的监督，防止产生'权权交易'、'权钱交易'等司法腐败问题。"

⑥ 胡云腾：《准确适用认罪认罚从宽制度　在更高层次上实现刑事司法公正与效率相统一》，载胡云腾主编：《认罪认罚从宽制度的理解与适用》，人民法院出版社 2018 年版，第 8 页。

第三节 走向平衡:完善认罪认罚从宽制度的关键

被追诉人的“认罪认罚”是公权力机关决定对其是否“从宽”的前提,加之控辩合意之于审方自由裁量权的约束,故而在对抗式刑事诉讼模式中的一些原则,如无罪推定、不自证其罪、法官保留等可能均会受到一定影响。[①] 例如,被追诉人已经认罪的,虽然从法律上而言其仍为无罪,但事实上必然会降低公权力机关的取证难度、增强其内心确信程度;又如,立法上规定了控方提出的量刑建议审方一般应当采纳,则审方的自由裁量权必然受到一定的限制,原本通过后端对于前端应当起到的制约功能可能也会相应限缩。此种情况下,确保认罪认罚的自愿性和控辩合意的真实性、合法性成为制度正当性的托底保障。其中,控辩平衡又可以说是确保协商过程公正与合意结果公正的结构性要件,对于程序正义的最终实现至关重要。[②]

正如有学者所言,认罪认罚案件中被追诉人的脆弱地位,是被追诉人在正式诉讼程序中诉讼权利缺失的一个投影。[③] 因此,控辩失衡非认罪认罚从宽制度所特有,在正式诉讼程序中同样存在。控辩失衡的形成也并非在朝夕之间,其成因颇为复杂,既有正式诉讼程序中业已存在的传统诉讼观念的深刻影响、审前程序中固有的“结构性风险”等“先天不足”,也有认罪认罚从宽制度在设计和适用中的职权性与协商性逻辑混同等“后天缺陷”。“如果控辩失衡的问题得不到改变,未来的认罪认罚从宽案件出现司法冤错将不可避免。”[④]因此,必须要改变这种状态,使控辩从

---

① 参见朱孝清:《刑事正当程序视野下的认罪认罚从宽制度》,载《法学》2020 年第 8 期。

② 参见曾亚:《认罪认罚从宽制度中的控辩平衡问题研究》,载《中国刑事法杂志》2018 年第 3 期。

③ 参见魏晓娜:《结构视角下的认罪认罚从宽制度》,载《法学家》2019 年第 2 期。

④ 韩旭:《认罪认罚从宽制度研究》,中国政法大学出版社 2020 年版,第 62 页。

失衡走向平衡。可以预见的努力包括注重程序价值，尤其要关注合作式诉讼模式可能给程序正义带来的不利影响；从宽严相济刑事政策等时代视角辩证看待打击与保障的关系等传统观念的现代转型；对“结构性风险”进行“系统性防范”，除传统意义上进一步推动无罪推定、沉默权、辩护制度、证据规则的确立和完善以外，还需有针对性地结合刑事诉讼模式从对抗式向合意型转型，进一步建立健全值班律师、阅卷权、证据开示、听取意见同步录音录像等保障制度；对于认罪认罚从宽制度的纠偏，还必须进一步彰显协商性逻辑的支配作用，同时兼顾职权性逻辑的关照和保障功能。对于检察机关而言，权力越大、责任越大，必须要履行好客观公正义务这一当事人化的底线；对于法院而言，既要避免“对着干”，充分尊重制度设计中控辩合意之于己方的约束力，也要避免“躺平”，充分发挥后端对于控辩关系的调节作用。

一、传统观念的现代转型

相较于外在的制度，观念则处于一种文化的潜在性、内隐性层面，且一旦形成即具有相对的稳定性和传承性，会持续对其生存的环境产生辐射影响。[①] 因此，调节控辩失衡的状态首先要对传统观念进行调适转型。

（一）从国家权力本位到国民主权原则

旧时法律详细规定了庶民对于国家应尽的各种义务，其中却难觅有关庶民权利的点滴规定。伴随西方文化，如天赋人权等的输入，人们逐渐产生了要求法律上平等与自由的权利意识，开启了从义务本位到权利追求的艰难探索。[②] 例如，中国近代思想启蒙家郑观应对民权所作论述：

---

① 参见谢佑平、万毅：《刑事诉讼法原则：程序正义的基石》，法律出版社 2002 年版，第 128 页。

② 参见张晋藩：《中国法律的传统与近代转型》（第 4 版），法律出版社 2019 年版，第 380 ~ 387 页。

“民受生于天,天赋之以能力,使之博硕丰大,以遂厥生,于是有民权焉。民权者,君不能夺之臣,父不能夺之子,兄不能夺之第,夫不能夺之妇,是犹水之于鱼,养气之于鸟兽,土壤之于草木。故其在一人,保斯权而不失,是为全天。其在国家,重斯权而不侵,是为顺天。勿能保,于天则为弃,疾视而侵之,于天则为背。全顺者受其福,而背弃者集其殃。”[①]这种思想成为现代国民主权原则的雏形。根据国民主权原则,个人权利是国家权力的源泉,只有国民才是国家主权的真正享有者,国家权力只是保障个人权利得以实现的手段。[②]

具体到刑事诉讼领域,更加精准打击犯罪、更有效保障人权是其不变的发展方向。但因刑事诉讼的激烈对抗性,不可避免地会影响甚至严重干预到被追诉人的生活安宁和多项权利。因此,从国家权力本位到国民主权原则的转型在此领域也会变得尤为艰难。正如有学者在对我国刑事诉讼法制建设的回顾中所言,四十年来我国的刑事诉讼法制建设取得了显著进步,表现在刑事诉讼的基本制度和诉讼程序得到不断完善,程序法治的细节日益受到重视;被追诉人的诉讼待遇持续得到改善;刑事诉讼的真实观、价值观发生重大变化,通过公正的法律程序查明事实真相,实现惩罚犯罪与保障人权的动态平衡,已经成为占主导地位的刑事司法价值观。[③] 但同时被追诉人方的地位仍然较低也是一个不争的事实,认罪认罚从宽制度的确立一定程度上正是为此而作的不懈努力,虽然其中仍然有很长的路要走。“尽管我国刑事诉讼法规定了被追诉人是刑事诉讼的主体,但是多少年来,被追诉人一般都被视为定罪处罚的对象,认罪认罚从宽制度使被追诉人从消极主体转为积极主体,他可以参加认罪认罚从宽制度的协商,可以有程序的选择权,可以有法庭上的诉讼权利,有些权

① 郑观应:《〈原君〉甲午后续》,载夏东元编:《郑观应集》(上册),上海人民出版社 1982 年版,第 334 页。

② 参见谢佑平、万毅:《刑事诉讼法原则:程序正义的基石》,法律出版社 2002 年版,第 236 页。

③ 参见孙长永主编:《中国刑事诉讼法制四十年:回顾、反思与展望》,中国政法大学出版社 2021 年版,“前言”第 1 ~ 2 页。

利他可以放弃，在这个意义上讲，这项制度的意义可能更为重要。”①

（二）诉讼模式转型下对于程序正义的坚守

以往在论及“重实体、轻程序”传统观念时，更多强调的是要坚持实体与程序并重，要认识到程序不仅是连接犯罪与刑罚的纽带，具有刑法实施的工具价值，更要看到程序自身所蕴含的独立的正义价值、“善”的品质，看到其通过“各类主体所为各种行为的积累”②，让正义不仅得以实现，而且是以一种看得见的方式实现。但在“诉讼制度从对抗制转向合作制、刑事辩护从对簿公堂走向协商合作”的“协商性诉讼”转型已成定局的新时代背景下，③当下更需要思考的或许是我国“在正当程序建设尚未完成之时，‘以审判为中心’还未实现，就建立、实施了认罪认罚从宽制度”，如若控辩再缺乏平等协商的机制，“势必妨碍认罪认罚的自愿性以及此类案件的客观真实性”问题。④ 从一开始的提出对于认罪认罚案件研究探索实行差异化的证明标准，⑤到最终的坚持法定证明标准不动摇，除了对于司法办案质量本身的担忧以外，更多可能还是担心一旦降低了证明标准将会对来之不易的法治观念、程序意识存量带来巨大冲击。

其实，需要与时俱进不断更新法治理念、程序意识的，不仅仅是社会大众，于司法机关而言，亦是如此，且可能更为关键。因为相较于传统的对于实体与程序并重观念的强调，从对抗式向合意型诉讼模式的转型，一定程度上对于辩证认识实体与程序之间的关系提出了更高层次的要求，

---

① 张军、姜伟、田文昌：《认罪认罚从宽制度控辩审“三人谈”》，载陈国庆主编：《认罪认罚从宽制度司法适用指南》，中国检察出版社2020年版，第8页。

② ［日］松尾浩也：《日本刑事诉讼法》（新版）（上卷），丁相顺、张凌译，中国人民大学出版社2005年版，第26页。

③ 参见樊崇义：《认罪认罚从宽制度理论与实践若干问题研究》，载陈国庆主编：《认罪认罚从宽制度司法适用指南》，中国检察出版社2020年版，第97页；樊崇义：《我国当代刑事诉讼模式的转型图景》，载《检察日报》2019年12月25日，第3版。

④ 参见龙宗智：《完善认罪认罚从宽制度的关键是控辩平衡》，载《环球法律评论》2020年第2期。

⑤ 参见李阳：《攻坚之年看司改风向标——聚焦中央政法工作会议》，载《人民法院报》2016年1月23日，第2版。

毕竟这是越过了“第三范式”的完整建构而直接进入到了“第四范式”。相较于制度这种层面的“弯道超车”，理念方面的转变可能就没有那么容易了。对于检察机关而言，对于制度的适用、量刑建议的采纳不宜操之过急，毕竟从比较法的视角而言，域外此类制度的演进也都是经过一段漫长时间的，存在一个不断磨合的过程。[①] 对于法院而言，也不宜强调“法官的权威”，因为那样将会与制度的初衷相背离。[②] 也就是有学者提到的，对于检察机关提出的量刑建议，即便有些许偏差，若非明显不当，法院也应保持一定的包容度和容错性。[③] 此外，对于法院而言，也不能因为检察机关的强力推进，为了维护检法关系，选择直接“躺平”，“你怎么诉，我就怎么判”。上述种种，均为诉讼观念尤其是程序意识滞后的表现，显而易见，此类诉讼观念如若不能足以支撑起转型后的诉讼模式，也会在一定程度上阻滞认罪认罚从宽制度的良好运转。

（三）准确把握宽严相济等刑事政策的时代内涵

刑事（司法）政策是一定时期内反映打击与保护之间关系的“风向标”。国情不同，不同国家或者同一国家在不同历史时期会采取不同的刑事政策，如中国古代所谓“盛世施仁政，乱世用重典”，即为其意。宽严相济刑事政策在我国有着漫长的历史，在不同时期也有着不同的侧重。总体而言，其核心要义在于该宽则宽、当严则严、宽严相济、罚当其罪。“在考虑为防止犯罪而施行的对策时，要以正确地把握应予防止的犯罪的实际情况为出发点。”[④]我国当前的实际情况是，伴随“积极刑法立法观”的推进，“犯罪圈”不断扩大，轻罪占比不断增加，刑罚也趋于轻缓。也正是

---

① 参见龙宗智：《完善认罪认罚从宽制度的关键是控辩平衡》，载《环球法律评论》2020 年第 2 期。

② 参见张军、姜伟、田文昌：《认罪认罚从宽制度控辩审“三人谈”》，载陈国庆主编：《认罪认罚从宽制度司法适用指南》，中国检察出版社 2020 年版，第 41 页。

③ 参见董坤：《认罪认罚案件量刑建议精准化与法院采纳》，载《国家检察官学院学报》2020 年第 3 期。

④ ［日］川出敏裕、金光旭：《刑事政策》，钱叶六等译，中国政法大学出版社 2016 年版，第 1 页。

在这样的时代背景下,在前期刑事案件速裁程序试点的基础上,我国又进一步开展刑事案件认罪认罚从宽制度试点并最终上升为法律规范。认罪认罚从宽制度是我国宽严相济刑事政策的制度化,是宽严相济刑事政策与刑事法律适用相结合的积极体现。[①] 总体而言,认罪认罚从宽制度体现了宽严相济刑事政策尤其是其中“宽”的一面,也与“轻者更轻”的轻罪刑事政策内在要求相符。[②]

在理解与把握打击与保护之间的辩证关系时,从司法理念上看,当今时代条件下,宽容已然成为现代司法的一项基本价值追求,越来越受到重视。应当说,一个时期以来的司法实践反映出,作为控方的检察机关也准确把握住了这种宽缓的司法趋势,比如,在经济大环境发生客观变化时,为了更好服务“六稳”“六保”,加大对民营经济的平等保护,检察机关充分发挥检察职能,通过一系列举措更好地落实宽严相济刑事政策,努力让企业“活下来”“留得住”“经营的好”。只是,如何将这种理念有机践行到认罪认罚从宽制度的适用中,尤其是妥善处理控方与辩方的关系上,可能还尚需时日。

二、“结构性风险”的“系统性防范”

有学者深刻地指出,协商性司法只是寻求缓和控辩对抗的一种路径,其并没有从根本上改变控辩双方利益取向冲突的本质,从强化辩方对抗能力的进路实现控辩平衡,虽然具有理论合理性,但可能也会面临诸多的实践难题。“在刑事诉讼中,控辩双方在诉讼地位上可以是平等的,但力量失衡是一种天然现象,试图通过强化被追诉人的力量使其达到足以与国家对抗的程度来保障量刑建议协商的平等性,在大多数案件中是难以真正实现的。”[③]的确,即便是在被视为“平等武装”代表的美国,其辩诉交

① 参见孙谦主编:《认罪认罚从宽制度实务指南》,中国检察出版社2019年版,第3、47页。

② 参见叶青、韩东成:《轻罪刑事政策下认罪认罚从宽制度的司法适用程序若干问题研究》,载《中国刑事法杂志》2020年第5期。

③ 秦宗文:《检察官在量刑建议制度中的角色定位探究》,载《法商研究》2022年第2期。

易中的控辩失衡现象也很普遍。“检察官因其对程序的控制和能够最后摊牌而总是占据优势地位。”[①]但是，是否由此就只能悲观地认为，认罪认罚从宽制度应当缓行，抑或为此作出的任何努力都是徒劳的呢？

在笔者看来，无论在何种诉讼模式中，控辩间全方位、实质化的平衡原本就是一种理想化的追求，犹如控辩失衡在现实中总会以这样或那样的形态呈现一样。对此，首先要客观评判制度的价值与成效，其次才能进一步讨论未来完善和努力的方向。在制度价值上，如前文所述，认罪认罚从宽制度是对宽严相济刑事政策的制度化、法律化，也进一步提升了被追诉人的主体地位，这已经达成基本共识。“认罪认罚从宽制度代表着国家从政策性治理到法律程序治理的转变，从权力主导性治理到权力—权利平衡治理的转变。”[②]甚至其制度理念与设计的适度超前还可以通过“程序反制”和“程序拉动”倒逼自身以及相关配套制度的改革与完善。[③] 在制度成效上，无论是2019年最高人民检察院向全国人大常委会作的专项报告还是此后最高人民检察院定期开展的专项统计，均显示出认罪认罚从宽制度在实现程序分流、提升诉讼效率、节约诉讼资源、促进案结事了、厚植执政根基等方面的效果，并且该效果呈现逐步放大的趋势。由此，可以说认罪认罚从宽制度的价值与成效是显而易见的。

当然，同时也应看到该项制度在适用过程中仍然存在的一些现实问题，如罪名和地区适用不均衡，部分数据不能反映实际，有损制度权威和司法公信力的个案时有发生等。具体到控辩关系，依然还存在控方听取意见不实、控辩协商不充分，甚至是根本没有协商的情况，因控方释法说理不充分，致使被追诉人事中不理解、事后不认同的情况也时有发生。从完善控辩关系的角度，对控辩失衡的“结构性风险”需要进行“系统性纠

---

① ［美］安吉娜·J. 戴维斯：《专横的正义：美国检察官的权力》，李昌林、陈川陵译，中国法制出版社2012年版，第59页。

② 卫跃宁、李佳威：《刑事诉讼处分原则之“承认”的规范重构》，载《北方法学》2022年第4期。

③ 参见龙宗智：《完善认罪认罚从宽制度的关键是控辩平衡》，载《环球法律评论》2020年第2期。

偏”。一般而言,对于权力与权利的失衡状态,可以从两方面加以改进,一方面是加强权利,另一方面是限制权力。具体到控辩失衡,于前者而言,可以通过加强以辩护权为核心的公民权利保障,如更好发挥作为认罪认罚从宽制度中控辩平衡调节器的值班律师的作用,保障被追诉人的阅卷权等;于后者而言,可以通过赋予权力方以更多的义务和为权力的行使设置更多障碍的方式对权力进行制约,如由控方承担举证责任并受非法证据排除等程序制约,被追诉人被推定无罪等。但需要关注的是,合意型诉讼模式之下,传统对抗式诉讼模式中的一些调适规则如无罪推定、沉默权等会受到一些限制。例如,在美国的辩诉交易中,被追诉人在作出有罪答辩的同时,也就意味着放弃了《宪法第五修正案》规定的反对强迫自证其罪、正当法律程序审理以及《宪法第六修正案》规定的获得陪审团审判、同原告证人对质、强制证人出庭作证、取得律师帮助等一系列宪法性权利。[①] 这就需要通过其他方面的制度予以加强,如强化控方的证据开示义务,在立法中明确“认罪认罚”的法律效力地位,强调检察官的客观公正义务等。

(一)证据开示

有别于民事诉讼,刑事诉讼中由于控辩双方可以动用的诉讼资源存在较大差距。被追诉人方在案件信息的了解与掌握上处于一种天然的劣势地位,其中一些人经济窘迫,缺乏调查资源,提供帮助的律师也缺少足够的资金支持且能力参差不齐;相反,控方则拥有丰富的资源和调查手段,很多时候对于整个案件也更为了解。[②] 由此需要平衡与调节控辩双方间的关系,使被追诉人也能够利用到这种公共的司法资源。[③] 对此,职权主义和当事人主义采用了两种不同进路:前者为“案卷移送主义”下的

---

① 参见[美]约书亚·德雷斯勒、艾伦·C.迈克尔斯:《美国刑事诉讼法精解:第二卷·刑事审判》(第4版),魏晓娜译,北京大学出版社2009年版,第167、168页。

② 参见[美]卡罗尔·S.斯泰克编:《刑事程序故事》,吴宏耀等译,中国人民大学出版社2012年版,第132页。

③ 参见冀祥德:《建立中国控辩协商制度研究》,北京大学出版社2006年版,第44页。

阅卷制度,后者为“起诉书一本主义”下的证据开示制度。虽然在技术上存在差别,但两种方案总体均有利于辩方,都起到了弥合控辩双方信息鸿沟的作用。[①] 我国为传统的职权主义国家,采用的是保障辩方阅卷权的方式,但伴随以审判为中心的诉讼制度改革的深入推进,对于案卷材料的限缩使用必然成为后续改革的发展趋势。与此同时,证据开示制度也将伴随认罪认罚从宽制度的广泛适用而焕发出新的生机和活力。[②] 因为,在合意型诉讼模式中,证据开示有着与对抗式诉讼模式别样的价值。

传统的对抗式诉讼模式中,证据开示的价值主要表现为:尽量为辩方提供充分的证据信息,促进辩方与控方在实质意义上实现控辩平等;通过控辩双方双向的证据开示,更好地准备庭审,既能聚焦争点,又能防止突袭,确保案件审判质量;最终实现提升诉讼效率,节约司法资源。正如美国学者在评价布雷迪案(Brady v. Maryland)时所指出的,作为政策问题,传统的诉讼突袭带来很多的麻烦,而且“将极端化了的竞赛理论置于追求事实之上”,证据开示是使对抗制争斗朝着更为公平的方向发展的重要一步。通过适当调整对抗制竞赛的运动规则,抵消了一点控方资源上的优势和获取证据上的便利,间接地促进了对抗制的可信性。[③] 我国学者也认为,证据开示制度的设计者们的内心动因在于尽量拉近程序参与者对案件事实的认识与犯罪事实之间的距离,增进双方的信息沟通与交流,尽量减少对抗式审判的负面作用,防止将审判异化成为一场与事实查明毫无关系的纯粹的司法竞技活动。[④]

而在合意型诉讼模式中,除上述价值以外,证据开示还具有促成合意达成、增强合意真实的功能,且控辩之间还存在一种共生关系。其一,证据开示有利于促进彼此摸清对方“底数”,一定程度上降低乃至打消彼此

---

① 参见魏晓娜:《认罪认罚从宽制度中的诉辩关系》,载《中国刑事法杂志》2021 年第 6 期。

② 参见郭烁:《认罪认罚背景下屈从型自愿的防范——以确立供述失权规则为例》,载《法商研究》2020 年第 6 期。

③ 参见[美]卡罗尔·S. 斯泰克编:《刑事程序故事》,吴宏耀等译,中国人民大学出版社 2012 年版,第 117 ~ 138 页。

④ 参见冀祥德:《控辩平等论》(第 2 版),法律出版社 2018 年版,第 347 页。

的不信任心理,促使双方在充分评估对自己有利与不利的证据的基础上,尽早达成合意。其二,证据开示有利于增强被追诉人认罪认罚的理性。合意型诉讼模式语境下,自愿性被理所当然地视为认罪认罚从宽制度的“压舱石”,制度设计的逻辑也是遵从通过保障被追诉人的自愿性来实现程序的正当性。但如果深究起来,当被追诉人处于一种被追究法律责任的状态时,即便认罪认罚也绝不可能毫无压力。从这个角度来说,认罪认罚的“自愿性”或称为“理性”更为精确,即“犯罪嫌疑人在对犯罪事实、处罚理由有理性认知的情况下,自由决定是否认罪认罚”,[①]与其相对应为“盲目性”。从盲目走向理性,需要的是对于信息的占有和分析,其中,占有是前提。证据开示最为核心的价值即在于促进了控辩双方信息占有层面的平等。[②]

在具体建构上,《指导意见》中对于证据开示制度进行了倡导性、概括性规定,鼓励各地根据不同案件特点,自行开展探索,最终的目的是保障被追诉人的知情权、认罪认罚的真实性和自愿性。[③] 据此,各地检察机关根据《指导意见》规定,积极开展了一些探索和尝试。例如,广东省深圳市宝安区人民检察院与区司法局联合会签《关于刑事案件证据开示的实施意见》,规定在审查起诉阶段检察机关依职权或依申请可以向犯罪嫌疑人及其辩护人开示相关证据材料,检察官在此过程中还应加强释法说理,积极促进被追诉人自愿认罪认罚,对于部分特殊案件还可以邀请鉴定人、专家学者或具有专门知识的人员参加。[④] 江苏省如皋市检察机关制定出台《如皋市人民检察院认罪认罚案件证据开示工作规定(试行)》,明确在案件事实清楚、证据确实充分的前提下,被追诉人拒不认罪或对部分事实有异议的,检察机关经评估认为通过证据开示可能促成其认罪认罚

① 参见秦宗文:《检察官在量刑建议制度中的角色定位探究》,载《法商研究》2022 年第 2 期。

② 参见冀祥德:《建立中国控辩协商制度研究》,北京大学出版社 2006 年版,第 245 页。

③ 《指导意见》第 29 条规定:“证据开示。人民检察院可以针对案件具体情况,探索证据开示制度,保障犯罪嫌疑人的知情权和认罪认罚的真实性及自愿性。”

④ 参见张连刚:《开之有“度”示之有“法”》,载《检察日报》2021 年 3 月 20 日,第 3 版。

的,可以进行证据开示。探索形成《证据开示清单》,全面出示与定罪量刑有关的证据,开示活动全程制作笔录并同步录音录像。[①] 山东省邹平市检察机关出台《邹平市人民检察院"认罪认罚从宽制度证据开示"工作手册(试行)》,规定对于犯罪事实清楚、证据确实充分的案件,检察机关决定进行证据开示的,制作证据开示清单和量刑计算表,在检察机关举行的证据开示会议上将上述材料交由犯罪嫌疑人、辩护人或值班律师阅读,针对问题进行解释,犯罪嫌疑人确认无误后签署具结书和证据开示清单,辩护人或值班律师也要在证据开示清单上签字。最终,上述证据开示清单、证据开示记录、具结书连同案件材料等一并移送法院。[②]

各地检察机关根据证据开示制度意旨进行了有益探索,积累了一些经验,也取得了不错的成效。例如,能够将证据开示与加强释法说理有机结合,不失为解决当前认罪认罚从宽制度适用中存在的"释法说理不充分""方式方法不多"等问题的一个有效路径;又如,邀请值班律师一起参加,在一定程度上也能够缓解当前因值班律师阅卷积极性不高而产生的值班律师"形式化""门面化"等问题,提升值班律师法律帮助的有效性和实质化;再如,一些地方探索对于被羁押的被追诉人借助"智慧检务"系统进行远程证据示证,将电子卷宗投影或制作 PPT 进行展示。尤为值得一提的是在证据开示中展示"量刑计算表",在笔者看来此举大有"四两拨千斤"之功效,一则量刑最为被追诉人所关心,二则量刑的前提是定罪,而围绕定罪、量刑的证据又必然是主要证据。这些都为今后更好开展证据开示工作打下了一定基础。

同时也应看到,当前开展的证据开示试点探索仍然存在不少不甚妥当之处。例如,对于证据开示的内容,有观点认为:"认罪认罚案件证据开示的范围应当包含在卷的证明案件事实、情节及诉讼程序等与案件相关

---

① 参见陈颖之等:《认罪认罚,要认得明明白白　江苏如皋:探索建立认罪认罚案件证据开示制度》,载《检察日报》2020 年 10 月 26 日,第 2 版。

② 参见郭树合、赵昊雯:《让犯罪嫌疑人真心认罪悔罪　山东邹平:推行证据开示实现百余起认罪认罚案件无一上诉》,载《检察日报》2021 年 8 月 26 日,第 2 版。

的证据，还包括诉讼权利告知内容和案件基本信息。”[①]但如此全面而细致的证据开示，对于认罪认罚从宽制度的效率价值追求而言，无疑会使制度实施面临巨大的考验。[②] 又如，有的地方将法律规定的检察机关的“权利告知”义务也作为证据开示的内容。[③] 虽然二者均有保障被追诉人知悉权的功能，但如若在证据开示中将相关法定（程序）义务也纳入不仅会使制度显得“臃肿”，也可能模糊原本应当开示的重点。再如，有的地方认为，“如果通过证据开示，犯罪嫌疑人最终选择认罪认罚，那么在律师见证的情况下，可以当场进行认罪认罚具结”“在证据开示前，就应当拟定犯罪嫌疑人认罪认罚后的处理意见，包括量刑建议的具体刑种和刑期”。[④] 这种在证据开示之后当场签署认罪认罚具结书的做法，虽然可能有助于效率的提升，但因缺少“提前量”会使开示的效果“大打折扣”，而提前拟定量刑建议的做法更是一直备受诟病，被指摘为一种典型的出于职权主义逻辑的表现。

笔者认为，之所以会出现实践探索中的上述种种问题，主要是因为没有把握好证据开示中的几对关系而造成认识不清和实践异化。在厘清证据开示制度与阅卷制度、公正与效率、打击与保护三对关系的基础上，围绕证据开示的诸如范围、内容、条件、地点、方式等问题也就迎刃而解了。[⑤]

一是准确把握证据开示与阅卷制度之间的关系。在刑事诉讼中，由于控辩可以调动的诉讼资源存在较大差距，需要建立一种制度来保障被追诉人可以使用公共资源。基于职权主义和当事人主义诉讼模式的不同，存在两种不同进路：前者为“案卷移送主义”下的阅卷制度，后者为

---

① 范小云：《认罪认罚案件证据开示制度内容及方式》，载《检察日报》2020 年 7 月 30 日，第 3 版。

② 参见郭烁：《认罪认罚背景下屈从型自愿的防范——以确立供述失权规则为例》，载《法商研究》2020 年第 6 期。

③ 参见范小云：《认罪认罚案件证据开示制度内容及方式》，载《检察日报》2020 年 7 月 30 日，第 3 版。

④ 张连刚：《开之有“度”示之有“法”》，载《检察日报》2021 年 3 月 20 日，第 3 版。

⑤ 参见韩东成：《准确把握三对关系积极推动证据开示》，载《检察日报》2022 年 11 月 4 日，第 3 版。

“起诉状一本主义”下的证据开示制度。我国主要采取职权主义诉讼模式,传统刑事诉讼中采用的主要是一种保障被追诉人方阅卷权的方式。现在探索的证据开示,主要还是基于保障被追诉人知情权和认罪认罚真实性及自愿性目的,检察机关对相关证据的开示,也是在现有阅卷制度的大框架之下进行的,且证据开示与阅卷制度在功能上具有一定的重合性。由此可以推导出证据开示制度相较于阅卷制度具有功能上的“补位性”。具言之,虽然从理论上能够推导出证据开示制度可能适用于所有案件、任何被追诉人,但基于证据开示制度主要是为了弥补控辩之间的“信息不对等”,尤其是认罪认罚案件中值班律师阅卷动力不足而导致的仅仅是“有帮助”而非“有效帮助”等问题而来。所以,在当前的实践探索中,要深刻认识现阶段证据开示相对于阅卷制度的补位性质,以防止探索中出现发力错位。

二是公正与效率之间的关系。公正与效率是刑事诉讼永恒而鲜明的主题,二者之间的张力在“程序从简”的认罪认罚从宽制度中更为凸显,准确把握二者之间的关系,无论对于认罪认罚从宽制度本身的进一步完善,抑或对于相关配套机制的建立健全均不无助益。公正是首先必须坚守的价值追求。对此,可以规定检察机关根据被追诉人是否处于被羁押状态,具体确定证据开示时间。如此,不仅可以为辩方的证据评估提供相对充分的时间与空间,而且还可能使办案机关对适用认罪认罚从宽制度的被追诉人少捕慎押,进而达到保障被追诉人自愿性的目的。与之相关的还有在探索中形成的所谓“证据开示清单”或“证据开示表”开示模式,此举聚焦被追诉人最为关心的量刑问题,同时展示相关证据内容,既精简又抓住了核心焦点,能够切实保证办案质量,促进司法公正。

而且,从实践探索来看,证据开示的范围呈现出逐步扩大的趋势,但是,认罪认罚从宽制度对于效率的价值追求难以回避,而全面开示证据所带来的程序负担加重、干预控方证人的风险提升,以及由此引发的诉讼效率降低等问题亦与制度初衷相抵牾,不得不予以考虑。由此出发,证据开示应以可能对于裁判结果产生实质性影响的主要证据为限,重点开示可能导致被追诉人罪与非罪、罪轻罪重的证据,尤其是实践中经常会从中发现存有对被追诉人有利情形的证人、被害人等前后不一致的陈述、不具有证据能力或已被排除的非法证据、讯问录音录像资料等。

三是打击与保护之间的关系。刑事诉讼法确立了认罪认罚从宽制度,进一步提升了被追诉人的诉讼主体地位。由此出发,在证据开示的启动上,除检察机关依职权启动以外,应进一步提升被追诉人一方的申请权重,如若证据开示申请不被允许,检察机关应当书面说明理由。为了更好兼顾打击与保护的关系,也应适当探索双向开示,在承认控方开示存有例外,如涉及国家秘密、个人隐私,或者开示后可能影响侦查、有碍抓捕等证据不予开示情形的同时,强调在证据开示这一控辩对抗"调节器"上控方负主要的开示义务,而辩方仅在《刑事诉讼法》明确规定的三种情形下承担开示义务。[①] 此外,对于不开示证据的后果,从制度初衷出发,不应单纯通过理论推演简单以程序性制裁的形式予以否定,而应构建强制证据开示程序,以实现打击与保护的兼顾。

(二)被追诉人的阅卷权

总体而言,我国采行的是一套有别于英美法系国家的证据开示制度,即便在认罪认罚从宽制度中进行证据开示制度探索,那也仅具有补位性质,距离有学者所称的"如果我国建立了证据开示制度,那么目前的阅卷制度即可废止"[②]也绝非咫尺之遥。在此前提下,讨论被追诉人的阅卷权,尤其是在认罪认罚从宽制度中,仍具有很强的现实意义。与证据开示制度一样,其最终目的也是通过不断强化信息对称从而尽可能地实现控辩平衡。

所谓阅卷权,是指查阅案卷相关材料的权利。作为一项"源于听审原

---

① 即我国《刑事诉讼法》第42条规定的,辩护人收集的有关犯罪嫌疑人不在犯罪现场、未达到刑事责任年龄、属于依法不负刑事责任的精神病人的证据,应当及时告知公安机关、人民检察院。

② 韩旭:《认罪认罚从宽制度研究》,中国政法大学出版社2020年版,第172页。

则之下被告的请求资讯权"[①],阅卷权是被追诉人的一项重要防御性权利,也是其行使辩护权的具体制度保障。对于阅卷权的讨论大多着眼于辩护人,而对被追诉人本人的阅卷权则缺乏应有关注。在笔者看来,认罪认罚从宽制度的确立为赋予被追诉人以阅卷权提供了新的时代契机。

对于阅卷权权属的讨论,先后出现三种学说:一是"固有说",该说认为阅卷权为辩护人所固有,与被追诉人无关。当前我国许多人的观念仍停留在该说阶段。[②] 此说的主要理由在于,被追诉人本人对于是否实施了犯罪行为是最清楚的,即使没有阅卷权也不影响其防御权的行使,反倒是可能因允许其阅卷徒增证据被毁损的风险。[③] 此说虽然没有关注到被追诉人的程序主体地位,但是侧重于被追诉人"言词证据提供者角色"[④],注重其如实提供事实陈述的义务。

二是"分离说",此说认为阅卷权的享有者是被追诉人,只是基于多种价值考量,仅可通过辩护人间接行使。易言之,即权利拥有者与权利行使者相分离。[⑤] "分离说"的理论依据是"信赖差异原则",一方面,被追诉人作为利害关系人,如允许其直接阅卷,则其有毁坏、篡改证据之虞,导致诉讼拖延;另一方面,与之相对,辩护律师与案件无直接利害关系,且受过良好的法学教育,有着严格的职业操守,所以也更值得信赖。[⑥]

三是"共有说",该说认为,基于有效辩护的需要,阅卷权为被追诉人与辩护人共有。因为"分离说"难以解释无辩护人的被追诉人的阅卷权问题,所以后来者开始寻求应对之策。对此,德国进行了初步尝试,在明确阅卷权为辩护人享有的基础上,《德国刑事诉讼法》第 147 条用 7 款规定赋予无辩护人的被追诉人可在辩护所需范围内获取相关案卷信息材料

① 林钰雄:《刑事诉讼法(总论编)》(上册),中国人民大学出版社 2005 年版,第 171 页。
② 参见陈学权:《论被追诉人本人的阅卷权》,载《法商研究》2019 年第 4 期。
③ 参见蔡墩铭:《辩护人之阅卷权》,载《月旦法学教室》2002 年第 1 期。
④ 陈瑞华:《论被告人的阅卷权》,载《当代法学》2013 年第 3 期。
⑤ 参见林钰雄:《刑事程序与国际人权》(二),台北,2012 年自版发行,第 195 页。
⑥ 参见林钰雄:《刑事程序与国际人权》(二),台北,2012 年自版发行,第 196 页。

的权利。[①] 韩国、俄罗斯、荷兰等国直接肯定被追诉人本人有阅卷权。例如,《韩国刑事诉讼法》第 35 条第 1 款规定:“被告人及其辩护人有权查阅、复制与诉讼相关的文书、证据。”

从“固有说”到“分离说”再到“共有说”,被追诉人的阅卷权逐渐获得认可,其背后折射出的是利益取舍的变化。一开始之所以限制被追诉人的阅卷权,顾虑主要在于被追诉人由此可能会篡改、毁灭卷宗、翻供或者作虚假陈述,还会增加被追诉人打击、报复、恐吓、收买证人、被害人的风险,同时也为其伪造证据、串供、唆使证人伪证提供了机会,甚至可能会导致案卷材料公开侵犯第三人利益,以及形成“舆论审判”,此外还意味着牺牲一定的诉讼效率。当下之所以又对赋予被追诉人阅卷权达成共识,一是基于程序主体理论,被追诉人的程序主体地位得到确立和日益提升,阅卷权能够为被追诉人“富有影响地参与”而非仅仅是“形式上的参与”提供保障;二是有效辩护理论赋予被追诉人广泛的诉讼权利才能保障辩护的有效性,只有允许被追诉人有“适当机会”阅卷才能有效参与举证、

---

① 《德国刑事诉讼法》第 147 条规定:“1. 辩护人有权查阅已经移送法院的案卷,或者在提起公诉情况下应当移送法院的案卷,且有权查看官方保管的证据。2. 案卷中尚未注明侦查已经终结的,如果案卷查阅有危及侦查目的之虞的,可以拒绝辩护人查阅案卷、个别案卷文件或查看官方保管的证据。第 1 句规定的前提条件成立的,且犯罪嫌疑人处于待审羁押或者待审羁押情形下已申请临时逮捕的,则须向辩护人提供适宜的方式,使其能够接触到对判断剥夺自由合法性具有重要意义的信息;原则上准许此限度内查阅案卷。3. 在程序的任何阶段,都不允许拒绝辩护人查阅对被告人的讯问笔录,查阅准许辩护人在场或者本应准许其在场的法院调查活动笔录,以及查阅鉴定人的鉴定意见。4. 如果无重要原因与此相抵触,依申请应当准许辩护人将除证据之外的案卷带回其办公场所或者住宅进行查阅。就此裁决不可提起异议。5. 在侦查程序及程序生效终结后由检察院裁决是否准许查阅案卷,除此之外由案件审理法庭的审判长裁决。如果检察院在案卷中注明侦查终结后拒绝阅卷,或者拒绝第 3 款规定的阅卷,或者犯罪嫌疑人被限制自由的,则可以向第 162 条规定的有管辖权的法院申请法院裁决。第 297 ~ 300 条、第 302 条、第 306 ~ 309 条、第 311a 条和第 473a 条的规定相应地予以适用。如果公布理由有危及侦查目的之虞的,此裁决可以不作理由说明。6. 如果拒绝辩护人查阅案卷的理由没有先前消除,则检察院至迟应当在侦查终结是撤销命令。阅卷权利重新不受限制时,应当立即通知辩护人。7. 无辩护人的犯罪嫌疑人可以在必要的辩护所需的范围内,依申请获取案卷中的信息或者影印件,但不得危及该刑事程序或者其他刑事程序的侦查目的,且不与第三方更具优势的应予保护的利益相抵触。第 2 款第 2 句前半句、第 5 款和第 477 条第 5 款的规定相应地予以适用。”参见《世界各国刑事诉讼法》编辑委员会编译:《世界各国刑事诉讼法 · 欧洲卷》,中国检察出版社 2016 年版,第 283 ~ 284 页。

质证,与律师辩护形成合力,达到最佳辩护效果;三是控辩平衡理论中,控辩平衡不仅包括控辩双方法律地位及机会平等,也包括武器对等,基于被追诉人的天然弱势,应当对被追诉人的阅卷权保持适度偏向,以助益实质意义上武器对等的实现。[①]

在笔者看来,除了上述赞成赋予被追诉人阅卷权的理由以外,具体到认罪认罚案件中,赋予被追诉人阅卷权至少还具有以下几方面的价值:

一是有利于保障被追诉人的自愿性。被追诉人的自愿性维系了认罪认罚从宽制度的程序正当性,是该项制度的核心构成要件。制度设计中也多处体现对于被追诉人认罪认罚自愿性加以保障的理念,如各个诉讼阶段的权利告知、设置值班律师乃至认罪协商过程中的同步录音录像制度等,而赋予被追诉人阅卷权无疑也是值得探索的一项保障制度。只有在尽可能全面了解信息的基础上,被追诉人才有可能作出理性判断,作出的决定也才可能是真正自愿的。[②] 需要说明的是,对于被追诉人而言,阅卷权是其权利,可以行使也可以放弃。

二是可以在一定程度上弥补当前值班律师作用不彰的缺陷。如前所述,基于认罪认罚案件中被追诉人的自愿性、明智性的重要地位,制度设计中增加了不少程序性、制度性的配套规定,值班律师便是其中之一。《刑事诉讼法》中对值班律师的地位、职责、履职保障等作了原则性规定;《指导意见》在此基础上进一步细化,对设置地点、具体职责、履职方式及要求、帮助的衔接、拒绝帮助的处理、辩护人转化等方面加以明确。[③] 虽然有关值班律师的规定日趋完备,但仍然存在以下两方面主要问题:其一,值班律师并非辩护人;其二,即便赋予其辩护人权利,可能也存在动力不足的问题。上述两点综合导致当前值班律师作用有限。基于此,赋予

---

① 参见杨波:《被追诉人阅卷权探究——以阅卷权权属为基点的展开》,载《当代法学》2012 年第 1 期;陈瑞华:《论被告人的阅卷权》,载《当代法学》2013 年第 3 期;陈学权:《论被追诉人本人的阅卷权》,载《法商研究》2019 年第 4 期;邵奇聪、宋维彬:《刑事被追诉人阅卷权研究》,载《苏州大学学报(法学版)》2021 年第 2 期。

② 参见陈学权:《论被追诉人本人的阅卷权》,载《法商研究》2019 年第 4 期。

③ 参见《刑事诉讼法》第 36 条、《指导意见》第 10 ~ 15 条。

被追诉人以阅卷权，可以有效弥补值班律师作用不彰尤其是值班律师怠于阅卷的不足，缩小控辩之间的差距。

此外，要统筹考虑阅卷权与证据开示相关制度设计。因功能上的相似性，两项制度在实现机制上具有相通性。例如，鉴于侦查阶段的秘密性、侦查阶段阅卷现实意义的有限性、认罪认罚从宽制度的重心在审查起诉阶段性，以及两项制度的统一性等因素考量，被追诉人阅卷的起始时间以移送审查起诉时为宜。又如，基于对于打击犯罪与保护人权之间平衡的需要，应当将涉及国家秘密、他人隐私等的证据材料排除在被追诉人阅卷范围之外，且根据信赖差异原则，被追诉人的阅卷范围相较于辩护律师的范围应当要收窄。再如，阅卷权是被追诉人的一项诉讼权利，同时也是公权力机关的一项义务，在保障措施上，公权力机关如没有履行告知义务和依法作出相应安排，应承担相应诉讼行为无效等不利程序性制裁，同时为兼顾效率，应对于被追诉人申请阅卷次数作出合理限制。[①] 值得一提的是，卷宗的电子化、传输的信息化为被追诉人的阅卷权行使提供了便利条件。未被羁押的被追诉人可以直接到办案机关进行电子阅卷，甚至可以如同律师远程阅卷一样，通过相应的端口实现远程阅卷；处于羁押状态的被追诉人，可以通过打通办案机关与羁押场所的传输线路，实现在羁押场所阅卷，如此，在信息化建设日新月异的当下也不会增加过多的司法成本。

（三）更好发挥值班律师的作用

由于资源的稀缺性和有限性，即便是在一些将为被追诉人提供律师帮助作为政府责任的国家，也必然会存在难以兼顾数量和质量的情况。[②] 在论及先为《美国宪法第六修正案》所规定，后由《美国宪法第十四修正案》所丰富的被追诉人所享有的律师帮助权时，有学者指出，由于预算低

---

① 参见何静、孙滢滢：《认罪认罚案件中被追诉人阅卷权的实现》，载《长白学刊》2020 年第 2 期。

② 参见［美］米尔伊安·R. 达玛什卡：《司法和国家权力的多种面孔：比较视野中的法律程序》（修订版），郑戈译，中国政法大学出版社 2015 年版，第 140 页。

(有的州甚至还为刑事辩护补偿设置了不切实际的上限,如一起轻微刑事案件最高不得超过150美元)、案件量大(在纽约的某些区域,公设辩护人每年要处理1600起刑事案件)等原因,致使律师签约从事此类工作的意愿较低,该项权利也被称为一个“没有兑现的诺言”。[①] 我国的值班律师制度一定程度上也面临上述困境,这导致了当前的值班律师制度只能说是在某种程度上解决了认罪认罚案件的“有人帮助”问题,但距离“有效帮助”仍有距离。[②]

我国的值班律师是指法律援助机构在看守所、检察机关、法院等场所设立法律援助工作站,通过派驻或安排的方式,为没有辩护人的被追诉人提供法律帮助的律师。[③] 对于值班律师制度,在《刑事诉讼法》框架性规定的基础上,《指导意见》、《法律援助值班律师工作办法》(以下简称《值班律师工作办法》)、《法律援助法》先后出台,对认罪认罚案件中值班律师的工作职责、程序、保障、监督乃至法律责任逐一明确。例如,对于此前存在争议的除被追诉人约见以外值班律师能否主动会见被追诉人,以及值班律师的阅卷方式等问题,《值班律师工作办法》在《指导意见》的基础上进一步明确,值班律师可以经办案机关允许主动会见,在已经实现了纸质案卷电子化的地方,公权力机关可以安排在线阅卷。甚至是对于此前存在一定担忧的《刑事诉讼法》第39条第4款有关“辩护律师会见犯罪嫌疑人、被告人时不被监听”在实践中是否会被规避的问题,《值班律师工作办法》也给予了积极回应,明确规定值班律师会见犯罪嫌疑人、被告人时不被监听。

又如,对于包括值班律师在内的法律援助的经费保障问题,《法律援助法》规定,应将法律援助工作纳入国民经济和社会发展规划,在此基础

---

① 参见[美]卡罗尔·S.斯泰克编:《刑事程序故事》,吴宏耀等译,中国人民大学出版社2012年版,第93~116页。

② 参见韩旭:《认罪认罚从宽制度中的值班律师——现状考察、制度局限以及法律帮助全覆盖》,载《政法学刊》2018年第2期。

③ 参见最高人民法院、最高人民检察院、公安部、国家安全部、司法部印发的《法律援助值班律师工作办法》第2条。

上明确法律援助相关经费应列入本级政府预算，并建立动态调整机制。上述规定具有重要的基础性作用，也有助于解决一些地方虽财政充裕但支出无据的问题。[①]《法律援助法》中对于可能被判处无期徒刑、死刑、死刑复核的案件的法律援助律师设置了一定的准入门槛，即必须是具有3年以上相关执业经历的律师，[②]对于认罪认罚案件中的值班律师是否也需要或根据刑罚轻重或适用程序的不同进行"分级分类"管理，似乎不乏启发意义、参照作用。《法律援助法》还对法律援助补贴标准、构成加以明确规定，指出法律援助补贴应当根据当地经济发展水平和法律援助的服务类型、承办成本、基本劳务费用等确定，并实行动态调整；针对实践中发生的法律援助补贴不能及时发放的常见问题，[③]强调要及时发放；对于补贴要缴纳增值税和个人所得税的问题，明确免征。[④] 此外，《法律援助法》还对法律援助工作及法律援助案件质量的指导、管理、监督等方面加以完善，如要求司法行政部门应当制定标准，强化监督，定期考核，开展第三方评估。上述举措无疑有助于激发值班律师制度的活力，提高法律援助的质量。

另外，2022年最高人民法院、最高人民检察院、公安部、司法部还联合印发了《关于进一步深化刑事案件律师辩护全覆盖试点工作的意见》，将律师辩护全覆盖的试点由审判阶段进一步向前延伸至审查起诉阶段，

---

① 参见顾永忠：《〈法律援助法〉立法历程中的六个重要问题》，载《中国检察官》2021年第19期。

② 参见《法律援助法》第26条。

③ 参见顾永忠：《〈法律援助法〉立法历程中的六个重要问题》，载《中国检察官》2021年第19期。

④ 参见《法律援助法》第52条。另外，2022年8月5日，财政部、税务总局发布《关于法律援助补贴有关税收政策的公告》（财政部、税务总局公告2022年第25号），规定自2022年1月1日起对法律援助人员按照《法律援助法》规定获得的法律援助补贴，免征增值税和个人所得税；法律援助机构向法律援助人员支付法律援助补贴时，应当为获得补贴的法律援助人员办理个人所得税劳务报酬所得免税申报；司法行政部门与税务部门建立信息共享机制，每一年度个人所得税综合所得汇算清缴开始前，交换法律援助补贴获得人员的涉税信息；对于公告下发前已经征收的，可以抵减纳税人以后纳税期应缴纳税款或予以退还、申请办理免税或由扣缴单位依法申请退税。

明确规定没有委托辩护人且符合四种情形之一的,检察机关应当通知法律援助机构为其指派辩护律师。对于此前已经开展试点的地区,还可以进一步扩大通知辩护的案件范围。在有关该项举措的背景意义介绍中也提及,深化刑事案件律师辩护全覆盖试点工作,是精准适用认罪认罚从宽制度的重要举措。对于认罪认罚案件的办理,提高辩护律师参与率,能充分发挥辩护律师、值班律师在引导被追诉人理解认罪认罚法律后果,就罪名认定、量刑建议、案件处理提出法律意见等作用,为准确适用认罪认罚从宽制度创造积极条件。

应当说,未来如能将上述规定真正落到实处,当下认罪认罚案件中值班律师作用不彰的现状会大有改观。

但就现阶段而言,在笔者看来,对于认罪认罚案件中值班律师的讨论,重点不是继续纠结于"名实之争"以及要不要或者如何"辩护人化"的问题,[①]而是要立足于当下辩护律师和值班律师"二元并存"格局,[②]着力解决其"动力不足"的问题。如果值班律师行使职责的内在动力缺失,即便立法赋予其再多的权利也是枉然。[③]

从立法原意上说,法律援助律师是一种"急诊律师",主要解决的是被追诉人没有委托或指定辩护人的问题,作为一种补充,其提供的仅为初步的法律帮助,优势在于及时便利性及广泛的覆盖性。[④] 之所以在《刑事诉讼法》中没有赋予值班律师以辩护人地位,也是因为在草案第一次审议时,有观点就认为,值班律师的职责与辩护人不同,主要是为没有辩护人的被追诉人提供法律帮助,该种定位与改革试点方案、工作意见要求较为

---

① 参见高一飞:《名称之辩:将值班律师改名为值班辩护人的立法建议》,载《四川大学学报(哲学社会科学版)》2019 年第 4 期;程绍燕:《值班律师辩护人化的正当性辨析》,载《中国检察官》2021 年第 19 期。

② 参见詹建红:《刑事案件律师辩护何以全覆盖——以值班律师角色定位为中心的思考》,载《法学论坛》2019 年第 4 期。

③ 参见刘泊宁:《我国控辩协商程序的规范进路:以认罪认罚案件为视角》,载《法学》2022 年第 2 期。

④ 参见王爱立主编:《中华人民共和国刑事诉讼法释义》,法律出版社 2018 年版,第 72 页。

契合，在试点中也表明了其可行性。[①] 从比较法的视角看，值班律师一般也只是为没有辩护人的被追诉人提供免费、必要、最低限度的法律帮助。[②] 从本质上说，值班律师作为法律援助的一种，是一种社会权利，其实现程度取决于现实社会条件，也就是国家的财政税收和国家财富再分配能力。现阶段之所以用值班律师提供“法律帮助”而非“辩护”的根源也在于此。长远来看，如要进一步强化人权司法保障，还是要积极推动刑事辩护全覆盖。

笔者认为，对于值班律师动力不足的问题，可以从激励和约束两个维度加以强化。一方面是激励。对于如何充分调动值班律师的积极性，此前已有诸多讨论。例如，有学者认为，虽然我国的法律援助经费总额在当年全国一般公共预算收入总额占比在逐步提升，但国民人均法律援助经费较低，与发达国家和地区存有较大差距。对此，国家应继续加大投入，同时也要积极拓展经费来源，如探索由受助人承担部分法律援助费用，激励社会力量提供法律援助经费；在开源的同时也要注重节流，尽量将好钢用在刀刃上，减少用于日常管理的费用占比。[③] 有学者建议，可以逐步探索和完善中国法律援助基金会、发行法律援助公益彩票、将法律保障纳入社会保障等方式拓展经费来源，同时制定经费管理和使用细则强化监督管理。[④] 还有学者建议，在物质激励的同时也要注重对于值班律师的精神激励，相关职能部门要强化评优评先，扩大宣传影响，让服务公益与促进“私益”同频共振，实现双赢多赢共赢。[⑤] 应该说，上述建议十分中肯，大部分建议在《法律援助法》中得到了积极回应。例如，《法律援助法》明确将法律援助工作经费列入本级政府预算，建立动态调整机制，鼓励通过

---

① 参见喻海松：《刑事诉讼法修改与司法适用疑难解析》，北京大学出版社 2021 年版，第 78 页。

② 参见王爱立主编：《中华人民共和国刑事诉讼法释义》，法律出版社 2018 年版，第 71 页。

③ 参见詹建红：《刑事案件律师辩护何以全覆盖——以值班律师角色定位为中心的思考》，载《法学论坛》2019 年第 4 期。

④ 参见冀祥德：《论法律援助制度的中国特色》，载《政治与法律》2022 年第 6 期。

⑤ 参见许建丽：《法律援助值班律师制度再探》，载《江西社会科学》2019 年第 9 期。

捐赠等方式提供资金支持,积极开展法律援助公益宣传,对在法律援助工作中表现突出的组织和个人给予表彰和奖励等。

在激励措施上,尤为值得一提的是值班律师"转任辩护人"的制度构想。所谓转任辩护人,是指提供法律帮助的值班律师经由被追诉人委托或被追诉人符合法律援助条件受法律援助机构指派等程序担任被追诉人的辩护律师。[①] 该种制度构想的前提是坚持值班律师当前提供法律帮助的性质定位不变,与"辩护人化"有着本质的区别。所谓"辩护人化"是指一改当前值班律师"法律帮助"的定位,直接将其定性为"辩护",成为法律援助律师。相较于此建议,转任辩护人的制度构想可能更加具有现实可行性。显而易见,有转任辩护人的前景在,值班律师无形中会更加勤勉尽责,即便不是每件案件都能成功转任辩护人,但至少是一片潜在的市场、服务的蓝海。[②] 其实,转任辩护人,既有域外的参照,也有域内的探索。例如,在日本,值班律师可以在受援人被羁押后会见一次,若其后受援人愿意,值班律师可以转化为其国选辩护人出庭参加辩护。[③] 我国福建省福州市在2017年就开始探索该项机制,认罪认罚案件中,对于可能判处3年以上有期徒刑的被追诉人,指派值班律师出庭辩护,效果也非常良好。[④] 此外,有学者还从《值班律师工作办法》与此前发布现已废止的《关于开展法律援助值班律师工作的意见》的条文对比中,推测出在值班律师转任辩护人问题上立法者仍留有一定余地,保有一定制度空间。[⑤] 上述种种似乎都为未来值班律师转任辩护人制度的建构与实施提供了广

---

① 参见肖鑫:《值班律师转任辩护人优先性分析》,载《赤峰学院学报(哲学社会科学版)》2022年第6期。

② 参见刘文轩:《辩护人化抑或转任辩护人:值班律师的身份前瞻》,载《中国刑警学院学报》2021年第4期。

③ 参见陈卫东主编:《2018刑事诉讼法修改条文理解与适用》,中国法制出版社2019年版,第44页。

④ 参见最高人民法院刑一庭课题组、沈亮:《刑事诉讼中认罪认罚从宽制度的适用》,载《人民司法》2018年第34期。

⑤ 参见刘文轩:《辩护人化抑或转任辩护人:值班律师的身份前瞻》,载《中国刑警学院学报》2021年第4期。

阔空间。

另一方面是约束。为了保障值班律师的法律服务质量,《值班律师工作办法》和《法律援助法》中均作出了规定,如建立值班律师的准入和退出机制、服务质量标准、考核和评价体系、第三方评估机制,并综合运用旁听庭审、检查案卷、征询和回访司法机关工作人员意见,以及受援人等规定。上述规定从监管的角度对于值班律师的法律服务质量提出了要求,有利于促进值班律师勤勉尽责。

在行为约束方面,除上述规定以外,笔者认为还可以从"书面材料"和"视听资料"两方面规定,进一步促进值班律师切实履行法律帮助职责,有效开展法律援助工作。

所谓"书面材料"是指"值班律师提供法律帮助活动记录"。该项制度伴随认罪认罚从宽制度确立而产生。依据在于《指导意见》第12条第3款之规定,值班律师应当将其提供的法律咨询、阅卷、会见等法律帮助行为记录在案并随案移送。该项制度的建立主要是为了保障值班律师提供法律帮助的质量,促进解决司法实践中出现的法律帮助形式化,会见动力不足,极少进行阅卷,基本不提辩护意见等现实难题。[①] 对于被追诉人是否获得了"符合标准"[②]的法律帮助,值班律师是否勤勉尽责有了一个相对客观的评价标准,对促进值班律师提供"符合标准"乃至更为有效的法律帮助也会起到一种"倒逼"作用。因为能够移送的前提是值班律师对其法律帮助活动进行了记录,而记录的前提则是法律帮助活动的实际开展。[③]《值班律师工作办法》在《指导意见》的基础上对于该项制度进行了进一步细化,明确了值班律师提供法律帮助活动记录的载体是工作台账和工作卷宗,至于具体格式则由公安、司法机关和法律援助机构共同商

---

① 参见韩旭、李唐宁澜:《值班律师提供法律帮助活动记录随案移送具体规则的构建》,载《人民检察》2022年第14期。

② 《法律援助法》第19条规定:"法律援助人员应当依法履行职责,及时为受援人提供符合标准的法律援助服务,维护受援人的合法权益。"

③ 参见韩旭、李唐宁澜:《值班律师提供法律帮助活动记录随案移送具体规则的构建》,载《人民检察》2022年第14期。

定，并按照规定时限要求移送。[①]《值班律师工作办法》还以附件的形式设计了《值班律师提供法律帮助情况登记表》和《值班律师提供法律帮助工作台账》两份配套文件，并十分贴心地设计成勾选模式，增加了填写的便利性，提高了工作效率。从工作改进的角度，笔者建议在《值班律师提供法律帮助情况登记表》中除值班律师签名以外，增加受援人签字确认，即值班律师应当将该登记表中的"简要情况记录"交受援人核对或向其宣读，允许后者补充、更正后签字确认。此外，法律援助机构还可以对上述移送文书进行抽查，对抽查情况进行公开，以督促值班律师不断提升服务质量。

所谓"视听资料"是指听取意见同步录音录像。[②] 该项制度一方面可以规范检察机关办案，另一方面也能够减少被追诉人不必要的反悔。"开展认罪认罚案件听取意见同步录音录像工作，主要目的是针对性解决认罪认罚案件办理中存在的不规范、走形式甚至胁迫认罪认罚等问题，进一步提高认罪认罚案件办理质效特别是促进实现听取意见实质化。"[③]监督之下，认罪认罚具结过程会更具审慎性、严肃性，程序的透明度和公信力也会更强，由此也能够进一步强化认罪认罚合意的约束力，减少不必要的反悔。同步录音录像还能够帮助法官"兼听则明"，助以判断被追诉人反悔权行使的合理性。

此外，听取意见同步录音录像还具有促进值班律师提升法律服务质量的"溢出效应"。根据《人民检察院办理认罪认罚案件听取意见同步录音录像规定》（以下简称《听取意见录音录像规定》）中的相关规定，检察

---

① 参见《值班律师工作办法》第28条。《法律援助法》第50条也有类似规定，即"法律援助事项办理结束后，法律援助人员应当及时向法律援助机构报告，提交有关法律文书的副本或者复印件、办理情况报告等材料"。

② 2020年9月，最高人民检察院下发《关于开展认罪认罚从宽制度控辩协商同步录音录像试点工作的通知》；2021年12月，最高人民检察院印发《人民检察院办理认罪认罚案件听取意见同步录音录像规定》，由此，该项制度名称从"控辩协商同步录音录像"改为"听取意见同步录音录像"。

③ 参见最高人民检察院《关于认真抓好〈人民检察院办理认罪认罚案件听取意见同步录音录像规定〉贯彻落实工作的通知》。

机关在办理认罪认罚案件过程中，对于量刑建议、适用程序、具结书签署等认罪认罚相关事宜进行协商或听取意见的，应当进行同步录音录像；同时对于同步录音录像中应当包含的内容也进行了原则性规定，如应当包括检察官听取意见过程、被追诉人听取律师意见情况等。易言之，除“见证人”的作用之外，同步录音录像中还能够反映控辩协商、法律咨询乃至会见、阅卷等值班律师提供的其他法律帮助内容，而这些内容也恰好可以作为是否“符合标准”的评判标准，促进值班律师法律服务质量的进一步提升。

（四）在认罪认罚案件中确立以非羁押为原则

《刑事诉讼法》中明确规定在批准或者决定逮捕时应当将被追诉人认罪认罚作为社会危险性的考量因素，《指导意见》更进一步，以三个条款规定了认罪认罚因素在强制措施中的适用。例如，《指导意见》规定，公安司法机关应当将认罪认罚作为判断社会危险性的重要考量因素；进行“源头治理”，要求公安机关对于认罪认罚、罪行较轻的，应当不再提请批捕，即便提请检察机关也应当不捕；对于捕前没有认罪认罚，应当在认罪认罚后及时开展羁押必要性审查，符合条件的及时变更强制措施。但司法实践中，“认罪认罚”仅作为社会危险性考量的因素之一，且几乎处于一种“隐形”的位置，“构罪即捕”的现象并没有因认罪认罚从宽制度的适用而产生明显改善。因此，亟须将《公民权利和政治权利国际公约》中规定的“等候审判的人受监禁不应作为一般规则”，亦即以非羁押为主羁押为例外的原则首先在认罪认罚案件中得以确立。

《指导意见》要求，办理认罪认罚案件，应当依照刑法和刑事诉讼法的基本原则。由此不难看出，认罪认罚从宽制度兼具实体与程序的复合性质。但因认罪认罚当前并未在刑事实体法中得以如自首、立功一样确认为法定从轻减轻情节，因此直接适用或仍存滞碍之处。但在笔者看来，具体到程序法中，尤其是在适用非羁押强制措施上并不存在如实体法中一般的障碍。因为预防性羁押就是为了起到防止被追诉人实施毁灭伪造证据、妨害证人作证等具有社会危险性行为的作用,而在被追诉人认罪认罚的情况下,一般而言即意味着其社会危险性的降低,[①]也就失去了羁押的必要性。因此,切实提升认罪认罚因素在非羁押强制措施考量中的权重,在认罪认罚案件中首先确立以非羁押为原则羁押为例外具有必要性和可行性。

认罪认罚从宽制度是宽严相济刑事政策的制度化体现,反映了国家因应犯罪结构的变化,及时由治罪转向治罪与治理并重,主要体现了国家对于犯罪行为宽缓的一面。最高人民检察院印发的《人民检察院羁押听证办法》,最高人民法院、最高人民检察院、公安部、国家安全部印发的《关于取保候审若干问题的规定》(以下简称《取保候审规定》)等文件,可以说是"堵疏"结合之举,为降低审前羁押率提供了制度下行通道。例如,开展羁押听证即被认为是随着犯罪形势变化、犯罪控制和侦查取证能力显著提升,进而需要确立与犯罪治理现代化相适应的理念和措施之举。[②] 在《取保候审规定》中更是明确要求"对于采取取保候审足以防止发生社会危险性的犯罪嫌疑人,应当依法适用取保候审",同时还在一定程度上打通了此前取保候审适用中的一些"堵点"。例如,针对伴随流动人口增多带来的外来人口犯罪增加现象,《取保候审规定》中明确规定,被取保候审人可以在有固定住处的暂住地执行取保候审。[③]

当然,要改变这种对于羁押性刑事强制措施的过度依赖,绝非朝夕之间即可完成,这是一个系统工程。对于公权力机关来说,需要不断更新理念、完善制度、革新手段、提升能力等一系列改进措施;对于社会公众而

---

① 参见兰梦茹:《"少捕慎诉慎押"政策功能阐释与困境消解——以认罪认罚从宽制度的实施为切入点》,载《政法学刊》2022 年第 5 期。

② 参见张晓津、刘中琦:《〈人民检察院羁押听证办法〉的理解与适用》,载《人民检察》2022 年第 4 期。

③ 参见徐日丹:《最高人民法院研究室、最高人民检察院法律政策研究室、公安部法制局、国家安全部法治办公室负责人就〈关于取保候审若干问题的规定〉答记者问》,载《检察日报》2022 年 9 月 22 日,第 3 版。

言,也需要有一个逐步理解、接受的过程。[①] 在陆续出台相关配套制度的同时,最高人民检察院也发布了一批相关典型案例,打破司法惯性影响,纠正公众认知误区,通过典型案例彰显强制措施的功能在于保障诉讼顺利进行,"捕与不捕"不等于"罪与非罪",不逮捕也不意味着不起诉,更不意味着没有犯罪、不追究责任。[②] 同时,典型案例也表明,当前的科技手段如运用非羁押电子监管措施等,也的确能够支撑对于非羁押被追诉人的有效监管。以往只有"关起来"才能"管得住"的被追诉人,也能够通过运用"非羁码"等数据监管系统实现"管得住""管得好"的良好效果。

多措并举之下,我国刑事案件的诉前羁押率也在持续下降。2023 年 3 月《最高人民检察院工作报告》中,2022 年的诉前羁押率已经从 2018 年的 54.9% 下降至 26.7%,为有司法统计以来的最低。[③] 这足以说明,随着认罪认罚从宽制度的更好实施,还是能够进一步降低审前羁押率的,尤其是认罪认罚案件中的审前羁押率。

(五)强调检察官的客观公正义务

检察官的客观公正义务源于其角色与职能的特殊性,即检察官与警察、法官的角色与职能差异。对于警察而言,侦查的效果才是其追求的主要目标,合法性要求只是其行为的"附加价值";对于法官而言,追求客观公正是与生俱来、不言自明的。但对于承担控诉职能的检察官而言,则必须加以强调,以此作为平衡控诉者与法律守护者的角色冲突之需。[④] 尤其是在国家权力比较强势、被追诉人一方较弱的职权主义诉讼构造中,更加需要强调公权力机关的客观公正国家义务,同时以检察官客观公正义

---

① 参见张晓津、刘中琦:《〈人民检察院羁押听证办法〉的理解与适用》,载《人民检察》2022 年第 4 期。

② 参见苗生明、纪丙学:《贯彻宽严相济　依法充分准确适用少捕慎诉慎押刑事司法政策——"检察机关首批贯彻少捕慎诉慎押刑事司法政策典型案例"解读》,载《中国检察官》2022 年第 2 期。

③ 参见徐日丹:《张军作最高人民检察院工作报告》,载《检察日报》2023 年 3 月 8 日,第 2 版。

④ 参见龙宗智:《检察官客观公正义务的理据与内容》,载《人民检察》2020 年第 13 期。

务的凸显防止警察的恣意和对“法律判决机关的独立性所蕴含的危险”[①]形成制约。

关于检察官客观公正义务的法理依据，大体存在“主体论”“权力论”“角色责任论”“监督权论”“综合论”五种论说。[②] 主体论，是指检察官作为法律守护者、司法官或准司法官的特殊身份职责使然；权力论，遵循的是一种“权力—责任”逻辑，即检察官具有任何当事人都无法与其匹敌的政府资源，权力巨大且自由裁量不被抑制，所以要负责且合乎伦理地行使；角色责任论，遵循的是一种“角色—责任”逻辑，有别于委托人与律师的个体关系，检察官代表的则是国家政权；监督权论，特指我国检察机关在法律上的国家法律监督机关的独特定位；综合论，即综合上述论说所长，用以阐释中国场域中的检察官客观公正义务的学说。

概括各国法律规定，检察官客观公正义务的内容主要包括：客观取证义务，即全面收集对被追诉人不利、有利的全部证据；中立审查责任，也称客观过滤责任，即在对证据进行审查的基础上决定对案件是否起诉，以及如何起诉，此外还包括对于刑事强制措施的审查批准；公正判决追求，即争取不枉不纵的公正判决；定罪救济责任，即检察官可以为了被追诉人的利益提起上诉或再审；诉讼关照义务，包括必要的信息告诉、不利情况提示、控方证据开示，以及协助实现权利等；程序维护使命，即检察官作为唯一能够全程参与刑事诉讼程序而又拥有主导地位的权力主体，负有维护正当程序的义务。[③]

当前，检察官的客观公正义务为世界上大多数国家所认可，也为一些国际司法准则所规定。[④] 我国《检察官法》中也明确规定了检察官的客观公正立场。这既体现了我国检察机关作为法律监督机关的宪法定位，与

---

① ［德］彼得·考林：《普鲁士检察机关之诞生》，载［德］汉斯－约格·阿尔布莱希特、魏武编译：《德国检察纵论》，中国检察出版社 2021 年版，第 4 页。

② 参见龙宗智：《检察官客观公正义务的理据与内容》，载《人民检察》2020 年第 13 期。

③ 参见龙宗智：《检察官客观公正义务的理据与内容》，载《人民检察》2020 年第 13 期。

④ 参见王爱立主编：《中华人民共和国检察官法解读》，中国法制出版社 2019 年版，第 26～27 页。

刑事诉讼法惩罚犯罪、保障无罪的人不受刑事追究的要求高度契合，也提出了新时代对检察官职业的根本要求：既是犯罪追诉者，也是无辜保障者，还是中国特色社会主义法治理念的引领者。①

客观公正义务，作为“防范检察官过于狂热追诉犯罪的‘阻尼’”②，的确存在一种内在的张力且带有一定的理想色彩，而且“希望通过设立一个义务条款就能使相反的情形销声匿迹也不太现实”③。不过，唯其理想，才更需追求；唯其艰难，所以才更要强调。具体到认罪认罚案件中，从平衡控辩关系的角度，强调检察官的客观公正义务更为迫切，也具有了有别于以往对抗式诉讼模式所不具备的可行性。

第一，迫切性。正如日本学者秋田真志所言：“合意制度创设伊始，防止冤罪产生的保障机制尚未完备，这时实质参与该制度的控辩双方的职业能力和职业伦理就显得尤为重要。”④传统诉讼模式下，国家通常采用加大控方责任、限制控方权力，以及赋予辩方一系列诉讼权利和特别保护制度等以平衡控辩关系。例如，法律赋予辩方以知情权、辩护权、调查取证权、申请回避权、上诉、申诉权等权利，确立无罪推定、疑罪从无、不得强迫自证其罪、禁止双重危险、非法证据排除等原则。但在认罪认罚案件中，被追诉人实际上放弃了诸如无罪推定、不得强迫自证其罪等诉讼权利，虽然证明标准没有降低，但伴随证明规则和证明方式的变化，⑤后续审查环节较之以往或有所减弱，故而更加需要检察官在办案中履行好客观公正义务，以更好实现控辩平衡。

第二，可行性。此前对于检察官客观公正义务的讨论，更多是伴随当事人主义化改革，处于控辩对抗性不断增强的语境之下。彼时，伴随审判方式的改革的推进，检察官更易把自己单纯定位为一方当事人，把谋求胜

① 参见《检察官要始终坚守客观公正立场》，载《检察日报》2019年7月29日，第1版。

② 贾宇：《检察官客观公正立场的理论彰显和自觉实践》，载《人民检察》2021年第18期。

③ 朱孝清：《检察官客观公正义务及其在中国的发展完善》，载《中国法学》2009年第2期。

④ 转引自陈建军：《日本合意制度述评》，载《国家检察官学院学报》2021年第6期。

⑤ 参见陈国庆：《适用认罪认罚从宽制度的若干问题》，载陈国庆主编：《认罪认罚从宽制度司法适用指南》，中国检察出版社2020年版，第77页。

诉作为唯一目标，进而容易忽视自身的客观公正义务。认罪认罚从宽制度则是一种有别于对抗式诉讼模式的合意型诉讼模式，该种模式更加注重控辩协商、利益兼得。

“作为通向刑罚的主要门户，检察机关在公民权利保护中发挥着关键性作用。”[①]笔者认为，检察官在认罪认罚案件中贯彻客观公正义务，重点应把握以下三个方面：

一是对于侦查阶段认罪认罚自愿性、真实性、合法性的重点审查，主要对应的是检察官的中立审查责任和诉讼关照义务。检察官在审查案件过程中，要尽到中立审查责任，既要注重对有罪、罪重证据的收集和审查，也要注重对无罪、罪轻证据的收集和审查。在认罪认罚案件中，尤其要更加侧重于后者。《指导意见》中也规定了检察机关应当重点审查被追诉人认罪认罚是否出于自愿，是否受到过暴力、威胁、引诱等，认知能力和精神状态是否正常，能否理解认罪认罚的性质和后果，以及在侦查阶段侦查机关是否履行了必要的告诉义务等。同时，检察官还有义务协助被追诉人充分行使诉讼权利，尤其是对于其中不利情况的提示。一定意义上而言，对于不利情况的提示最能够体现诉讼关照的性质和特征。[②] 一个案例或许能够比较直接而全面地说明上述问题，这里简要述之。

付某因涉嫌盗窃罪被公安机关抓捕，后被移送检察机关审查起诉。在审查起诉阶段，检察机关首先履行了诉讼关照义务，告知了其相关法律规定。值得一提的是，检察官还向付某重点说明，虽然该案是轻罪案件，但也会因此而留有前科，对其个人乃至家庭可能会产生不利影响。这可以说是不利情况提示的生动表现。其间，检察工作人员发现付某的反应存在一定异常，便为其安排了值班律师帮助。后付某表示，其并不清楚相关法律后果，侦查阶段的工作人员告诉他，他涉及的事情并不严重，赔点

---

① [德]汉斯-约格·阿尔布莱希特：《德意志联邦共和国刑事追诉之发展、趋势和未决问题》，载[德]汉斯-约格·阿尔布莱希特、魏武编译：《德国检察纵论》，中国检察出版社2021年版，第36页。

② 参见龙宗智：《检察官客观公正义务的理据与内容》，载《人民检察》2020年第13期。

钱就能回家，不然就等着被关起来，他就只好编造了这起盗窃犯罪。检察机关为此主动开展调查核实，发现除付某的供述外，其他的一些证据也存在不少疑点。最为关键的是，付某根本没有作案时间。因为该案发生时，付某远在 200 多公里以外的异地，其没有公共交通外出记录，也不可能在 1 个小时内自驾赶到。最后发现，该案是因其他犯罪嫌疑人盗用付某丢失的身份证而起，由此也误导了侦查人员，将犯罪嫌疑人错误锁定为付某。①

二是更加审慎对待量刑建议的提出。认罪认罚从宽制度中的量刑建议具有法院一般应当采纳的预设效力，这就要求检察机关必须更加审慎地对待量刑建议尤其是确定刑量刑建议的提出。检察官应该全面考量被追诉人的罪行轻重、刑责大小、认罪悔罪态度、赔礼道歉情况，做到一般预防和特别预防并重，最终确保罪责刑相适应。② 在笔者看来，尤其要关注因“议价能力”不同而带来的“同案不同判”或者说“类案不类判”问题。我国认罪认罚从宽制度中的控辩协商又被称为量刑协商，是控辩双方主要就量刑问题进行的对话与协商过程，因此，其中必然包含一定程度的交易和讨价还价成分。③ 由此带来的结果是，无论是对被追诉人个人而言抑或作为其权利延伸的律师，协商过程中议价能力的差异也是一种客观存在。比如，一个学历水平比较高、知晓法律知识的被追诉人可能要比一个文化水平比较低、对自身权利了解比较少的被追诉人能够更好地争取自己的权利；一个知名度比较高、从业经验比较丰富的律师相比一个从业年限较短的律师新人，对于法律的理解和案件的整体把握一般会更加深刻和从容，进而能够更好地为自己的当事人获取认罪认罚从宽利益。该类问题在域外同样存在，如有美国学者就指出，相较于处于社会底层、请

---

① 参见曹颖频等：《不能因案件“小”而降低证明标准》，载《检察日报》2022 年 10 月 18 日，第 7 版。

② 参见缐杰、高翼飞：《认罪认罚从宽应贯彻客观公正义务》，载《检察日报》2019 年 11 月 12 日，第 3 版。

③ 参见陈瑞华：《认罪认罚从宽制度的若干争议问题》，载《中国法学》2017 年第 1 期。

不起私人律师的被追诉人，拥有足够多的抗辩资源的私人律师就能为那些能够请得起他们的被追诉人争取到更多的有利条件，也就是谈判的筹码。[①] 对此，除了寄希望于被追诉人方议价能力的提升之外，在我国最为现实和有效的解决路径或许就是强化检察官的客观公正义务。这就要求检察官充分关注类似情形个案之间的量刑平衡问题，以及共同犯罪案件中各犯罪主体之间的量刑平衡问题，在提出量刑建议之前尽可能查询全国或者本地区相关案例，以"类案类判"为追求目标。

三是保持检察权行使的谦抑性。作为法治统一的维护者，检察官客观公正义务中蕴含着维护正当程序的义务。但司法实践中仍然存在一些有悖制度初衷、有损司法权威和公信力的情形。例如，有的案件降低了证明标准和证据要求，片面根据被追诉人的认罪认罚认定有罪，忽视其他证据的收集、审查，出现了没有达到起诉标准而适用认罪认罚从宽制度，被法院判决无罪或撤回起诉的情况。再如，有的案件法院采纳了指控和量刑建议，检察机关又以不符合认罪认罚和从宽条件提出抗诉。此外，个别案件中还存在认罪认罚自愿性保障不足的情况，致使出现了判决后被追诉人喊冤上诉的情况，对制度推进造成一定负面影响。"在许多情况下，由于检察机关具有相对优势，为保障辩护方充分行使辩护权，保护被追诉人的合法权益，必要时可以在程序上适当向辩方倾斜，检察机关则需保持一定的克制态度。"[②]认罪认罚案件中更应如此。但针对呈上升态势的被追诉人悔约上诉情况，为了防止认罪认罚制度的劣质化、虚置化，检察机关在司法实践中发展出一种"跟进式抗诉"的技术模式，即在认罪认罚案件中，对于被追诉人于具结达成后无正当理由上诉的行为，检察机关采用抗诉的方式对抗，以惩戒和预防此类行为。[③] 该类案例在被广泛报道之

① 手段包括"嚷嚷着非要走庭审程序，或者提出一堆动议来为难检察官，让检察官费力费时地回答"等。参见[美]肖恩·玛丽·博伊恩：《德国检察机关职能研究：一个法律守护人的角色定位》，但伟译，中国检察出版社 2021 年版，"中文版序"第 1 页。

② 谢鹏程：《论客观公正原则》，载《国家检察官学院学报》2005 年第 4 期。

③ 参见董哲：《论认罪认罚从宽实践中的跟进式抗诉》，载《北京警察学院学报》2022 年第 2 期。

后，也的确也产生了一定震慑作用。此处简要概述一例。

王某甲父子二人因涉嫌开设赌场罪被抓获归案，到案后拒绝认罪认罚。审查起诉阶段，在二人仍旧拒绝认罪认罚的情况下，检察机关拟对二人提出有期徒刑4年、并处罚金的量刑建议。庭审时，二人表示愿意认罪认罚，检察机关对量刑建议进行了及时调整，调整后的量刑建议也被法院所采纳。但二人在收到判决书以后又提出了上诉。检察机关及时跟进了解，细致进行释法说理，但二人仍旧无正当理由坚持上诉。最终，检察机关提起抗诉，法院也在维持一审原定罪部分的同时，在原量刑的基础上增加了3个月的刑期。①

对此，实务部门认为，认罪认罚具结书是被追诉人真诚认罪悔罪后作出的具有一定拘束力的承诺，如其无正当理由反悔，则有违诚实信用原则，损害了司法的权威性，与制度节约司法资源的初衷不符，在一般预防上也起到了不良示范效应，应当加以规范和制约；检察机关会依法保障被追诉人的合法合理诉求，但对于试图以"技术性上诉"获取超出上述范围以外诉求的行为，检察机关则不会支持。② 学界对此也有持赞同观点者，认为检察机关更加关注抗诉制度的责任义务面向与价值传导功能，作出更为适应制度功能调整的抗诉选择。"将抗诉作为保障认罪认罚从宽制度良性运行的有效手段，以新的抗诉选择体现检察机关的司法态度，有助于长远地平衡公正与效率两大诉讼价值。"③

最终，该模式在相关司法解释中也被加以确认。④ 应当说，该模式兼具惩罚和预防价值，能够实现对特定被追诉人的精准打击，同时也能够形

---

① 参见卢志坚等：《当庭认罪认罚获从宽　无正当理由上诉尝苦果——淮安市淮安区：一起开设赌场案两被告人均被加刑三个月》，载《检察日报》2021年9月5日，第2版。

② 参见卢志坚等：《当庭认罪认罚获从宽　无正当理由上诉尝苦果——淮安市淮安区：一起开设赌场案两被告人均被加刑三个月》，载《检察日报》2021年9月5日，第2版。

③ 周媛媛：《认罪认罚从宽制度语境下的抗诉选择》，载《国家检察官学院学报》2022年第3期。

④ 《量刑建议指导意见》第39条规定："认罪认罚案件中，人民法院采纳人民检察院提出的量刑建议作出判决、裁定，被告人仅以量刑过重为由提出上诉，因被告人反悔不再认罪认罚致从宽量刑明显不当的，人民检察院应当依法提出抗诉。"

成对于不特定被追诉人潜在悔约的风险防范，进而确保制度初衷和价值不被落空。长远看仍要求检察官基于客观公正义务，在规范控辩协商的基础上进一步探索上诉审查程序，推动对于悔约上诉的合理限制。

三、认罪认罚从宽制度的逻辑复位

正如有学者所言，我国的认罪认罚从宽制度中存在职权性与协商性两种逻辑遵循。职权性逻辑主要是指检察机关的审前主导作用，主要面向协商、合意过程中的检察机关与被追诉人之间的关系；而协商性逻辑则主要指向合意结果的对外效力，关涉检察机关与审判机关之间的关系。后者对前者起到一种强化作用，最终形成的是一种职权主义逻辑占主导的认罪认罚从宽模式。① 在原本最应该彰显被追诉人诉讼主体地位、控辩之间平等沟通协商的审前阶段，却处处体现出一种职权主义的逻辑特征；而在理应形成职权性制约关系的审判阶段却因受制于主客观等多种因素趋向式微，未能发挥调节控辩失衡的应有作用。未来，应遵循合意型诉讼模式的应有机理，不断提升被追诉人诉讼主体地位，在认罪认罚从宽制度的适用和完善过程中，以协商性逻辑为主导，以职权性逻辑为保障，使该项制度能够在趋于控辩平衡的状态下行稳致远。

（一）彰显协商性逻辑的主导地位

认罪认罚从宽制度中的协商性逻辑主要体现在以职权主义逻辑形成的合意结果的对外效力上，如检察机关一般应当提出确定刑量刑建议、法院一般应当采纳检察机关提出的量刑建议，以及“跟进式抗诉”等方面，给人以本末倒置之惑。未来，应将逻辑复位，在至关重要的控辩协商、形成合意的过程中遵从协商性逻辑，将协商及合意结果的对外效力作为一种合乎逻辑的自然延伸。

---

① 参见杜磊：《认罪认罚从宽制度适用中的职权性逻辑和协商性逻辑》，载《中国法学》2020 年第 4 期。

一是要不断更新制度主体及相关配套的设计及运行理念。之所以要首先谈理念,是因为笔者深切感受到理念关乎功能,同样的制度在不同的理念指引下会产生不同的功用。若理念不及时更新,无论是制度的设计还是制度的适用都难免产生一些偏差和异化。认罪认罚从宽制度及其相关配套措施亦是如此。比如,对于(各种)同步录音录像制度,如果仅将其定位在办案人员的自我防范,以及防止被追诉人翻供上,那么可能录最为关键的一次就行了,但如果将其定位在保障被追诉人权利,确保其言行的自愿性,则需要全过程同步录音。再如,在当前开展的认罪认罚案件证据开示制度探索中也蕴含两种不同逻辑,[①]一种是职权性逻辑,即将证据开示作为促使被追诉人签署认罪认罚具结书,打消被追诉人的侥幸心理,使之放弃反悔、上诉等的一种方法和策略;另一种是协商性逻辑,即把证据开示作为平衡控辩双方信息差距,使被追诉人在充分的信息知悉基础上作出理性选择的权利保障手段。基于对实践的观察,当前更多的以前者居多。的确,如果将其定位于前者,只需出示有罪、罪重证据即可,最好是"致命一击";而如果将其定位于后者,则应该是开示得越早、越全面越好。

二是对制度主体及相关配套进行权利化改造。认罪认罚从宽制度的健全完善总体上而言应遵循一种权利化逻辑,无论是实体法上的法定从宽供给,抑或程序法上的各种权利供给,均是如此。[②] 总的来说,从程序权利供给角度,就是要将认罪认罚的权利属性贯穿到制度主体及相关配套措施的全过程、各方面。以下概要列举几个方面:其一,程序的启动权。无论是对于认罪认罚从宽主体制度的适用,还是在诸如证据开示等相关配套措施的适用,都应赋予被追诉人以诉讼主体权利。如果公权力机关不予采纳相关诉讼请求,则应当书面说明不适用的理由,防止公权力行使

---

① 参见陈子奇:《论认罪认罚案件证据开示的两种逻辑》,载《法律科学(西北政法大学学报)》2022 年第 4 期。

② 参见左卫民:《认罪认罚何以从宽:误区与正解——反思效率优先的改革主张》,载陈光中主编:《公正审判与认罪协商》,法律出版社 2018 年版,第 288 页。

的随意性和不作为。其二,必要的时间保障。认罪认罚具结书的签署和量刑建议的提出是比较关键的时间节点,对于被追诉人的律师会见、证据开示等,必须在此之前开展,可以根据适用速裁、简易及普通程序的不同,由短及长设定一定的时间提前量,为被追诉人审慎考量及寻求帮助提供必要的时间保障。正如有学者提出的一个问题,"刑事立法对刑事诉讼程序进行效率化与简化的道路上到底能走多远,刑事诉讼程序是否存在不能被简化的要素?换言之,不得因节约成本或使刑事诉讼更有效率这些政府利益而被冲抵的'刑事司法基本要素'是什么?"①在笔者看来,虽然时间关乎效率,但必要的时间可能是正当程序不可或缺的基本要素,也是不可突破的正义标准底限。其三,强化释明关照义务。释明关照义务原则要求公权力机关有义务帮助不熟悉刑事程序的被追诉人伸张自己的权利。很多情况下,如果没有公权力机关的释明关照,控辩失衡的难题是无解的。如前期试点过程中值班律师参与度较低,一个方面的原因即为被追诉人对于该项权利的知晓度低;又如,前述"类案不类判"问题等。对于释明关照义务,刑事诉讼法及相关司法解释中不乏权利告知、听取意见、证据开示等规定,甚至认罪教育、法律政策宣讲等也包含有说理内容,起到帮助被追诉人理解认罪认罚的性质、理智作出选择的作用。最高人民检察院显然也关注到了相关司法实践中存在的问题,在《贯彻审议意见》中要求,要强化释法说理,如在协商过程中,不能搞"一言堂",尤其是对于没有采纳的意见,应当进行及时的反馈;对提出的量刑建议也要以适当的方式加以说明,无论是与量刑建议一起抑或制定单独的量刑说理书。未来,在上诉权限制的告知、反悔后先前供述使用的禁止等方面应有进一步拓展的空间。

三是努力搭建起真诚沟通协商的平台。"平等是影响国家官僚行为

---

① [德]汉斯－约格·阿尔布莱希特:《德意志联邦共和国刑事追诉之发展、趋势和未决问题》,载[德]汉斯－约格·阿尔布莱希特、魏武编译:《德国检察纵论》,中国检察出版社2021年版,第41～42页。

最有利的规范。”[①]虽然这在刑事诉讼领域具有一定的理想化色彩，但毫无疑问的是，真正意义上的合意只可能存在于权力（利）地位上大致平等的主体之间，否则只可能是一方对于另一方的屈服。[②] 从世界范围内看，在向合意型诉讼模式转型过程中，不乏因控辩失衡致使缺少沟通协商诚意，进而导致协商异化为打压的反面例证。如日本的合意制度，也是因为一开始控辩双方力量的过于悬殊等因素，导致原本为一项“利益兼得”的合意制度演变成了单纯的追究犯罪的有力武器。[③] 此亦需引起我国的警惕。

传统观念的现代转型、结构性风险的系统性防范都可以说是为搭建真诚沟通协商而进行的努力。除上述努力之外，可能还有两个方面的问题值得进一步讨论。其一，法定证明标准。法定证明标准主要关乎公权力机关开展认罪认罚从宽的动力问题。简言之，法定证明标准之下，只会徒增公权力机关的工作量，而没有解决实际办案难题，因此动力不足。与我国的认罪认罚从宽适用类似，在法国的刑事和解与庭前认罪答辩程序中，“虽然减轻了法官的负荷，但给检察院增加了额外的工作负担。因为虽然刑事和解通常由检察官代理人实行，但是检察官需要准备大量复杂的文件，通常有10个以上的文件需要填写和确认”，而“庭前认罪答辩程序也大幅度增加了检察官的工作量，检察官需要与犯罪嫌疑人及其辩护律师协商，提出程序选择建议与量刑建议，向法官提出认可申请”。[④] 与此同时，从域外的刑事协商制度兴起的原因来看，其主要功能之一就是通过协商化解刑事诉讼活动中遇到的各种证据难题，最终将被追诉人定罪。在法定证明标准之下，上述矛盾更加尖锐。由此观之，未来合意型诉讼模

---

① 李心鉴：《刑事诉讼构造论》，中国政法大学出版社1992年版，第118页。

② 参见［德］贝恩德·许乃曼：《公证程序（公正审判）与刑事诉讼中的协商（辩诉交易）》，刘昶译，载陈光中主编：《公正审判与认罪协商》，法律出版社2018年版，第33～36页。

③ 参见陈建军：《日本合意制度述评》，载《国家检察官学院学报》2021年第6期。

④ 参见［法］菲利普·米尔本等：《法国检察官：司法使命与政治功能》，刘林呐、单春雪译，中国检察出版社2021年版，第68页。

式下的合意性事实建构问题未尝不存在进一步讨论的空间。[①] 其二，法定从宽模式。法定从宽模式主要关乎被追诉人认罪认罚的动力，以及“谈判筹码”问题。有别于美国辩诉交易的自由模式，我国的认罪认罚从宽制度采用的是一种限制模式，该种模式的优势在于风险控制，弊端在于协商空间有限，制约了制度的活力和各方适用的动力。例如有学者指出的，如果同时存在两名被追诉人，一个处于同一量刑幅度的最高限，另一个处于同一量刑幅度的最低限，由于法定从宽模式的存在，前者的从宽幅度会很大，而对于后者，认罪认罚的价值却无从体现。[②] 如此，对于后者的“诱惑力”可想而知。未来需要将认罪认罚情节在实体法中予以明确并进一步细化规定。如在法定从宽模式之下，被追诉人的一些程序性权利作为“谈判筹码”的作用空间可能也颇为有限。在德国，辩护律师通常会以制造程序障碍拖延审判，让公权力机关“知难而退”，不得不和被追诉人达成协议。[③] 在美国，西南部很多地方的联邦检察官为了快速处理移民潮案件，也会主动提出在刑期上大打折扣以换取被追诉人放弃所有权利立即作出答辩。[④] 其实，从根本上说，对于这些程序性权利的放弃也可视为对诉讼资源的节约，故而这些程序性权利未尝不可作为交易的筹码。

四是救济权利的一体推进。无救济就无权利。首先，要赋予被追诉人以诉讼主体权利，权利自然可以放弃，但当其主动行使、遇到对其不利益的决定时，应当赋予其相应的权利救济渠道，如向作出决定的公权力机关的上级机关，以及能够对其形成制约关系的司法机关反映情况、寻求帮助等。其次，因公权力机关没有进行权利告知、无正当理由拒绝等原因造成被追诉人应当适用而没有适用认罪认罚从宽制度的，要在后续程序中为被追诉人提供寻求救济的渠道，如在审判阶段法院可以为其提供重新

---

① 参见杨波：《刑事诉讼事实形成机理探究》，载《中国法学》2022 年第 2 期。

② 参见张军、姜伟、田文昌：《认罪认罚从宽制度控辩审“三人谈”》，载陈国庆主编：《认罪认罚从宽制度司法适用指南》，中国检察出版社 2020 年版，第 28 页。

③ 参见周维明：《德国刑事协商制度的最新发展与启示》，载《法律适用》2018 年第 13 期。

④ 参见[美]卡罗尔·S. 斯泰克编：《刑事程序故事》，吴宏耀等译，中国人民大学出版社 2012 年版，第 135 页。

进行量刑协商的机会，并保障其获得应当获得的优惠。最后，在具体路径设计上要关注书面记录的重要性，值班律师提供法律帮助活动记录即有此意蕴，类似的如德国刑事协商中要求协商的重要过程、内容，以及结果均应当在审判中公开并记录在审判笔录中。①

（二）发挥职权性逻辑的保障功能

这里的职权性逻辑保障，主要是指法院对于认罪认罚案件要发挥实质审判作用，而非仅仅是“形式审判”。被追诉人一旦认罪认罚，同时也就意味着其放弃了普通程序中的完整的正当程序保护。②“如实供述”实质上是被追诉人放弃了沉默权，“承认指控”实质上是被追诉人放弃了事实层面上的抗辩权，“接受处罚”实质上是被追诉人放弃了法律层面的抗辩权，而被追诉人同意适用速裁程序实质上则是放弃了部分程序性诉讼权利，包括公正审判权、对质权等普通程序中的诉讼权利。③因此，为了防止被追诉人在失去上述“保护”情况下可能发生的冤假错案，相关法律规定中也建立起了一些制度机制，法院的司法审查便是其中重要一环。

如前所述，在职权性逻辑占据主导地位的情况下，在具结书的签署、量刑建议的形成上对被追诉人方很难产生实质性影响。在此情况下，法院的实质审判就成为被追诉人方通过审判权抗衡检察机关最后屏障。此时，如果法院放弃了实质审判权而仅进行形式上的审判，则被追诉人将处于更加不利的地位，对于失衡的态势也就失去了最后的纠偏机会。为此，《刑事诉讼法》中明确规定了有别于不认罪案件的法官审查的重点，即主

---

① 《德国刑事诉讼法》第273条第1a款规定：“笔录亦须记录依据275c条进行的协商的重要过程、内容以及结果。此规定同样适用于第243条第4款、第257c条第4款第4句和第5款规定的通知和告知的遵守情况。未进行协商的，也应当在笔录中予以标注。”参见《世界各国刑事诉讼法》编辑委员会编译：《世界各国刑事诉讼法·欧洲卷》，中国检察出版社2016年版，第300页。

② 参见胡云腾主编：《认罪认罚从宽制度的理解与适用》，人民法院出版社2018年版，第44页。

③ 参见马勤：《认罪认罚从宽制度的权利之维》，载《东南大学学报（哲学社会科学版）》2022年第3期。

要审查认罪认罚的自愿性、真实性、合法性。首先,明确被追诉人的认罪认罚是由其自由意志决定的,而非受到胁迫、欺诈等。其次,要求这种自由意志决定的前提是在明确认识、充分理解的前提下,在获得与之相称的信息基础上,作出的明智选择。例如,对于自认,应不仅停留在罪名层面,更应该扩展至实体法上可能面临的有罪认定和一定刑罚处罚,以及程序法上的权利克减上。最后,要有对于基础事实的审查。[①] 司法实践中也不乏法院在最后环节发现虽然被追诉人认罪认罚、检察机关提起公诉但最终可能不构成犯罪的案例。这里试举一例。

犯罪嫌疑人因涉嫌出售出入境证件罪被抓获归案,后被移送审查起诉。鉴于犯罪嫌疑人自愿认罪认罚,检察机关建议判处其有期徒刑 7 个月至 1 年,并处罚金,并建议适用速裁程序审理。犯罪嫌疑人签署了认罪认罚具结书,认可公诉机关的量刑建议,同意适用速裁程序。对于检察机关指控的事实及罪名在法院送达起诉书副本及开庭审理过程中犯罪嫌疑人均表示认可。辩护律师对本案仅作罪轻辩护。法院经审查认为,被告人出售的是办理商务签证时所需要的材料——商务邀请函,该文件不属于刑法规定的出入境证件,其行为可能不构成犯罪,遂决定适用普通程序审理本案。后检察机关撤回起诉。法院裁定准许撤回起诉。[②]

在该案的相关裁判理由中也论及,犯罪嫌疑人在侦查及审查起诉阶段均能如实交代自己的行为,愿意接受处罚,并与检察机关就量刑建议达成一致意见,自愿签署认罪认罚具结书,也同意适用速裁程序。在法庭审理期间,辩方也坚持有罪辩护的思路,但被告出售商务邀请函的行为是否构成犯罪,应当坚持证据裁判原则,坚持‘事实清楚,证据确实、充分’的法定要求”“人民法院对认罪认罚案件的审查,应从证据采信、事实认定、

---

① 参见胡云腾主编:《认罪认罚从宽制度的理解与适用》,人民法院出版社 2018 年版,第 44 ~ 47 页。

② 参见王新、杨立新:《张永利出售出入境证件案——案件的证明标准不因被告人认罪认罚而降低》,载最高人民法院刑事审判第一、二、三、四、五庭编:《刑事审判参考》总第 127 辑,人民法院出版社 2021 年版,第 36 ~ 39 页。

定罪量刑、程序操作等方面进行全面的、实质的审查；不仅要把好认罪认罚自愿性的审查关，而且要严格落实庭审实质化的要求；要严格证据审查，严把事实证据关，不因控辩协商一致就降低裁判标准，切实防范发生冤假错案”。①

虽然本案例制发是从法院的角度强调“案件的证明标准不因被告人认罪认罚而降低”，但在笔者看来，该案件未尝不可以从因控辩失衡需要进一步强化法院的实质审核作用的角度来理解。由此，也引发笔者思考另外一个问题，即对于认罪认罚案件法院究竟应该重点审查核实哪些内容？对此，《刑事诉讼法》中也给予了一定回应，②但总觉得有些欠缺。此前，基于笔者的理解，对于认罪认罚案件，法院应重点审查认罪认罚的自愿性、诉讼合意的真实性，但通过对此案例的阅读，发现仅仅审查上述内容依然不够，可能还要审查事实认定问题，因为该问题可能关乎构罪与否、此罪彼罪。毕竟，我国的认罪认罚从宽不涉及罪名、罪数交易。所以，总的来说，对于认罪认罚案件，法院要重点审查核实：一是认罪认罚的自愿性，这是前提和基础；二是诉讼合意，诉讼合意的自愿达成对法院的审理和判决起到“强约束”作用；三是事实基础，诉讼合意需要有基础事实的支撑；四是事实认定，涉及法律适用，关乎构罪与否、此罪与彼罪。应当说对于认罪认罚案件，上述四个方面能够组成法院实质性审查核实的核心要素。

此外，虽然笔者也赞同法院对认罪认罚案件应当发挥实质性的审查核实作用，但这种实质性审查核实作用显然应该与不认罪案件有所区别，甚至同样对于认罪认罚案件，法院审查核实的重心亦应有所区别，否则会导致难以有效发挥认罪认罚从宽制度的功能作用。对此后文将会详述，此处不再赘述。

---

① 王新、杨立新：《张永利出售出入境证件案——案件的证明标准不因被告人认罪认罚而降低》，载最高人民法院刑事审判第一、二、三、四、五庭编：《刑事审判参考》总第 127 辑，人民法院出版社 2021 年版，第 37 ~ 38 页。

② 《刑事诉讼法》第 190 条第 2 款规定：“被告人认罪认罚的，审判长应当告知被告人享有的诉讼权利和认罪认罚的法律规定，审查认罪认罚的自愿性和认罪认罚具结书内容的真实性、合法性。”

第四章

零和博弈与纳什均衡：认罪认罚从宽制度中的控审关系

冲突与妥协是人类面临的永恒问题。一个时期以来，博弈理论作为对人们行为规律的系统研究，正日益渗透到经济学、政治学、法学、社会学等社会科学领域，也给人们理解冲突与妥协提供了新的视角。“博弈理论能够为那些希望理解法律是如何影响人们行为的人提供洞察力。”①当然，笔者无意于用博弈理论系统分析认罪认罚从宽制度中的控审关系，该理论中的微积分、概率论，以及一些其他数学工具也为笔者力所不逮。这里仅想借博弈理论中人们耳熟能详的两个概念，用以具象而不失精确地描述认罪认罚从宽制度中控审关系的实然与应然两种状态。当然，“博弈”一词或许很容易让人联想到利益，而检、法机关除了人民的利益外不应有自身的利益。但从一段时间以来学界对于认罪认罚从宽中检、法存在意气之争、权力之争、地位之争等的论说中，以及长期以来在各种立法过程中所谓部门利益之争的表述中，检、法的阶段性关系很容易让笔者联想到“零和博弈”与“纳什均衡”这样一组词语。

“零和博弈”是笔者用以描述认罪认罚从宽制度中一度十分突出、至今仍难说清楚的一种异化了的控审关系的实然状态。所谓零和博弈，简言之，就是一方得益必然意味着另一方吃亏，一方得益多少另一方就吃亏

---

① ［美］拜尔等：《法律的博弈分析》，严旭阳译，法律出版社1999年版，“序言”第1页。

多少，双方的“得”“失”相加，总和为零。零和博弈属于非合作博弈。该种模式中的双方，在作出相关决策时，均只考虑己方的利益最大化，其结果是个人和双方利益都无法实现最大化。虽然在改革设计时认罪认罚从宽制度或许是作为以审判为中心诉讼制度改革配套措施提出，但该项制度一经确立还是展示了其合乎时代逻辑的强大生命力。

“纳什均衡”是笔者用于描述认罪认罚从宽制度中控审关系在经过一段时间的剧烈动荡之后将会达到的应然状态。所谓纳什均衡，是指在参与人将要选择的战略组合中，没有参与人能在给定对方战略选择的情况下通过选择其他战略而使状况变得更好；每个参与人选择的战略是对对方所选择战略的最优反应。① 通俗地说，就是“给定你的策略，我的策略是我最好的策略；给定我的策略，你的策略也是你最好的策略”②。一般认为现代博弈论的主要内容是非合作博弈理论，这也比较符合控审关系的法律定位，而非合作博弈理论的核心即为纳什均衡。受制于各权能主体在具体内容、工作性质和运行目标等层面的差异，多元价值冲突不可避免，但一项制度若要得以有效实施，纳什均衡是其必备的一种状态，否则该项制度能否实施便十分存疑。③ 如同有学者对于多元利益诉求之下如何达致社会秩序的相对稳定的论述一般，司法的过程实质上是多元价值博弈的过程，只有有效平衡各方利益诉求，方能使社会秩序复归相对稳定。④

在笔者看来，引发刑事法学界广泛关注和热烈讨论的“余某平交通肇事案”，从一审、二审再到发回重审的过程，能够较为鲜活地从一个侧面演绎出笔者所称控审之间从“零和博弈”到“纳什均衡”的动态变化。该案本身并不复杂。犯罪嫌疑人余某平涉嫌酒后驾车、逃逸，于次日到侦查机

---

① 参见［美］拜尔等：《法律的博弈分析》，严旭阳译，法律出版社1999年版，第17页。

② 吴德勤：《纳什均衡的内涵、问题和前景——读〈纳什均衡论〉》，载《上海大学学报（社会科学版）》2001年第1期。

③ 参见郭鹏、杨晓琴：《博弈论与纳什均衡》，载《哈尔滨师范大学自然科学学报》2006年第4期。

④ 参见左卫民：《反思庭审直播——以司法公开为视角》，载《政治与法律》2020年第9期。

关投案。后赔偿被害人近亲属各项经济损失,取得后者谅解。审查起诉阶段,余某平自愿认罪认罚,签署了具结书,同意检察机关提出的有期徒刑3年、缓刑4年的量刑建议。一审法院认定了检察机关认定的余某平具有自首等法定、酌定从轻、减轻量刑情节,但没有采纳控方提出的量刑建议,而是判处余某平实刑——有期徒刑2年。[①] 一审判决后,余某平提出上诉,检察机关也提起抗诉。二审法院审理后认为,余某平因对关键事实环节始终否认,故不能认定为自首,一审法院据此减轻处罚存在错误。最终驳回抗诉、上诉,撤销一审判决,改判余某平有期徒刑3年6个月。[②] 实质意义上再度加重了被告人的刑罚。二审判决后,北京市人民检察院又向北京市高级人民法院提出抗诉,北京市高级人民法院作出裁定,撤销原一审、二审判决,发回一审法院门头沟区人民法院重审。原一审法院门头沟区人民法院经重新审理,认定被告人余某平具有自首情节并据此对其减轻处罚,并采纳了门头沟区人民检察院提出的量刑建议,判处被告人余某平有期徒刑2年。[③] 从一审控方建议"判3缓4"、法院没有采纳控方建议判处2年实刑,到二审法院没有认定控方认定的自首情节、加重改判3年6个月,再到重审控方改建议为两年实刑、法院在认定自首情节的基础上采纳控方建议,其中曲折,在笔者看来,恰能够一方面揭示认罪认罚从宽制度中控审关系的现在,另一方面也昭示着该项制度中控审关系的未来。

第一节　零和博弈:认罪认罚从宽制度中的控审关系异化

零和博弈,意味着你输我赢或者我输你赢,似乎不存在"第三条道路"。在博弈过程中,最终受损的是被追诉人的利益、制度的公信力和司

① 参见北京市门头沟区人民法院刑事判决书,(2019)京刑初138号。
② 参见北京市第一中级人民法院刑事判决书,(2019)京01刑终628号。
③ 参见北京市门头沟区人民法院刑事判决书,(2021)京0109刑初244号。

法的权威性。认罪认罚案件中控审关系的零和博弈比较有代表性的前述案例为"余某平交通肇事案",该案之所以一度被多方所关注,主要是因为该案中反映出的控审关系,一改以往控审间配合有余、制约不足的传统认知,突然发现在有些(认罪认罚)案件中控审间还是存在激烈对抗的。如果对控审间的这种零和博弈进行归类,大体可以分为表现得比较明显的积极冲突、值得引起警惕的"你怎么诉,我怎么判"的消极对抗,以及从一个极端走向另一个极端的"沟通过剩"等。

一、作为一种显性存在:控审之间的积极冲突

正如有学者在评价"余某平交通肇事案"时所说,该案二审法院为了证明检察机关的量刑建议不当,做了法教义学式的充分准备,但这并不等同于二审法院的价值无涉。该案中,法院所要传递出的信息十分明显,那就是法院才是最终的裁判权主体,检察机关的量刑建议对法院而言不具有实质性的约束力。[①] 在这种"并非价值无涉"之下,控审之间基于各种理由的积极冲突可谓种类繁多,表现为有时控辩双方均无异议,法官却主动减轻、加重处罚或不适用认罪认罚从宽程序,[②]或者在主刑、附加刑上略作增减,甚至不经通知调整程序径行作出判决等。[③]

笔者认为,相较于个案中的量刑增减、量刑建议的采纳与否,对于认罪认罚从宽制度中一些实体和程序问题的认识冲突则更为深刻,影响抑或更为深远。这里试举几例。

案例一:犯罪嫌疑人苏某花因涉嫌犯开设赌场赌罪被侦查机关移送

---

① 参见王迎龙:《论刑事诉讼规范的刑事政策化》,载《法学家》2021年第6期。

② 参见广西壮族自治区钦州市中级人民法院刑事判决书,(2019)桂07刑初84号;长沙铁路运输中级法院刑事判决书,(2018)湘8601刑初51号;河南省焦作市中级人民法院刑事判决书,(2019)豫08刑初16号;昆明铁路运输中级人民法院刑事判决书,(2020)云71刑初26号;云南省楚雄彝族自治州中级人民法院刑事判决书,(2019)云23刑初12号;云南省楚雄彝族自治州中级人民法院刑事判决书,(2019)云23刑初45号。

③ 参见闵丰锦:《检察主导抑或审判中心:认罪认罚从宽制度中的权力冲突与交融》,载《法学家》2020年第5期。

审查起诉,检察机关以相同罪名向法院提起公诉,建议判处其有期徒刑8个月以上10个月以下幅度的刑罚,并处罚金,适用简易程序审理,一并向法院移送了苏某花签署的认罪认罚具结书。法院经审理认为,被告人苏某花以营利为目的,利用"地下六合彩"收受他人码单数额达人民币5.8万余元,其行为已构成开设赌场罪,公诉机关指控的罪名成立。苏某花归案后如实供述其罪行,系坦白,且自愿认罪认罚,依法可以从轻处罚。据此,判决被告人苏某花犯开设赌场罪,判处拘役5个月,并处罚金人民币3000元。一审宣判后,检察机关提起抗诉,抗诉理由主要在于法院没有依照法律的相关规定履行事先的告知调整程序,而是径行在检察机关提出的量刑建议幅度以外作出判决,属于程序违法,且最终判决量刑畸轻。二审法院审理后认为,本案中,苏某花收受他人码单数额人民币5.8万余元,刚刚达到入罪门槛,且其具有坦白情节、认罪认罚、悔罪态度好,检察机关提出的8个月以上10个月以下有期徒刑的量刑建议明显不当。原审法院综合考虑苏某花的犯罪事实、性质、情节、对社会的危害程度及同类案件的量刑平衡,对其判处拘役5个月,并处罚金人民币3000元并无不当。二审法院认为,虽然一审法院确系未经事先征求意见而径行采取判决行为,但从实体上看裁判结果并无不当,也没有对被追诉人的诉讼权利产生实质性不利影响,故认定包括审判程序在内的原判决并无不当,裁定驳回抗诉、维持原判。①

本案中,检察机关提出的量刑建议是否属于明显不当暂且不论,但由此引发的对于如果法院认为量刑建议明显不当能否径行判决问题的争议可能更值得关注。对于该问题,2018年修改《刑事诉讼法》时就有学者提出,检察机关提出的量刑建议如属不当,法院应当依法作出判决,而不是再由检察机关调整量刑建议,因为该项权力依法为法院所独

① 参见张新文、杨立新:《苏桂花开设赌场案——如何审查认罪认罚案件量刑建议以及二审法院如何处理检察机关因一审法院未建议调整量刑建议而提出的抗诉》,载最高人民法院刑事审判第一、二、三、四、五庭编:《刑事审判参考》总第127辑,人民法院出版社2021年版,第122页。

立享有。[①] 修改后的《刑事诉讼法》并没有采纳上述建议,而是作出了与之相反的规定。[②] 据此,应该说对于上述问题已经有了相对明确的解决方案。

但对于上述问题的争议显然没有随着立法出台而定分止争,而是进一步将实践中的分歧传导到了法律解释层面。前述案例中就有法官从其理解的设置量刑建议调整程序的目的出发,认为该程序设置的目的在于缓和检察机关提出的量刑建议的欠准确性与裁判公平性要求之间的差距。司法实践中,法院如果在庭审中已经就量刑充分听取了控辩双方的意见,并在此基础上依法径行作出判决并不属于程序违法。该种做法不仅符合确保裁判形成在法庭的庭审实质化要求,同时还避免了因量刑建议调整而造成的审判周期延长,以及司法资源浪费。检察机关据此提出抗诉的,二审法院在全面审查后认为一审判决事实认定和定罪量刑没有问题的,不应以程序违法为由发回重审。[③] 在最高人民法院《关于适用〈中华人民共和国刑事诉讼〉的解释理解与适用》中也着重讲到,对于上述情况,法院的主流意见认为,在量刑建议明显不当的情况下,所谓通知调整,仅为工作要求,绝非法定义务。[④] 对此,检察机关的态度也很坚决,直接在2021年年底印发的《量刑建议指导意见》中单设一条,明确规定对于该种情形,检察机关一般应当以违反法定程序为由提出抗诉。由是观之,控审间就该问题达成共识可能还需时日。

---

① 参见潘蔚、杨立新:《刘正民、马武凯故意毁坏财物案——人民法院建议调整量刑建议,公诉机关不予调整的,人民法院应及时依法作出判决》,载最高人民法院刑事审判第一、二、三、四、五庭编:《刑事审判参考》总第127辑,人民法院出版社2021年版,第20页。

② 《刑事诉讼法》第201条第2款规定:“人民法院经审理认为量刑建议明显不当,或者被告人、辩护人对量刑建议提出异议的,人民检察院可以调整量刑建议。人民检察院不调整量刑建议或者调整量刑建议后仍然明显不当的,人民法院应当依法作出判决。”

③ 参见张新文、杨立新:《苏桂花开设赌场案——如何审查认罪认罚案件量刑建议以及二审法院如何处理检察机关因一审法院未建议调整量刑建议而提出的抗诉》,载最高人民法院刑事审判第一、二、三、四、五庭编:《刑事审判参考》总第127辑,人民法院出版社2021年版,第29页。

④ 参见李少平主编:《最高人民法院关于适用〈中华人民共和国刑事诉讼法〉的解释理解与适用》,人民法院出版社2021年版,第403~404页。

案例二：犯罪嫌疑人林某、冯某涉嫌犯故意伤害罪到侦查机关主动投案。检察机关以相同罪名向法院提起公诉，因二人归案后认罪认罚，建议对被告人林某、冯某分别判处有期徒刑10个月及有期徒刑8个月。二被告人对指控事实、罪名、量刑建议均无异议并签署具结书。法院支持采纳了检察机关的指控和量刑建议，判决被告人林某犯故意伤害罪，判处有期徒刑10个月；被告人冯某犯故意伤害罪，判处有期徒刑8个月，缓刑1年6个月。一审判决后，原审被告人林某提出上诉，检察机关提出抗诉。林某的上诉理由主要在于一审认定事实错误、没有认定其为自首和正当防卫、共同犯罪中的作用较小且已赔偿并取得了被害人的谅解，请求适用缓刑。检察机关的抗诉理由主要在于，此前的量刑建议综合了认罪认罚的因素，上述辩解之下，林某已经不再属于认罪认罚，因此建议对林某判处有期徒刑10个月15天。二审法院审理后认为，上诉人林某构成故意伤害罪无疑，鉴于其自动投案并自愿认罪认罚，民事部分已调解并取得被害人谅解，原判对其已给予一定幅度的从轻处罚。检察机关的抗诉理由、林某的上诉理由均不能成立，不予支持。①

本案的重点在于法院对于前已述及的"跟进式抗诉"的态度。本案中，二审法院认为，上诉权是被告人的一项基本权利，与是否认罪认罚无关。一审法院据此作出裁判并无不当，检察机关仅以被告人上诉即认为原审判决存在错误缺乏依据，抗诉理由不能成立。

最后特别指出，对于认罪认罚案件，法院依法采纳检察机关量刑建议，被告人以量刑过重为由上诉，检察机关因被告人上诉而抗诉的，二审法院审理后发现一审裁判事实认定、证据采信、法律适用和量刑均无过错的情况下，应当依法驳回上诉、抗诉，维持原判。"不能仅因被告人就量刑提出上诉就简单否定认罪认罚情节，也不能仅因检察机关抗诉就一律加

---

①　参见浙江省苍南县人民法院刑事判决书，(2019)浙0327刑初800号；浙江省温州市中级人民法院刑事裁定书，(2019)浙03刑终1452号。

重被告人刑罚。”[①]对此,检察机关在相关司法解释中作出了虽然附加了条件——“因被告人反悔不再认罪认罚致使从宽量刑明显不当的”,但仍不失为具有一定回应性的相关规定。[②]

上述控审间对于未经前置调整程序径行判决及“跟进式抗诉”的不同态度,仅为控审积极冲突的一个侧写,其他还有大量的除量刑增减以外的诸如对于认罪认罚从宽制度中“认罪”“认罚”等基本概念的不同理解、对于量刑建议“明显不当”的分歧认识,以及对于求刑权与量刑权之间关系的不同认识,等等。[③] 从上述举例中也能够看出,有的分歧是因为制度本身规定不明或用以解释的文件层级效力不够所致,而有的则是在既有制度已经有明确规定前提下仍旧存有争议。所以总体而言,在消解控审冲突的道路上,除了要继续完善制度本身之外,还是要不断凝聚共识,在制度适用上形成合力。

二、检察主导下的“顺水推舟”:控审之间的消极对抗

认罪认罚案件中,检察主导在范围上从审前主导扩大到全程主导,内容上从程序主导发展为“程实”共导,方式上从单向对抗转向双向协商,效力上从主要参考变为实际影响。[④] 有学者将其称为“中国版的检察官司法”,该学者在论及日本的“检察官司法”时指出,日本司法呈现检察官一方处于压倒性优势地位的原因之一即为法官对检察官既有亲近感、信任感,但同时又有压迫感,因为检察官在执行职务时奉行上下一体原则,

---

① 魏彤、杨立新:《杨灏然贩卖毒品案——认罪认罚案件被告人以量刑过重为由提起上诉是否影响对原认罪认罚情节的认定》,载最高人民法院刑事审判第一、二、三、四、五庭编:《刑事审判参考》总第127辑,人民法院出版社2021年版,第43页。

② 《量刑建议指导意见》第39条规定:“认罪认罚案件中,人民法院采纳人民检察院提出的量刑建议作出判决、裁定,被告人仅以量刑过重为由提出上诉,因被告人反悔不再认罪认罚致从宽量刑明显不当的,人民检察院应当依法提出抗诉。”

③ 参见闵丰锦:《检察主导抑或审判中心:认罪认罚从宽制度中的权力冲突与交融》,载《法学家》2020年第5期。

④ 参见杨宇冠、王洋:《认罪认罚案件中的“检察主导”:运作特征、归因逻辑与规范路径》,载《河南师范大学学报(哲学社会科学版)》2021年第2期。

出庭的检察官并非“一个人在战斗”而是代表“检察全体”，但法官往往是一人独任，加上合议庭最多也就三个人，加上二审法院对检察官不服上诉的改判率又很高，所以一旦遇到态度比较强硬的检察官，法官是否有足够的勇气拒绝，并无保障。① 与之相比，我国的情形可能有过之而无不及，除检察一体外，我国还有检察监督原则，前已述及该原则也直接体现在了认罪认罚从宽相关规范性文件中。② 2021年出台的《中共中央法律监督意见》中也要求检察机关要加强对于审判工作中自由裁量权行使的监督。虽然《指导意见》中也强调，坚持公、检、法三机关配合制约原则，相关刑事诉讼基本原则在办理认罪认罚案件中并没有改变，但多数情况下仍然是“配合有余”而“制约不足”。凡此种种，难免使少数法官“顺水推舟”，产生“你怎么诉、我怎么判”的消极心态。

这种“你怎么诉，我怎么判”的消极对抗，在裁判文书中有多种呈现。例如，有的法官将检察机关提出的量刑建议作为回应辩方辩护意见的理由和依据，“郑某的辩护人所提郑某具有自首、全额退赃、贪污共同犯罪中属从犯等情节，请求法庭从宽处罚的意见成立，予以采纳，但鉴于郑某一人犯数罪，且受贿数额巨大，郑某自愿签署的《认罪认罚具结书》亦未建议对郑某适用缓刑，辩护人关于请求对郑某适用缓刑的意见，不予采纳”。③ “在庭前三被告人均签署了认罪认罚具结书，公诉机关的量刑建议虽然略轻，但并无明显不当，且庭审中公诉人对刑期亦不做调整，对于

① 所谓“检察官司法”是相对于法官司法而言，其核心特征在于对刑事案件具有公诉权的检察官通过法定程序事实上决定刑事案件结局，对于检察官提出的方案，法官要么不进行审查，要么仅为形式上的审查后便予以确认。参见孙长永：《中国检察官司法的特点和风险——基于认罪认罚从宽制度的观察与思考》，载《法学评论》2022年第4期。

② 《量刑建议指导意见》第38条规定：“认罪认罚案件审理中，人民法院认为量刑建议明显不当建议人民检察院调整，人民检察院不予调整或者调整后人民法院不予采纳，人民检察院认为判决、裁定量刑确有错误的，应当依法提出抗诉，或者根据案件情况，通过提出检察建议或者发出纠正违法通知书等进行监督。”该条规定可以说是检察监督原则在认罪认罚案件中的集中表现。

③ 福建省三明市中级人民法院刑事判决书，(2019)闽04刑初11号。

公诉机关的量刑建议，本院予以采纳。”[①]尤其是在最后一份判决中，对于无“明显不当”的理由，应一分为二辩证看待：一方面可以理解为法院对于检察院提出的量刑建议的包容性、宽容度，也符合法律一般应当采纳的要求；但另一方面也必须对此种情形保持一定的警惕性，防止其背后存在的消极对抗风险。

域外经验表明，检察官司法模式常常会存在自愿性保障不足、错误裁判、量刑失衡、结果不公等司法风险。[②] 刑事诉讼法中规定的法院一般应当采纳的例外情形，如被追诉人不构成犯罪或不应追究刑事责任、违背意愿认罪认罚、否认指控犯罪事实、指控罪名与审定罪名不一致、量刑建议明显不当等情形，[③]反过来说或许也正是容易出现问题进而需要法官发挥实质审理作用之处。

三、“实践逻辑”支配下的控审“沟通过剩”

零和博弈是一种非合作博弈，按说审辩间的沟通交流应不在此列。但这种沟通如果超出了控审分离、审判中立原则，在笔者看来，则又陷入了另一种非合作博弈之中。“一抓就死，一放就乱”的情况似乎在社会各个领域都若隐若现地存在。在一种“实践逻辑”的作用之下，认罪认罚从宽制度适用中存在控审间“沟通过剩”的情况。[④] 此种情况下，事物从一个极端走向另一个极端，最终可能也就走向了反面，其结果可能仍旧为“零”。

实证研究表明，无论是在认罪认罚从宽制度试点之初，还是直至今

---

① 江苏省徐州市中级人民法院刑事判决书，(2018)苏03刑初108号。

② 参见孙长永：《中国检察官司法的特点和风险——基于认罪认罚从宽制度的观察与思考》，载《法学评论》2022年第4期。

③ 如有检察人员自己也认为，认罪认罚确定量刑建议被法院要求微调多有发生，其中有检察机关遗漏情节、建议不准的原因。参见余敏：《刑事检察要处理好九个关系》，载《检察日报》2022年10月25日，第7版。

④ 参见叶青：《程序正义视角下认罪认罚从宽制度中的检察机关沟通之维》，载《政治与法律》2021年第12期。

日,认罪认罚案件中,检、法间均存在就个案事前征询意见、法官提前介入甚至检、法协同等沟通过剩情况。[①] 最高人民检察院的相关通报中也指出,实践中为了追求确定刑量刑建议提出率和采纳率,有的地方的检察官会先问法官的量刑倾向,再按照法官意见提出确定刑量刑建议的情况较多,不能完全反映检察官自身工作能力和水平,严格来说也不符合控审分离的诉讼原则。如同田文昌律师在《认罪认罚从宽制度控辩审"三人谈"》中所指出的:"现在我发现有些地方出现一种倾向,法官太主动参与认罪认罚。而法官要参与,无疑是告诉被告要么你认罪、要么我重罚,把底牌提前亮给他了。所以,我认为法官应该是完全中立的状态,不能表态,如果你提前介入了,法官都让认罪了,犯罪嫌疑人敢不认吗?"[②]

客观而言,试点之初出现的沟通过剩情况,可能与检察官的量刑能力跟不上有关。毕竟量刑是个"技术活",对于"重定罪、轻量刑"的检察人员而言确实需要一个过程。在经过一段时间的经验积累之后,应当说检察人员提出量刑建议的能力也在逐渐提升,但这种提升速度显然离制度推进速度、工作能力要求仍有不小差距,这也导致一些地方的检察人员为片面追求适用率、采纳率而产生有违控审分离原则的行为。

鉴于自愿性在认罪认罚从宽制度中的关键地位,而当前对于被追诉人自愿性的保障又十分薄弱,所以就更加需要强调控审分离、审判中立原则,也显示出了革除控审过度沟通痼疾的迫切性和重要意义。

第二节 应然与实然之间:控审关系异化之成因分析

控审冲突的成因涉及诸多方面,有学者认为这是检、法机关在刑事诉

---

① 参见左卫民:《量刑建议的实践机制:实证研究与理论反思》,载《当代法学》2020 年第 4 期。

② 张军、姜伟、田文昌:《认罪认罚从宽制度控辩审"三人谈"》,载陈国庆主编:《认罪认罚从宽制度司法适用指南》,中国检察出版社 2020 年版,第 21 页。

讼中的价值选择、地位之争；[①]有学者将其归为囿于传统的诉讼构造与认知，控审之间产生的阶段性排异现象；[②]也有学者认为控审冲突表象上看是对于认罪认罚案件的量刑主导权之争，根源在于立法态度的暧昧不明，没有明确区分从宽的协商逻辑与职权逻辑。[③] 在分析前述成因的基础上，有学者提出在“检察主导”与“审判中心”产生认知冲突时，检察机关应该“退让”；[④]更有学者指出应当直接从刑事诉讼法中删除“一般应当采纳”条款，少提确定刑量刑建议。[⑤] 应当说，上述分析不乏深刻，意见建议也能给人以启发。在笔者看来，认罪认罚从宽制度适用中的控审冲突，既有深层次、历时性的诉讼模式“兼容性”问题，也有共时性的理念冲突，甚至是更为现实的法官对于权责不一致的担忧，以及对于控辩合意的真实性与检察官提出量刑建议能力的强烈质疑。如果说对于诉讼模式的讨论是一种“历史逻辑”，则对于理念，以及机制运行层面的讨论可视为一种“实践逻辑”。

控、审之间的冲突，从根源上看与各种诉讼模式之间的“排异性”少不了干系，而且可以预见这种模式之间的转换也绝非朝夕之间可以完成的。对于诉讼模式的讨论，前文已有诸多讨论，如本书第一章中对于当事人对立模式与非当事人对立模式、科层模式与协作模式等的介绍；[⑥]第三章对于职权逻辑与协商逻辑之间的关系也可以辐射到控审之间的冲突原因分析及改进方向上，故此处不再赘述。至于前述学者提到的再次修改《刑事诉讼法》，少提确定刑量刑建议的问题，有的可能干系重大，有的则

---

① 参见韩轶：《认罪认罚案件中的控审冲突及其调和》，载《法商研究》2021 年第 2 期。

② 参见王迎龙：《认罪认罚从宽制度中的控审构造》，载《中国刑事法杂志》2021 年第 6 期。

③ 参见魏晓娜：《冲突与融合：认罪认罚从宽制度的本土化》，载《中外法学》2020 年第 5 期。

④ 参见韩轶：《认罪认罚案件中的控审冲突及其调和》，载《法商研究》2021 年第 2 期。

⑤ 参见魏晓娜：《冲突与融合：认罪认罚从宽制度的本土化》，载《中外法学》2020 年第 5 期；韩旭：《认罪认罚从宽制度中的量刑建议：确定刑抑或幅度刑》，载《法治研究》2023 年第 1 期。

⑥ 有学者将此二种模式称为纠纷模式与调查模式、层级模式与同为模式。参见魏晓娜：《冲突与融合：认罪认罚从宽制度的本土化》，载《中外法学》2020 年第 5 期。

可能与相关司法解释相悖，建议的价值也只是更多体现在学理层面。作为一名从事司法实务的研究人员，这里笔者更想从一线办案的角度，从促进制度的更加完善和更好适用出发，谈一些一线办案人员能够感受得到的原因，进而在后文提出相应的对策建议。

一、理念冲突："检察主导"与"以审判为中心"

认罪认罚从宽制度是以审判为中心的诉讼制度改革的"因"与"果"，前者作为后者的配套而生，在后者的不断深化过程中确立。在"放弃正式审判"在全球范围快速蔓延的大背景下，"检察权裁判"或者说"检察官司法"原本就成为一种趋势，加之我国认罪认罚从宽制度中"两个一般"的特殊诉讼构造，①使"检察主导"成为新时期中国刑事司法最为显著的特征。

客观而言，检察主导也是为以审判为中心服务的，最终的目的也是要实现以审判为中心。以审判为中心的提出是作为对以侦查为中心的纠偏，强调的是以审判职能为中心。② 作为检察主导载体的认罪认罚从宽制度与庭审实质化改革都是作为一种带有技术性特征的制度调整措施提出的，最终均服务于以审判为中心的诉讼制度改革。③ 认罪认罚从宽制度的内核在于在被追诉人认罪认罚的前提下，公权力机关对其实体从宽、程序从简；庭审实质化的内核在于唯有通过法庭审判才能作出权威裁决。④ 从形式上看，二者或许存在一些矛盾，如一些认罪认罚案件可能经程序分流，无须再经过法庭审理；又如程序上的简化也包括法庭审理程序的简化等，但如果将二者统摄在以审判为中心的诉讼制度改革之下，则可

---

①　即检察机关"一般应当提出确定刑量刑建议"、法官"一般应当采纳"。

②　参见杨宇冠、王洋：《认罪认罚案件中的"检察主导"：运作特征、归因逻辑与规范路径》，载《河南师范大学学报（哲学社会科学版）》2021年第2期。

③　参见陈文聪：《论审判中心主义改革与认罪认罚从宽制度的关系》，载《华东政法大学学报》2022年第5期。

④　参见汪海燕：《论刑事庭审实质化》，载《中国社会科学》2015年第2期。

茅塞顿开。以审判为中心的诉讼制度改革是一项事关全局的复杂系统工程，庭审实质化是其近景目标也是其核心部件，需要耗费大量的司法资源，因此其作用的重点场域应该是在那些不认罪案件之中；而对于被追诉人认罪认罚的案件，则需要引入协商机制，简化诉讼流程，方能达到节约和优化司法资源的效果。应当说，如果各方能够客观解读、严格遵循现有的制度理念和架构，相信认罪认罚从宽制度还是能够在很大程度上实现其制度初衷的，如优化司法资源配置、依法及时有效惩罚犯罪，又如从治罪走向治理、强化人权司法保障，等等。

但作为执法主体的人绝非没有任何感情色彩的“理想人”，也具有自然人所拥有的特征与品格，而且更多扮演的是“社会人”角色，其利益、能力和价值观无时无刻不在影响着其执法行为。比如，执法者对于法律规则的价值观直接决定了其如何对待和执行法律，很大程度上，执法者个人的价值观深刻影响着制度规则能否实现，以及实现效果。执法者个人的现实主义价值观受多种因素影响，大体可以分为社会中的执法者价值观和组织中的执法价值观，前者如世俗价值、情感世界等，后者则带有功利性的科层组织色彩。①

有别于域外“实践—规范”的内生逻辑，我国的认罪认罚从宽制度遵行的是一种“规范—实践”的外在逻辑，即先进入制度立法，再经由行政主导模式自上而下推行。② 从比较法的视角看，美国的辩诉交易实践最早产生于18世纪马萨诸塞州的禁酒令，刚开始法官也是不太乐意参加甚至还很反对，原因在于法官对于检察官分享量刑权心生不满，也不想在没有全面了解被追诉人相关情况的前提下径行判决，经过了很长一段时间的磨合，在尝到“奇迹般有效地减轻了令人窒息的工作负担”和有效“防止了撤销裁判对其声誉的影响”的甜头以后，才在一个多世纪以后得到正

---

① 参见左卫民：《刑事诉讼中的“人”：一种主体性研究》，载《中国法学》2021年第5期。

② 参见王迎龙：《认罪认罚从宽制度中的控审构造》，载《中国刑事法杂志》2021年第6期。

式承认。[①] 德国的刑事协商同样也是如此,刚一开始德国被誉为"不存在辩诉交易的国土",但该种实践于19世纪70年代首先在实践中以非正式形式出现,成为法律实务界不可告人的"司法秘密",再到后来为立法所认可,也是经过了30多年的发展。[②] 该种"实践—规范"内生逻辑的优势在于,控审间经过长期磨合已达成"事实上接受,规范中避免"的默契,[③]避免了短期内控审双方理念、角色、职权的激烈碰撞。

我国采用的这种"规范—实践"的外在逻辑模式、行政主导自上而下的推进模式不可避免地引起了一定范围内法官群体的抵触。在一些法官看来,我的法庭听我的,定罪量刑权专属于法院,量刑建议仍仅为求刑权。[④] 尤其是在确定刑量刑建议案件中更是排除了法官量刑的自由裁量空间,量刑权变成了确认权,而求刑权却变成了裁决权,如此对于法官的职业尊荣感也产生了一定的影响。对此,学界也有观点认为,"依照诉讼原理,量刑是法律适用问题,属于法官的职权范围,检察机关提出的量刑建议对法庭没有约束力,对审判中查明的犯罪行为如何量刑,属于法庭固有的职权。"[⑤]学界的支持对于法院和法官带有一定主观色彩,对本已存在偏差的"审判中心"的理解和认识起到了一定的强化作用,也在很大程度上增加了控审冲突调和的难度。

二、权责冲突:权力重构与责任承担

从权力结构模式分析,认罪认罚从宽制度中,侦查机关仅为记录的移

---

① 参见[美]乔治·费希尔:《辩诉交易的胜利——美国辩诉交易史》,郭志媛译,中国政法大学出版社2012年版,第1~26、107页。

② 参见黄河:《德国刑事诉讼中的协商制度浅析》,载《环球法律评论》2010年第1期。

③ 参见王迎龙:《认罪认罚从宽制度中的控审构造》,载《中国刑事法杂志》2021年第6期。

④ 参见李少平:《精准把握刑事政策,加强统筹凝聚共识,推进各项制度措施有效实施——最高人民法院党组成员、副院长李少平在全国法院刑事审判工作座谈会上的讲话(节选)》,载最高人民法院刑事审判第一、二、三、四、五庭编:《刑事审判参考》总第130辑,人民法院出版社2022年版,第167页。

⑤ 魏晓娜:《冲突与融合:认罪认罚从宽制度的本土化》,载《中外法学》2020年第5期。

送机关，权力影响微乎其微。毫无疑问，检察机关是该项制度最大的权力分享者，相较于此前的审前主导，在认罪认罚案件中具有整个诉讼流程的主导地位。相对而言，法院成为权力被分享的一方。但与这种权力重构、重心前移相对的责任承担并没有发生改变，如同不适用认罪认罚从宽制度的案件一样，法官依然是司法责任真正的最后承担者，从权责一致的角度看，其间已然埋下了冲突的引线。"立法要求法官'一般应当'采纳检察机关量刑建议，同时司法体制却要求法官背负如此沉重的责任，权责配置明显失衡。"①

第一，对于认罪认罚案件，当前依然坚持证据裁判原则、法定证明标准，规定法官负有查明案件事实真相的责任。如《指导意见》中明确要求，办理认罪认罚案件，仍然应当坚持法定的证明标准，严格按照证据裁判要求作出裁决，不得因被追诉人认罪认罚而降低要求。其制度逻辑在于职权主义模式下国家对客观真实的追求，为此我国还在《刑事诉讼法》中赋予了法官较为广泛的调查权。

第二，法官对判决的准确性不仅负有可能被改判、撤销、发回的诉讼责任，而且还负有终身不可推卸的司法责任。司法责任制被誉为本轮司法改革的"牛鼻子"，其核心在于"让审理者裁判，由裁判者负责"。所以在这种情况下，法官难免会产生一种"最终责任是我承担，凭什么你说什么就是什么"的"逆反心理"，在终身追责的强大压力下，其也就不太可能放弃审查，轻易承认协商的结果了。② 不仅如此，虽然相关法律规定中已经明确了法官在认罪认罚案件中需要重点审查核实的内容，但有的法官却依然习惯于信赖原有直接言词的开庭审理方式，从本质上也反映出一种"规则依赖"的心理，即为了推卸责任和规避风险，在官方的体制内个

① 魏晓娜：《冲突与融合：认罪认罚从宽制度的本土化》，载《中外法学》2020 年第 5 期。

② 参见张泽涛：《认罪认罚从宽制度立法目的的波动化及其定位回归》，载《法学杂志》2019 年第 10 期。

人严格按照“规则”行事的一种官僚行为逻辑。[①] “形式上完成整个庭审流程，在某种程度上也是法官在寻求制度改革下的‘安全感’。”[②]

总之，虽然认罪认罚从宽制度的“硬件设施”已基本具备，但在“应用软件”方面仍然需要继续建构完善、不断调适。例如，对于相关证明标准问题存有继续探讨的空间。又如，还没有建构起与之相匹配的案件质量评价标准、追责机制等。在前述种种没有厘清之前，检、法的权责冲突或将持续存在。

三、合意与能力：对于“一般应当采纳”的正当性质疑

当前，理论界对于“一般应当采纳”条款有正反两种观点。支持者认为，量刑建议的推定效力与法院的裁判权之间并不存在终极意义上的、截然对立的矛盾。[③] 反对者认为，一般应当采纳条款在立法论上存在明显失误，直接冲击控审分离这一现代刑事诉讼的基石性原则，有检察机关借认罪认罚从宽制度改革之机僭越审判权之嫌，应当从刑事诉讼的立法中予以删除。[④] 但从司法实务的角度来看，实践中法官对于该条款的质疑更多集中在“合意”与“能力”两个方面：一是检察机关提出的量刑建议是否真正反映了控辩合意？如果不是，为什么对法官有程序性乃至实质性约束作用。二是检察机关是否有提出确定刑量刑建议而且一般而言均应提出确定刑量刑建议的能力？如果不具备，是否仍要推定法官接受。

在认罪认罚从宽制度中，量刑建议非常重要。伴随《指导意见》的出台，认罪认罚从宽制度中的量刑建议更是从《刑事诉讼法》中的“单向相

---

① 参见侣化强：《事实认定“难题”与法官独立审判责任落实》，载《中国法学》2015 年第 6 期。

② 韩旭：《认罪认罚从宽制度研究》，中国政法大学出版社 2020 年版，第 280～281 页。

③ 参见郭烁：《控辩主导下的“一般应当”：量刑建议的效力转型》，载《国家检察官学院学报》2020 年第 3 期；董坤：《认罪认罚案件量刑建议精准化与法院采纳》，载《国家检察官学院学报》2020 年第 3 期。

④ 参见孙远：《“一般应当采纳”条款的立法失误及解释论应对》，载《法学杂志》2020 年第 6 期；魏晓娜：《冲突与融合：认罪认罚从宽制度的本土化》，载《中外法学》2020 年第 5 期。

对确定式”“推定接受型”向“协商全面精准式”“审查接受型”转变，具有了更加精准的内容和更具约束的效力。[①] 之所以被赋予较之以往所不具备的效力，主要是因为认罪认罚从宽制度中的量刑建议具有了“权力+权利→权力”的复合属性，有别于以往的“权力→权力”的单方属性，[②]其所嵌入的诉讼模式也从控辩平等对抗之于法官居中裁判的“等腰三角形”演变成为控辩合意之于法官审查确认的“类二元”构造。[③]

但由此引申出的问题之一便是，此中作为载体的量刑建议是否真正反映了控辩合意。前文也已述及，检察机关在审前阶段更多体现出的是一种职权性逻辑。比如，最高人民检察院在《贯彻审议意见》中提到的意见听取不到位、协商质量不高、绕开辩护律师安排值班律师、事后通知值班律师到场等，都可以说是这种职权性逻辑的表现。有的案件认罪自愿性保障不足，被追诉人获得律师帮助权没有足够保障，出现了认罪判决后又喊冤上诉的情况，对制度推进造成一定负面影响。域外也存在类似过度指控(overcharging)的情形，如检察官可能会为了快速结案、达成交易，在策略上为了给被追诉人以更大压力，检察官会选择过度指控，包括：横向过度指控，即将被追诉人的一个行为分解为多个行为分别指控；纵向过度指控，即升格指控。检察官可能为了迫使被追诉人认罪，在证据不足的案件的谈判中，虚张声势、威胁恐吓，甚至虚构事实；也可能在事实清楚、证据确实充分的案件中，为了快速结案，滥用刑事政策裁量权，给予过于宽大的量刑减让。[④]

问题之二是对于检察官提出量刑建议能力的质疑。其一，检察官有“重定罪、轻量刑”的传统，相较于围绕犯罪构成要件的定罪，各种情节加

① 参见林喜芬：《论量刑建议制度的规范结构与模式——从〈刑事诉讼法〉到〈指导意见〉》，载《中国刑事法杂志》2020年第1期。

② 参见郭烁：《控辩主导下的“一般应当”：量刑建议的效力转型》，载《国家检察官学院学报》2020年第3期。

③ 参见王迎龙：《认罪认罚从宽制度中的控审构造》，载《中国刑事法杂志》2021年第6期。

④ 参见[美]斯蒂芬诺斯·毕贝斯：《庭审之外的辩诉交易》，杨先德、廖钰译，中国法制出版社2018年版，“译者序”第9~10页。

减的量刑是其短板,缺乏足够的经验。最高人民检察院原检察长张军在《认罪认罚从宽制度控辩审"三人谈"》中也直言,检察官对量刑工作并不熟悉,需要一个过程。[①] 其二,量刑是个"技术活",也是一门实践的艺术,需要长期的办案积累。即便是对于专司审判的法院,精准量刑也是司法实践中的一个难题,也面临着统一裁判标准、"类案类判"的挑战。此外,量刑建议不仅要关注合法性,即在法定幅度内提出量刑建议,还要关注合理性,即尽可能做到个别化,除基本犯罪事实、法定量刑情节外,其他酌定情节如犯罪的动机和方法、损害结果、被追诉人的一贯表现、犯罪后的态度等也要一并予以考虑,以体现罪责刑相一致原则。其三,审判阶段量刑情节可能也会发生变化,比如,被追诉人对被害人的赔偿、取得被害人的谅解、预缴罚金,甚至发现起诉遗漏了自首情节,出现新的检举立功等。[②] 上述种种,无疑对于检察官的量刑能力是个巨大的考验。

总之,在法官看来,上述情况下检察机关提出的量刑建议很难说真实反映了控辩合意。进言之,如果说量刑建议仍旧为之前的量刑建议,并没有反映控辩合意,尤其是辩方的意见,不采纳又何妨?没有金刚钻,别揽瓷器活。如果检察机关提出的量刑建议本身就失之精准甚至存在错误,又何必要采纳?上述观念认识之下,控审冲突在所难免。司法实践中,一些法官会对检察机关提出的量刑建议作少许调整,其实,调整后的量刑建议未必比调整前更公正几许,更多的可能还是要通过该种举动传递信息、表明态度。

① 参见张军、姜伟、田文昌:《认罪认罚从宽制度控辩审"三人谈"》,载陈国庆主编:《认罪认罚从宽制度司法适用指南》,中国检察出版社2020年版,第33~34页。

② 参见胡云腾主编:《认罪认罚从宽制度的理解与适用》,人民法院出版社2018年版,第39页。

第三节　纳什均衡:认罪认罚从宽制度中控审关系之应然状态

任何一项制度的演进都是一个长期博弈的过程。正如有学者所指出,任何一项新制度的有效实施都不可能一步到位,而是需要有一个不断磨合的过程,不能寄希望于制度设置后便被立即充分执行。① 当前的控审冲突也只是认罪认罚从宽制度建立初期的一种阶段性排异现象。②“一开始的排斥或冲突可能会带来系统性的调整和改变,并最终导致一种比此前更好的‘新常态’。”③有学者也认为,未来的中国刑事司法将会出现“双重心”:一个是在不认罪案件、以审判中心场域中;另一个是在认罪认罚案件、审查起诉场域中。④ 虽然刑事诉讼模式的转型已成定局,但在我国真正完成这样一场转型显然仍需要相当长的一段时间。在此基础和前提下,在这场被学者指为带有“权力思维”的争夺中,⑤很难说一方能够绝对“碾压”另一方,更有可能的结果是双方通过不断试探和磨合,彼此妥协、达成默契,使控审关系处于一种纳什均衡状态,达至一种“新常态”。

一、理念:双向奔赴

正如有学者所言,检法机关应将认罪认罚从宽制度置于完善国家治理体系和治理能力现代化的大格局中,才能真正有助于实现制度初衷,最

---

① 参见龙宗智:《相对合理主义》,中国政法大学出版社 1999 年版,第 22 页。

② 参见王迎龙:《认罪认罚从宽制度中的控审构造》,载《中国刑事法杂志》2021 年第 6 期。

③ [美]米尔伊安·R. 达玛什卡:《司法和国家权力的多种面孔:比较视野中的法律程序》,郑戈译,中国政法大学出版社 2015 年版,“代译序”第 11 页。

④ 参见魏晓娜:《结构视角下的认罪认罚从宽制度》,载《法学家》2019 年第 2 期。

⑤ 参见孙远:《“一般应当采纳”条款的立法失误及解释论应对》,载《法学杂志》2020 年第 6 期。

大限度发挥制度价值。[①] 这既有域外参照，也是由案多人少、犯罪结构变化的现实情况所决定，更是着眼于量刑趋于精细化、规范化下，有助于减轻法官工作压力的未来面向而提出的。此外，从规范层面来说，“一般应当采纳”条款的设置，不仅可以理解，而且十分必要，系立法服务于制度落实的现实之举，舍此则认罪认罚从宽制度将难以有效运行。[②] 伴随认罪认罚从宽制度的不断完善，也能够形成法教义学语境中大致合理的法秩序。最关键的，认罪认罚从宽制度是中国特色社会主义司法制度的有机组成，是宽严相济刑事政策的制度化，“形成贯彻实施合力”是作为党领导下的检法机关的共同使命。

在此前提下，法院应该与时俱进“接受并享受”我国刑事诉讼模式的时代转型，但同时要“拒绝躺平”。

正如有学者指出的，当前相当一部分案件已经由此前的“对抗与判定”诉讼模式转化成为“合意与判定”诉讼模式，对此，法院也应该与时俱进，实现观念、姿态和操作方式的有效转变，以积极应对我国刑事诉讼结构变化。[③] 在论及当下对量刑建议精准化改革的理念认识错位时，也有学者指出，人们一边在贪恋着认罪认罚从宽制度诸如提升诉讼效率等各种美好，一边却又在习惯性地以传统观念和模式来审视进而责难量刑建议形式和效力的变化。[④] 易言之，人们依然在用一种传统的职权主义的刑事诉讼框架来解读合意型诉讼模式中的量刑建议这一核心“装置”，自然会产生“差之毫厘、谬以千里”的误读。

在《认罪认罚从宽制度控辩审“三人谈”》中，最高人民检察院原检察

---

① 参见王迎龙：《认罪认罚从宽制度中的控审构造》，载《中国刑事法杂志》2021 年第 6 期。

② 参见龙宗智：《认罪认罚案件如何实现“以审判为中心”》，载《中国应用法学》2022 年第 4 期；郭烁：《量刑协商正当性补强与量刑建议刚性神话的祛魅》，载《法制与社会发展》2023 年第 3 期。

③ 参见龙宗智：《认罪认罚案件如何实现“以审判为中心”》，载《中国应用法学》2022 年第 4 期。

④ 参见郭烁：《控辩主导下的“一般应当”：量刑建议的效力转型》，载《国家检察官学院学报》2020 年第 3 期。

长张军也曾举过一个例子，说是一个盗窃电单车的案件，价值几千元，检察机关的求刑幅度是 8 个月到 11 个月。庭审认为事实证据都没问题。被告人在最后陈述环节提出，如果判八九个月就能够接受，但如果判 10 个月以上就很难接受，可能考虑要上诉。最后法院恰恰就判了 10 个月。时任最高人民法院副院长的姜伟后续回应中也说："刚才张军检察长讲的那个例子，法官千万不能意气用事，审查中除非检察官提出的量刑建议有明显不当，如果简单地差三两个月，没有必要斤斤计较，非要显示法官的权威。我觉得在这个事上如果斤斤计较，这样做就与我们刑事诉讼规定的认罪认罚从宽制度的宗旨和要求相背离。"[①]其实，如果跳出权力之争，意气用事，可以发现，此前检察官只要把案件诉出去就算完成任务了，但现在为了提出更加科学、精细、合理和可接受的量刑建议，的确要付出比此前更多的包括时间和精力在内的各种努力。同时，在案件量激增而法官人数却没有显著增长的情况下，检察官提出的量刑建议越规范、越精准，就越有助于减轻法官的量刑工作压力。[②] 如此，法官也才能够将更多的精力投向那些更值得投入精力的不认罪案件、重大疑难复杂案件等，在典型的三方构造中进行实质化庭审。

此外，也要防止从一个极端走向另一个极端，即从激烈对抗转为"直接躺平"。合意型诉讼模式有其优势，如尊重当事人的合意、节约司法资源等，但由此也会引发一些弊端或者说风险，如正是因为要尊重当事人的合意、达到节约司法资源的目的，所以后端的程序也会相应弱化、简化，否则可能就难以实现上述初衷。但由此也会导致后端程序可能难以发挥相应的平衡、调节、把关和审核作用。[③]

但如前所述，认罪认罚案件中，证明标准、证据要求没有降低，法官仍

---

① 张军、姜伟、田文昌：《认罪认罚从宽制度控辩审"三人谈"》，载陈国庆主编：《认罪认罚从宽制度司法适用指南》，中国检察出版社 2020 年版，第 39～41 页。

② 参见王迎龙：《认罪认罚从宽制度中的控审构造》，载《中国刑事法杂志》2021 年第 6 期。

③ 参见龙宗智：《完善认罪认罚从宽制度的关键是控辩平衡》，载《环球法律评论》2020 年第 2 期。

然要发挥审查核实作用,承担最后的司法责任。而且现实中又的确存在一些诸如“顶包”、“避重就轻”、认识错误、记忆错误等冤错情形。[①] 如何妥善处理这二者之间的紧张关系,值得进一步研究。但有一点是明确的,即法官绝不能“躺平”。否则被追诉人便失去了最后的防线保障。对此,有学者建议,在程序简化的情况下,可能更加需要法官发挥庭前阅卷的作用,在充分阅卷的基础上对案件有一个较为明确的把握,再通过有限的庭审、对于具体问题的问询来解决在阅卷中产生、发现的疑点和困惑,最终实现排除合理怀疑,形成内心确信。[②] 只有如此,才能通过短暂的庭审快速形成对于认罪认罚自愿性、真实性、合法性的综合判断。[③] 也有学者从司法实务的角度提出,可以从被追诉人如实供述罪行、赔偿被害人经济损失等客观行为审查其认罪悔罪的主观意愿,再结合其知情权、辩护权、获得律师帮助权等权利的实现情况和效果,综合确定被追诉人所作认罪认罚是否真实、自愿。[④]

另外,检察机关也要防止“用情太深、用力过猛”,保持必要克制“为彼此留一些时间”:给自己留些提升的时间,让审方也有个接受的过程,且最为主要的是要落在“重自强”上。

法律是一门实践的艺术。[⑤] 如同审判一样,量刑建议的提出尤其是确定刑量刑建议的提出,也需要经过相当一个时期的实践锻炼和经验积累,方能渐入佳境、臻于至善。2022 年,全国检察机关提出的确定刑量刑建议已经占总的量刑建议提出数的 90% 以上,法院采纳数量也已经占同

---

① 参见王迎龙:《协商性刑事司法错误:问题、经验与应对》,载《政法论坛》2020 年第 5 期。

② 参见龙宗智:《认罪认罚案件如何实现“以审判为中心”》,载《中国应用法学》2022 年第 4 期;王迎龙:《认罪认罚从宽制度中的控审构造》,载《中国刑事法杂志》2021 年第 6 期。

③ 参见李奋飞:《论“确认式庭审”——以认罪认罚从宽制度的入法为契机》,载《国家检察官学院学报》2020 年第 3 期。

④ 参见袁婷、王霏、夏菁:《2017—2021 年被告人认罪认罚案件审判白皮书》,载微信公众号“至正研究”2022 年 11 月 17 日,https://mp.weixin.qq.com/s/gtxbkVE_0qGXtWsSwyleWQ。

⑤ 参见[美]罗斯科·庞德:《普通法的精神》,唐前宏等译,法律出版社 2001 年版,第 42 页。

期提出量刑建议数量的95%以上，[①]这在一定程度上说明，检察官量刑能力在不断提高、量刑经验也在不断积累，与法官在量刑建议方面的认识更趋一致。但不可否认，有的检察官提出量刑建议的能力不足仍是一个不争的事实。

为此，检察人员应当通过法律、司法解释、案例学习、比武练兵、检法同堂培训等多种途径加强学习，尽快熟悉量刑建议提出规律；扩大量刑指导意见涵盖的罪名范围，从形成机制、提出方式、调整机制、争议解决等方面进一步细化认罪认罚案件量刑规范，可以尝试由公、检、法乃至律师一同参与研究制定量刑指引；最高人民检察院、最高人民法院也可以单独（事先征求意见）或联合制发认罪认罚案件量刑建议类指导案例、典型案例、参考案例等，用以指导、规范量刑；依靠科技力量，利用司法大数据，发挥智能量刑辅助系统作用，使量刑建议更加科学化、精准化、规范化。

在此过程中，尤其要关注考核评价在推进速度的同时可能引发的负面风险。域外也存在对于检察机关工作的考核评价。在法国，近年来法国司法部严格要求下级检察机关向上级报告工作情况，特别是对检察机关刑事回应能力进行定量评估，旨在考察检察机关的工作效率。在他们看来，对检察机关工作情况考核评价具有双重功能：一是有助于司法部评估检察机关工作以及对未来发展做出预判；二是收集到的数据有助于对检察机关工作做出宏观综合分析。考核压力之下，也会出现可能有违立法初衷的法律适用情况。例如，对于公诉替代程序的“重申法律义务”程序，作为一种可能是最为轻缓的替代措施，如果从检察官履职要求和适用效果考量，显然应该将被追诉人传唤到案，当面向其重申法律规定的各项义务、如有违反将要承担的法律责任等。但现实情况却是，检察官大都认为以信件方式“重申法律义务”程序更为简便高效，关键是以此种方式回应与其他刑事回应方式一样，也会被纳入刑事回应率的范围，而刑事回应率有没有达到一定指标（通常是全国平均值）则成为判断一个检察院工

---

① 参见《2022年全国检察机关主要办案数据》，载《检察日报》2023年3月8日，第3版。

作是否合格的一个评价标准。①

考核评价初衷在于通过指标分析问题、促进工作、提升质效，但如果标准设定、实施方式不够科学，认识不到位、理解存有偏差、执行起来简单粗暴，结果可能会南辕北辙。最高人民检察院案件管理部门负责人也指出："评价指标整体上看是科学的，但在实践中也发现，还存在着少数指标设置不科学、部分指标运行中'走样'、缺乏部分新发展业务指标等问题。"②对于考核评价，实践中出现了为了应付考核、单纯追求数量排名，违背司法规律的"争先恐后"，采取勾兑、凑数等"反管理"的情况。③ 所谓反管理，通俗地说即为"上有政策，下有对策"。最高人民检察院也关注到了考核评价带来的风险，提出要科学认识考核，实事求是，尊重司法规律，杜绝搞变通，甚至弄虚作假，不搞层层加码、一刀切、百分百，不能片面追求适用率，而是应注重在保持量的合理增长（达到一定比例之后，不搞排名、不分先后）的同时更加关注质的有效提升。此外，还应进一步优化、简化、完善考核评价体系，坚持案件质量是基础，定期分析研判，及时调整纠偏；不简单以数据高低评优劣，不设不符合实际的指标；将层压性、管制性指标转变为统计性、服务性指标。在新修订的案件质量评价指标体系中，最高人民检察院也更为关注案件办理的"高质效"，坚持系统观念、体系思维，更加注重全面评价、整体评价、组合评价和实绩评价。④

在论及控审冲突的解决之道时，不同学者均提到了要增强控审间的说理性对话，足见说理的重要性。从沟通理论上来说，进行充分的论证说理符合人们的交谈对话规则，向沟通对象进行合理的解释，能使其感受到被认真地对待，适当的说明解释也有助于他人更好地理解和遵从

---

① 参见[法]菲利普·米尔本等：《法国检察官：司法使命与政治功能》，刘林呐、单春雪译，中国检察出版社 2021 年版，第 80 ~ 86 页。

② 常璐倩：《置顶"高质效"　立起"风向标"——〈检察机关案件质量主要评价指标〉修订解读》，载《检察日报》2023 年 5 月 10 日，第 1 版。

③ 参见余敏：《刑事检察要处理好九个关系》，载《检察日报》2022 年 10 月 25 日，第 7 版。

④ 参见常璐倩：《置顶"高质效"　立起"风向标"——〈检察机关案件质量主要评价指标〉修订解读》，载《检察日报》2023 年 5 月 10 日，第 1 版。

禁止性规范。[①] 当然，在控审分离、审判中立原则下，控审之间的这种说理性对话还需经由"文来文往"实现，而不能是就个案于审前单独进行沟通。一方面，检察机关应加强对所提出的量刑建议的说理，如基准刑的选取、各种加减量刑情节的考量等。法律不外乎说理，法律的力量在很大程度上也来源于说理，量刑建议的提出亦是如此，唯有一个清晰且有说服力的量刑说理才能取得法院的理解与信任，让法官心悦诚服、心平气和地接受。另一方面，法院一方也应当对检察机关提出的量刑建议以适度包容，除"明显不当"外，一般均应予以采纳；对于不采纳量刑建议的，需要在裁判文书中充分说明理由和依据，详细阐明检察机关量刑建议不当在哪里、如何不当以及法院的考量又是什么，如此既有助于消弭或减轻检法之间的冲突对抗，也有助于降低被追诉人上诉的可能性。

当然，从根本上而言，要完全实现检法理念的"双向奔赴"，可能还要依托诉讼模式的彻底转型。正如有学者所指出的，我国的刑事司法不仅在核心价值追求上，而且在话语体系、权责配置、角色认知及上诉制度设计等方面，都更加契合调查模式和层级模式。[②] "面对认罪认罚从宽制度对于传统诉讼构造的冲击，无论检察官还是法官均需进行理念、角色、职权的更新与转换。"[③]而这种转型不可能一蹴而就，将是一个久久为功的过程。

二、纾解：建构与权力重构相匹配的法官卸责机制

在认罪认罚从宽制度中，如何建构起一套与权力运行相匹配的卸责机制十分重要，但时至今日却并未引起足够的重视。作为社会人，责任直接关乎行为，进而会影响"置身其中"的制度初衷能否实现，前述检法冲

---

① 参见[德]博内尔：《辩护方角度审视公正审判原则：以认罪协商为考察重点》，载陈光中主编：《公正审判与认罪协商》，法律出版社 2018 年版，第 140 页。

② 参见魏晓娜：《冲突与融合：认罪认罚从宽制度的本土化》，载《中外法学》2020 年第 5 期。

③ 王迎龙：《认罪认罚从宽制度中的控审构造》，载《中国刑事法杂志》2021 年第 6 期。

突与此就有莫大关系。“司法判决的结果关系重大,因而法官承受着巨大的外在和内在压力,如果法官因为怕担责而总是用颤抖的双手去作出判决,那么这种判决的独立性和公正性就难以保证,因此必须为法官设置相应的减压机制,以消除法官怕担责任的顾虑。”①但当前对于认罪认罚从宽制度中的相关主体责任,尤其是法官的司法责任问题,相关研究论述并不多。

对于认罪认罚从宽制度的担责问题,有学者概要列举了几个方向:一是对于认罪认罚案件出现了冤错案件的,依然要追究办案人员的法律责任;二是对于因被追诉人自愿“揽责、自黑”造成错案的,其本人应承担主要责任;三是坚持权责统一原则,根据办案人员在认罪认罚案件中的作用大小承担相应责任。② 应当说,上述概要指明了未来对于该问题开展相关研究的方向,也基本能够奠定对于法官责任问题的总体基调。在笔者看来,对于法官责任,除“认罪认罚案件发生冤错案件仍应追责”这一前提性共识外,可能还需要进一步讨论两个问题:一是对于被追诉人处分权的认识,即被追诉人的处分权边界在何处,进言之,如何妥善处理被追诉人的处分权与客观真实、法定主义之间的关系,进而可能还涉及证明标准问题;二是法官追责的标准,即在何种情况下,应当追究法官的责任,以及应追究何种责任。

被追诉人的处分权是指在刑事诉讼过程中被追诉人依其自愿的意思表示主动接受或放弃某种权利。被追诉人的处分权是自我决定权充分实现的需要,是增强刑事诉讼法制度弹性的要求,更是维系协商性司法正当性的关键机制。③ 在一些学者看来,被追诉人的处分权满足了不同价值诉求下的多样化需求,使被追诉人可以为了实现自己的利益诉求而主动

---

① 谢佑平、万毅:《刑事诉讼法原则:程序正义的基石》,法律出版社2002年版,第200页。

② 参见胡云腾:《完善认罚从宽制度改革的几个问题》,载《中国法律评论》2020年第3期。

③ 参见郭松:《被追诉人的权利处分:基础规范与制度构建》,载《法学研究》2019年第1期。

放弃或者与公权力协商放弃某些权利。[①] 协商性司法以程序简化、权利克减为外观，不具有天然的合法性，其正当性源于被追诉人对于权利的自愿放弃，即以被追诉人自主权利处分担保案件处理过程和结果的可接受性。但从法律后果而言，被追诉人处分权的行使尤其是对于某些权利的放弃，必然造成保护力度的减弱。同时，被追诉人的很多权利具有对抗国家公权力的防御属性，有些还是维系程序法治所必需，不纯粹是个人权利，具有一定公共属性。因此，被追诉人的处分权行使也应遵循一些程序要件和实体要件。例如，被追诉人必须具备处分能力、出于自愿，公权力主体必须履行告知义务，被追诉人只能处分自己的权利，不得突破法律优位、公共利益的界限等。

从域外看，受法律传统与诉讼理念的影响，被追诉人处分权的行使尤以英美法系国家更为显著，最具有代表性的是美国的辩诉交易制度。在大陆法系国家，虽然受实体真实主义和法定主义等传统限制，被追诉人的处分权并非充分，但伴随"放弃审判制度""第四范式"在全球范围的扩张、两大法系之间的日趋融合，该项权利正悄无声息地融入传统大陆法系国家的司法实践中。例如，在德国，被追诉人虽然不能放弃一般的权利保护，但可以根据自主决定权在针对他的刑事程序中放弃行使权力；[②]在日本，被追诉人不仅可以放弃一般性程序权利，还可以对证据、争点、诉因等相关问题行使处分权。[③] 从中能够看出，即便在大陆法系国家，被追诉人的处分权也在逐步确立并不断扩大。我国的认罪认罚从宽制度可以说是对一个时期以来我国在司法中实际践行的被追诉人处分权的"集大成者"。故而，从被追诉人自愿行使处分权利的原则出发，如确系被追诉人"自甘风险"，公权力主体已经尽到审慎义务的，则可以免除公权力主体

---

① 参见郭松：《被追诉人的权利处分：基础规范与制度构建》，载《法学研究》2019 年第 1 期。

② 参见郭松：《被追诉人的权利处分：基础规范与制度构建》，载《法学研究》2019 年第 1 期。

③ 参见[日]田口守一：《刑事诉讼法》，张凌、于秀峰译，法律出版社 2019 年版，第 37、215～216、284 页。

的法律责任。

当然,其中又会涉及被追诉人处分权的边界问题,即对于合意事实的看法。从卸责的角度,对于合意事实的认定又关乎证明标准。“真实是一种脆弱的美,在刑事诉讼中尤为如此。”①伴随“真理一元”转向“价值多元”,合意型诉讼模式下对于真实的理解与认识也从“实体真实”迈向了“合意真实”。通过控辩协商建立起来的合意事实是一种实质共识或称个案共识,体现为单一化的事实版本,正当性在于控辩合意,遵循的是一种“合意即正义”逻辑。从建构与合意型诉讼模式、合意真实配套的证明和审查标准出发,似应重点考虑理论上合意真实蕴含的被追诉人处分权的价值、合意即正义的逻辑等多重因素,实践中与诉讼程序相匹配的审查力度,避免陷入标准虽高但虚而不实的窘境。② 因此,笔者也倾向于采用自由心证的方式,达到一种内心确信的裁判标准,相对比较合理。因为在司法实践中,达到内心确信的证明标准并非总能与法定证明标准保持一致。故而,基于合意即正义逻辑以及法官对合意事实的尊重考量,如果法官已经尽到审慎的审查确认义务,则应当免除法官的法律责任。

对于法官的追责问题。经由上述讨论已基本能够看出,如果是被追诉人基于自愿的处分权将自身置于不利益地位,而公权力主体已经尽到审慎的注意义务,则此时公权力主体不应被追责;基于对控辩合意真实的尊重,在合意即正义的逻辑支配下,如果法官在审判过程中已经尽到审慎的注意义务,则法官不应被追责。

那么,法官何时应该被追责?其实,在认罪认罚从宽制度产生之前,基于冤错案件尤其是错案对法官的追责问题一直没有得到很好的解决,这从对于错案的认定之难可见一斑。从此前最高人民法院《关于完善人民法院司法责任制的若干意见》中列举的8类不能归责于法官的事由中大体可以反向推导出,一个总的原则就是非基于法官主观故意

---

① ［德］博内尔:《辩护方角度审视公正审判原则:以认罪协商为考察重点》,载陈光中主编:《公正审判与认罪协商》,法律出版社2018年版,第135页。

② 参见杨波:《刑事诉讼事实形成机理探究》,载《中国法学》2022年第2期。

或重大过失不能追责。[①] 而在认罪认罚案件中，基于前述对于合意真实、证明和审查标准等问题的讨论，会使对于法官的追责问题变得越发复杂。

对于这问题，域外采用的是一种迂回的方式，即将法官受贿等腐败行为作为弹劾或纪律惩罚的重中之重甚至是唯一目标，且“终身负责”。[②] 易言之，无论判决多么符合事实、法律适用多么正确，只要存在腐败行为，就要严厉追责。反之，尽管事实认定或法律适用出现错误，如果不存在腐败，就不承担所谓错判责任。在笔者看来，对于法官的追责关乎法官行权的独立性、任职保障、职业尊荣等诸多方面，从是否存在腐败行为入手可谓切中肯綮。试想如果不存在腐败行为，在法官素质日益提高，外在干扰日趋被有效阻断的情况下，有哪个法官会故意作出与内心相悖、与事实相违的判决呢？

对于公权力主体要尽到的审慎义务，本书中主要是指包括法官在内的公权力主体对于被追诉人认罪认罚自愿性、明智性的保障。前文也已多次论及自愿性是认罪认罚从宽制度的正当性来源，与合意真实、证明标准、法官的审查义务等紧密相连。因此，认罪认罚从宽制度也将被追诉人自愿性、明智性的保障提升到一个前所未有的高度。所以，在认罪认罚案件中，判断法官是否尽到了审慎义务，主要就是看法官对于被追诉人的自愿性、明智性是否告知到位、保障到位。鉴于当前司法实践中自愿性审查形式化比较普遍的情况，有学者提出，根据认罪认罚案件由对抗转为合意，庭审推进动力机制的改变，可以考虑在庭审中斟酌设置自愿性审查相

---

① 最高人民法院《关于完善人民法院司法责任制的若干意见》第 28 条规定：“因下列情形之一，导致案件按照审判监督程序提起再审后被改判的，不得作为错案进行责任追究：(1)对法律、法规、规章、司法解释具体条文的理解和认识不一致，在专业认知范围内能够予以合理说明的；(2)对案件基本事实的判断存在争议或者疑问，根据证据规则能够予以合理说明的；(3)当事人放弃或者部分放弃权利主张的；(4)因当事人过错或者客观原因致使案件事实认定发生变化的；(5)因出现新证据而改变裁判的；(6)法律修订或者政策调整的；(7)裁判所依据的其他法律文书被撤销或者变更的；(8)其他依法履行审判职责不应当承担责任的情形。”

② 参见侣化强：《事实认定“难题”与法官独立审判责任落实》，载《中国法学》2015 年第 6 期。

对独立的程序环节。[1] 笔者颇为赞同此观点，相较于证明标准一时或将难以取得实质进展问题的无止讨论，当下不如在提升保障被追诉人自愿性、明智性上下更大功夫、花更大气力。

对此，法官尽到告知义务是基础。立法和相关司法解释中对此已经有比较全面和细致的规定，在此不再赘述。“对于嫌疑人就自己供述行为的自由决定而言，不可放弃的前提是他对权利状况充分而全面的信息。”[2]相对独立的审查程序是保障。在此环节，法官应重点审查值班律师法律帮助记录、听取意见同步录音录像等法律、司法解释中明确的为了保障控辩合意真实性的具体措施内容，结合当庭对于具体问题的提问，进而判断被追诉人认罪认罚是否自愿、明智。

综上所述，法官卸责机制虽然表面看似一个微不足道的小问题，经由上述分析却能够发现，实则关乎对于合意真实以及证明标准等核心问题的态度，一定程度上甚至可以说决定着认罪认罚从宽制度的成败。所以，亟须从是否尽到审慎义务、是否存在腐败行为两个着力点进一步明确法官卸责机制，以有效降低控审冲突，保障制度顺利实施。

三、规制：旨在提升合意真实与量刑能力的制度完善

经由前文分析能够看出，控辩、控审之间的冲突很多都与检察机关提出“量刑建议的能力有待进一步提升、控辩合意的真实性有待进一步加强”有关，因此，前文中也多有论及与之相关的对策建议。例如，证据开示制度的建构、被追诉人阅卷权的保障、更好发挥值班律师作用、降低认罪认罚案件羁押率、强调检察官的客观公正义务，及至法官在审判阶段对于自愿性、明智性的审查等，一定程度上均能起到倒逼控辩合意真实性及提升检察机关量刑建议能力的作用。故本书此部分仅对前文未有论及或论

---

① 参见龙宗智：《认罪认罚案件如何实现“以审判为中心”》，载《中国应用法学》2022 年第 4 期。

② ［德］托马斯·魏根特：《刑事讯问程序中被嫌疑人自主权的保护》，樊文译，载陈兴良主编：《刑事法评论》第 22 卷，北京大学出版社 2008 年版，第 249 页。

述较少之处进行综合论述。

一是进一步强化认罪认罚案例制度建设,充分发挥各类案例在增强控辩合意真实性、提升和规范检察官量刑能力等方面的重要作用。其一,在促进控辩协商方面,“一个案例胜过一打文件”充分说明了案例在类似以案释法、引领示范等方面的重要作用。尤其是面对文化水平较低的被追诉人,通过案例展示能够很好起到让其真正理解认罪认罚的法律后果,促使其尽早认罪、真诚悔罪,进一步提升合意真实性的作用。此外,最高人民检察院原检察长张军在《认罪认罚从宽制度控辩审“三人谈”》中也提及,可以制发一批抗诉案例,对于被追诉人试图通过利用制度漏洞实现制度以外的目的起到警示教育作用。① 其二,在提升和规范检察官量刑能力方面,通过制发指导性案例、典型案例、参考案例等可以为检察官提出量刑建议提供参考。我国虽然不是判例法国家,但指导性案例等在司法办案过程中正在发挥日益重要的作用,如检察机关要求提交检察委员会讨论的案件一定要写明同类案件检索情况,否则便不能提交上会。案例能够在一定程度上弥补成文法的不足。检察官在办案中通过检索本地区、本省乃至省外的同类案例,能够尽可能提升量刑建议提出尺度的一致性。在我国量刑规范不甚完备的情况下,建构日益完备的认罪认罚案例能够起到提供量刑指引的重要作用。另外,在各类认罪认罚案例的参照下,也能够进一步规范检察官的量刑行为,防止检察官以畸轻畸重的量刑来迁就、胁迫被追诉人认罪认罚。如果检察官提出的量刑建议与同类案件差异过大,辩方也能够通过相关检索质疑,起到制约作用。此外,需要提及的是,当前我国的案例制度建设主要聚焦于法律适用领域,而对于量刑领域关注不够的问题,从提升量刑能力、规范量刑行为角度出发,未来应加强尽可能多种类的罪名、覆盖多量刑档次的认罪认罚案例编撰,形成一个认罪认罚案例体系,以满足实践需求。此外,从减少控审冲突的角度

① 参见张军、姜伟、田文昌:《认罪认罚从宽制度控辩审“三人谈”》,载陈国庆主编:《认罪认罚从宽制度司法适用指南》,中国检察出版社 2020 年版,第 44 页。

出发，最好由检、法机关共同编撰、发布，以减少适用中的分歧。

二是进一步加强量刑规范化，增进控审间的量刑说理。量刑是一项技术活，既要有定性分析，又要有定量分析；既要考虑被追诉人所犯罪行轻重，又要考虑被追诉人应负刑事责任大小；既要考虑不同时期、不同地区经济发展和社会治安变化，确保刑法任务实现，又要考虑类案类判、刑罚均衡等。认罪认罚从宽制度确立以后，相关部门也出台了《关于规范量刑程序若干问题的意见》、《关于常见犯罪的量刑指导意见（试行）》以及《指导意见》等规范性文件，一方面显示出量刑规范化对于认罪认罚从宽制度的重要作用以及开展规范化建设的迫切性，另一方面也为今后更好开展量刑（建议）工作提供了指引和参照。尤其是《关于常见犯罪的量刑指导意见（试行）》中更是系统规定了量刑的指导原则、基本方法，并对认罪认罚情节作了专门规定，常见量刑情节从 14 种增加至 18 种，常见罪名从 15 个增加至 23 个（占刑事案件量 90% 以上）。[①] 应当说，上述文件对进一步规范量刑工作，减少控审之间在量刑上的意见分歧具有很大的促进作用。当前，已经有不少地方如浙江、福建等地，结合地方实际，在上述规定基础上制定了实施细则，起到了很好的实践指导作用。也有学者提出，鉴于认罪认罚案件中量刑协商的特殊性和重要性，可以在整合现有资源基础上制定专门的《认罪认罚从宽量刑指南》。[②]

循此思路，有学者进一步提出，对于上述规范性文件中已经确定了量刑幅度和量刑细则的罪名，检察机关应当提出确定刑量刑建议；对于其他可能判处三年以下有期徒刑的案件，一般也应当提出确定刑量刑建议；对于新类型、不常见的犯罪案件、量刑情节复杂的重罪案件等，则应提出幅

① 参见最高人民法院、最高人民检察院《关于常见犯罪的量刑指导意见（试行）》（法发〔2021〕21 号）“常见量刑情节”中规定：“对于被告人认罪认罚的，综合考虑犯罪的性质、罪行的轻重、认罪认罚的阶段、程度、价值、悔罪表现等情况，可以减少基准刑的 30% 以下；具有自首、重大坦白、退赃退赔、赔偿谅解、刑事和解等情节的，可以减少基准刑的 60% 以下，犯罪较轻的，可以减少基准刑的 60% 以上或者依法免除处罚。认罪认罚与自首、坦白、当庭自愿认罪、退赃退赔、赔偿谅解、刑事和解、羁押期间表现好等量刑情节不作重复评价。”

② 参见胡铭：《认罪认罚案件中的量刑协商和量刑建议》，载《当代法学》2022 年第 2 期。

度刑量刑建议。[①] 此外,针对司法实践中经常出现的认罪认罚案件到了审判阶段,由于量刑情节发生变化,导致审查起诉阶段达成的量刑建议不再适当的情况,《贯彻审议意见》中也提出了检察机关可以探索提出附条件的量刑建议。据此,一些地方检察机关积极开展了相应探索,如有的检察机关制定出台相关细则,明确将可以预见的退赃退赔、赔偿被害人经济损失、达成刑事和解等作为附加条件,针对不同情节提出不同的量刑建议,供法官在庭审中视情采纳。经过一段时间的实践探索,附条件量刑建议制度在细化实化控辩协商、促进量刑建议采纳、有效开展追赃挽损等方面均取得了显著成效。[②]

与量刑紧密相连的是说理。《指导意见》中对检察机关量刑建议的提出及法院的不采纳,均提出了明确的说理要求,足见说理在认罪认罚从宽制度中的重要作用。说理是运用事实、法律分析方法思辨及其展开的过程,是法律内在理性的外在表现。对于检察机关而言,尤其是确定刑量刑建议说理越充分,就越容易得到法院的采纳。对于法院也同样如此,尤其是在不采纳检察机关提出的量刑建议时,如果能够“以理服人”,也能减少检察机关一些不必要的抗诉,从而节约司法资源,提升司法公信力,最大限度实现制度初衷。

三是进一步完善听取意见同步录音录像制度。听取意见或控辩协商同步录音录像制度能够在一定程度上起到促进值班律师提供符合标准的法律帮助的作用。其实,全程同步录音录像在检察机关的职务犯罪案件办理中,主要起到规范检察人员办案行为、防止刑讯逼供及约束被追诉人任意翻供的作用。认罪认罚案件中引入同步录音录像制度也起到类似作用。除此之外,还可以进一步起到促进听取意见实质化的作用。例如,《听取意见录音录像规定》中明确,同步录音录像一般应包含各种告知内

---

① 参见袁婷、王霏、夏菁:《2017—2021 年被告人认罪认罚案件审判白皮书》,载微信公众号“至正研究”2022 年 11 月 17 日,https://mp. weixin. qq. com/s/gtxbkVE_0qGXtWsSwyleWQ。

② 参见李轩甫、莫洁凤:《立足“三个坚持”,推进附条件量刑建议提升办案质效》,载《检察日报》2023 年 3 月 28 日,第 7 版。

容、听取意见情况、根据需要开示证据情况以及被追诉人签署具结书及辩护人或值班律师见证情况，以此来确保认罪认罚的自愿性、真实性、合法性。在最高人民检察院发布的相关典型案例中也可以看出，对于该项工作，当前有的地方就技术上而言已经能够实现一键录制、一键上传、一键成码、一键审批的操作模式，并且也畅通了当事人、辩护人及法院的查看通道，对录音录像实现阶梯式分类保管，实现了同步录音录像的高效录制、管理和使用。司法实践中，同步录音录像也发挥了检察机关内部对于办案活动的审查把关、监督管理作用；在审判阶段，还起到了稳定被追诉人认罪认罚、说服和促使法庭采纳量刑建议的作用；同时对于律师拒绝签字但被追诉人签署具结书的自愿性也起到了证明作用。

根据职务犯罪办案经验，笔者认为，未来在认罪认罚案件中进行同步录音录像应进一步关注以下两个问题：其一，即便当下可能存在困难，但未来要尽量做到“全程”。只有全程录音录像才能最大限度发挥该项制度功能作用，以免出现沟通不成不录像、沟通成了才录像的情况。根据现在的《听取意见录音录像规定》，如果听取意见不止一次，不必每次都录，而是只要对其中的关键环节，如量刑建议形成和确认、签署具结书等环节进行录音录像即可。如此规定，虽然较为实际，也比较讲求效率，但可能导致出现上述制度漏洞，影响制度功效发挥。其二，对于同步录音录像的性质需要再认识。在笔者看来，同一项制度可能因制度目的不同而功能差异巨大，同步录音录像制度就是如此。《听取意见录音录像规定》沿用了职务犯罪办案中的思路，将其定性为工作资料，只有在相关主体对认罪认罚的自愿性等提出异议等情况下，才可有条件地调取使用，必要时也可以提请法院当庭播放。但在笔者看来，同步录音录像实则可以作为被追诉人的供述和辩解，可以作为定案证据，相关判例中也有采信。[①] 因此，在认罪认罚案件中，同步录音录像材料也有进一步彰显价值的空间。

---

① 参见韩东成、顾娟：《裁判文书中的同步录音录像之功能研究》，载《上海政法学院学报（法治论丛）》2015 年第 1 期。

第五章

协商抑或协同：认罪认罚从宽制度中的审辩关系

有学者认为，我国的认罪认罚从宽制度应从“控辩协商”走向“审辩协商”，主要理由在于，控辩协商与我国职权主义、实质真实的司法传统不符，我国的刑事司法环境也难以支撑制度运行，控辩双方动力不足，控辩双方实力悬殊，难有协商空间。相对而言，审辩协商能够更加客观中立，实现协商正义。① 但事实果真如此吗？在笔者看来，控辩协商、审辩协商域外均有参照，也各有利弊，如同“一般应当采纳”条款设计并非立法技术失误而是有意为之一般，我国的认罪认罚从宽制度设计成为控辩协商而非审辩协商也是一种利弊取舍之后的现实考量。在控辩协商的制度设计之下，辩方意见已经蕴含在经由检察机关向法院提出的作为诉讼合意载体的量刑建议中，因此审辩关系呈退隐之势，亦属正常。但鉴于认罪认罚案件中非自愿性风险的存在，审辩关系未来的走势应趋向协同，以有效保障认罪认罚的自愿性、真实性。

---

① 参见蔡元培：《从控辩协商走向辩审协商：我国认罪协商制度之反思》，载《大连理工大学学报（社会科学版）》2019 年第 2 期。

第一节　协商——合意型诉讼模式中审辩关系的另一种形态

从域外看,根据协商主体的不同,合意型诉讼模式可以分为控辩之间的协商和审辩之间的协商,前者以美国的辩诉交易为代表,后者以德国刑事协商中的审辩协商为典型。其实,无论控辩协商抑或控审协商皆非无可指摘,美国的辩诉交易一直因检察官拥有的几乎不受限制的过大权力而备受质疑,德国的审辩协商中也难说被追诉人在法官面前毫无压力,尤其是在面对“曾经积极地实施了未达成协商的同一名庭审法官”[①]之时。因此,我国的认罪认罚从宽制度是选择控辩协商抑或审辩协商,主要还是基于中国的具体国情、现行刑事司法制度以及立法价值等方面的考量后作出的慎重选择。

一、审辩协商的域外考察

前文已述及,德国的刑事协商有的是发生在控辩之间,有的则是发生在审辩之间,而且主要以后者居多。正是在此种意义上,有学者认为德国的刑事协商译为“审辩协商”似乎更为妥当。[②] 美国的辩诉交易也因被质疑“实际上将司法权力从法官转移给检察官,从而降低了刑事程序的尊严和权威”而遭受日益高涨的改革呼声,建议应在“交易”过程中增加法官参与的因素和比重。[③]

---

① [德]托马斯·魏根特、[美]吉安娜·朗其瓦·特纳:《德国协商性刑事裁判的合宪性》,吕泽华译,载彭海青等编著:《德国司法危机与改革——中德司法改革比较与相互启示》,法律出版社2018年版,第165页。

② 参见李昌盛:《德国刑事协商制度研究》,载《现代法学》2011年第6期。

③ 参见陈瑞华:《比较刑事诉讼法》(第2版),北京大学出版社2021年版,第548～550页。

（一）德国的司法实践

在德国，当案件提起公诉后，会进入中间程序，如果法院认为符合起诉条件，将会裁定进入正式审判程序。审辩协商可能发生在起诉后直至判决前的任何阶段。审辩协商的核心内容，如审辩协商的合法性、协商的内容、协商的效力、协商破裂的后果以及法院的“加重告知义务”等主要规定在《德国刑事诉讼法》第257c条之中。[①] 同时，为了使该项制度能够得以顺利运行，还增加了一些倡导性、透明性等相关配套措施。例如，《德国刑事诉讼法》第202a条规定：“法院在裁量是否启动审判程序时，在适宜范围内，可以就诉讼程序的进展与诉讼参与人进行讨论。该讨论的重要内容应当载入案卷。”第212条规定：“审判程序启动后，第202a条的规定相应地予以适用。”[②]鼓励法官在中间程序以及在审判过程开始后启动刑事协商程序。第243条第4款规定：“审判长进行宣布，是否依据202a条和第212条的规定进行了讨论，是否存在就诉讼标的达成协商的可能（第257c条），如果能达成协商并说明达成协商的主要内容。如果该内容与法庭审理开始时宣布的内容发生了变化，在后续的法庭审理中，审判长就此宣布义务存续。”[③]第273条第1a款规定：“笔录亦须记录依据275c

---

① 《德国刑事诉讼法》第257c条规定：“1. 适宜的情形下，法院可以依据下列规定与诉讼参与人就程序的进一步发展和程序的结果进行协商。第244条第2款的规定不受影响。2. 协议的标的限于：能构成判决及其所属裁定的内容的法律后果，案件查明程序中其他的程序相关的措施以及诉讼参与人的诉讼行为。任一协商都应当含有认罪内容。有罪宣告以及矫正与保安处分不得作为协议的标的。3. 法院告知协议可能包含的内容。其可以基于案件的所有情况及综合量刑考量，自由裁量给出刑罚的上限和下限。诉讼参与人有机会提出意见。如果被告人和检察院同意法院提出的建议，则协议成立。4. 如果忽视或者出现新的法律上或事实上的关键情况，且法院确信原先的量刑幅度与行为或者罪责不匹配的，则法院不受该协议的约束。如果被告人采取的进一步的诉讼行为与法院预测所依据的行为不一致的，此规定同样适用。这些情形下，被告人的认罪不予适用。法院应当就此背离毫不迟疑地进行通知。5. 应当告知被告人法院依据第4款背离预测结果的前提和条件。”参见《世界各国刑事诉讼法》编辑委员会编译：《世界各国刑事诉讼法·欧洲卷》，中国检察出版社2016年版，第297～298页。

② 《世界各国刑事诉讼法》编辑委员会编译：《世界各国刑事诉讼法·欧洲卷》，中国检察出版社2016年版，第291～292页。

③ 《世界各国刑事诉讼法》编辑委员会编译：《世界各国刑事诉讼法·欧洲卷》，中国检察出版社2016年版，第295页。

条进行的协商的重要过程、内容以及结果。此规定同样适用于第 243 条第 4 款、第 257c 条第 4 款第 4 句和第 5 款规定的通知和告知的遵守情况。未进行协商的,也应当在笔录中予以标注。”[①]以确保协商的规范化和利于上级法院对于判决合法性的审查。

实践中,德国的审辩协商既包括实体性问题,也包括程序性内容。对于被追诉人一方而言,可以通过明确表示将当庭对检察官指控的犯罪事实表示认罪,进而要求法院给予其一定的“量刑折扣”;也可以通过放弃自己的诉讼权利尤其是繁复耗时的程序性权利,争取法院给予其一定的量刑优惠或变更强制措施。正如有学者所言,伴随辩护人专业技能的不断提升以及刑事诉讼程序的日益精密化,德国的辩护人能够利用法律赋予的丰富手段“威胁”法院,如果后者不与他们进行交易,那么他们会坚持行使诉讼中的一些程序性权利,如申请远在国外的证人出庭作证,法院如拒绝则坚持申请上诉等,使法院不堪重负,迫使其最终屈服。[②] 对于法官来说,除实体性量刑减让以外,还可以利用手中的程序性筹码,达到与被追诉人协商的目的。例如,如果被追诉人认罪或放弃部分权利行使,其可以改变强制措施;或者对于注重声誉的被追诉人,将其庭审安排在不是那么被人关注的时间段或者拒绝向媒体透露有关内容;等等。

(二)美国的改革呼声

尽管辩诉交易对于美国刑事司法的重要性不言而喻:辩诉交易不是刑事司法制度的附件,它就是美国刑事司法制度本身。但对其批评之声也一直不绝于耳。批评者们认为,辩诉交易制度剥夺了被追诉人的宪法权利,尤其是破灭了美国人引以为傲的“正当法律程序”理想。辩诉交易使被追诉人被迫放弃了宪法赋予的陪审团审判的权利、与控方进行质证的权利,以及要求证据提供超越合理怀疑的有罪证明的权利等各项权利

---

① 《世界各国刑事诉讼法》编辑委员会编译:《世界各国刑事诉讼法 · 欧洲卷》,中国检察出版社 2016 年版,第 300 页。

② 参见李昌盛:《德国刑事协商制度研究》,载《现代法学》2011 年第 6 期。

和程序保障。尤其是免受自证其罪特权的放弃，更是使对抗式法庭审判成为一种司法实践的例外，甚至是一种“装饰”。选择庭审的被追诉人与选择有罪答辩被追诉人之间的巨大“量刑差”使被追诉人陷入这样一种不利境地：不愿放弃宪法权利的被追诉人受到了“法律”更加严厉的制裁。上述种种，对美国刑事司法制度的权威和公信力造成了一定的消极影响。

由此引发美国国内对于辩诉交易制度进行改革的呼声，主要针对的就是检察官在审前程序以及辩诉交易程序所处的主导和支配地位，认为此系产生上述种种问题的根源，建议的核心落在让法官参与其中、增加权重上。有学者指出，检察官对辩诉交易的支配权可以通过扩大司法机关的参与范围得到限制，途径是在答辩程序前增加一次“庭前会议”，由法官和控辩双方共同讨论被追诉人的答辩选择，通过法官的介入促进合适判刑的达成，减少被追诉人的上诉，增加程序的透明度。有的学者认为，应当增加法官对于辩诉交易中检察官自由裁量的司法审查，途径是要求检察官在审前阶段向法官提交一份有关辩诉交易过程及结果的书面陈述，以便审查合法与否；同时法官还应考虑各种量刑因素，以便确定检察官提出量刑建议的适当性。还有学者建议，辩诉交易与有罪答辩应当相对分离，具体分两步走：一是在被追诉人提出有罪答辩的要求后，法官必须综合考虑据以作出判决的法律、司法实务的状况以及被追诉人的个人背景等，之后才能宣布判刑的结果；二是法官在对选择作有罪答辩的被追诉人进行量刑时应有所限制，减让幅度大体为1/4或1/3。[①]

美国上述建议的核心在于让法官参与其中甚至发挥主导作用，隐约看到了德国审辩协商的踪迹，建议中对于从宽的幅度大体采用的也是一种法定从宽模式。但上述改革建议在美国国内并没有得到积极响应。

---

① 参见陈瑞华：《比较刑事诉讼法》（第2版），北京大学出版社2021年版，第549页。

二、审辩协商的利弊分析

应该说,控辩协商与审辩协商两种模式各有利弊。正如有学者所指出的,“在美国,辩诉交易发生在检察官和被告之间,所以被告还是有机会由无偏见的陪审团裁决其案件;而在德国,由法庭进行认罪换减刑的协商,如果被告拒绝了法庭以减轻刑罚换取其作出供述的提议,同一个法庭将继续负责审判程序,由此被告必定会认为他不再有真正机会获得无罪判决。这不但符合一般生活经验,还被社会心理学所证明,仅被告参与了以认罪换减刑的讨论这一事实都会被法官无意识地当作有罪的有力迹象,并由此破坏了无罪判决的机会。”[1]对于审辩协商而言,支持者有之,反对者亦有之。

(一)支持审辩协商的理由

支持的理由主要有以下几方面:

一是(在大陆法系国家)符合职权主义、调查原则。最终的事实审查的职责是由法官而不是检察官或律师负责。

二是符合法官保留原则。正如美国支持司法参与辩诉交易者所说的,“禁止法官参与程序是不明智的,因为他们最终还是要作出批准或拒绝答辩协议的决定”,“让他们参与到程序中是明智的,如此协商会更有成效”。[2] 此中还蕴含着通过法官权力制约检察裁量权的权力制约意味。

三是有利于增强被追诉人的预期,以及由此带来的上诉率可能降低。“如果被告人审判前能够得到自己可能判处刑罚的‘权威陈述’,那么这种信息可以降低其焦虑;其不必再等候一位公设辩护人曾形容为‘强度莫

---

① [德]贝恩德·许乃曼:《公正程序(公正审判)与刑事诉讼中的协商(辩诉交易)》,刘昶译,载陈光中主编:《公正审判与认罪协商》,法律出版社2018年版,第34页。

② [美]约书亚·德雷斯勒、艾伦·C.迈克尔斯:《美国刑事诉讼法精解:第二卷·刑事审判》(第4版),魏晓娜译,北京大学出版社2009年版,第185页。

测的一击’的审判。”①在法官全面综合考量后，一定程度上可以说“所预即所判”（除非审判阶段情况发生变化），有利于被追诉人及早“稳预期”，（在没有发生变化的情况下）也有利于被追诉人息诉服判，从而节约司法资源。这些也均为正义的应有之义。

（二）反对审辩协商的理由

相较而言，反对法官参与协商的理由更加充分，主要集中在防止原本应该独立、中立的法官异化为一种“压迫性力量”以及由此引发的各种不公。“那些要求加强法官司法审查权的建议却可能使法官传统上所处于的那种消极、中立、超然的仲裁者的地位受到破坏”。② 美国辩诉交易司法参与的批评者指出，司法参与的最大缺陷正是因为其强迫原已担惊受怕的被追诉人答辩有罪，而非走上法庭。“如果法官在场并‘提示’说某个条件不错，那还能期望被告人怎么做呢？”③

一是地位不平等。对于被追诉人而言，面对一个主宰其生命、自由、财产的裁判者，的确很难立于平等协商地位，尤其当面对高高在上的法官时。例如，德国的审辩协商经常由法官主动发起以便取得被追诉人的供述，而此中的协商并非一个在哈贝马斯论述意义上的没有权力影响的辩论，“法官仍然有权威和权力，而被告供述的压力也是巨大的”。④ 如同在本章开篇中论及的有学者对于控辩之间协商地位的担忧一样，审辩之间的不平等或许危害更甚。对于控辩失衡，审判机关还能发挥最后的纠偏作用；如若审判机关失去了中立地位，对于被追诉人而言，则就失去了最后的救济。如果法官介入或主导了协商，则此种情况就很可能会发生。

---

① ［美］约书亚·德雷斯勒、艾伦·C. 迈克尔斯：《美国刑事诉讼法精解：第二卷·刑事审判》（第4版），魏晓娜译，北京大学出版社2009年版，第185页。

② 陈瑞华：《比较刑事诉讼法》（第2版），北京大学出版社2021年版，第557页。

③ ［美］约书亚·德雷斯勒、艾伦·C. 迈克尔斯：《美国刑事诉讼法精解：第二卷·刑事审判》（第4版），魏晓娜译，北京大学出版社2009年版，第185页。

④ ［德］克里斯托夫·扎费林、埃莉萨·霍芬：《联邦宪法法院裁判后的德国辩诉交易》，吕泽华译，载彭海青等编著：《德国司法危机与改革——中德司法改革比较与相互启示》，法律出版社2018年版，第145页。

此时,法官就容易异化成为一种压迫性力量,加剧这种不平等的地位。

二是影响法院形式上的公正性。原本,控审分离、审判中立就有保障法院从形式上体现中立性、公正性的意蕴在内。如若法官介入协商,一方面,对被追诉人而言,难免产生如果不答应法官所提出的条件,也许会遭受法官的报复、科以更重的处罚的担忧;如若协商未达成一致,被追诉人被科以更重处罚,即便是最终根据事实证据认定,亦难免引起被追诉人乃至社会公众的猜疑。“被告人会相信建议他考虑认罪答辩的同一位法官在审判中给他无罪推定的利益吗?一位知道被告人曾强烈考虑过答辩有罪的法官真的能够做到吗?”①

三是影响法院实质上的公正性。可以从两个层面加以理解:其一,预断。控审分离的另一层价值是防止法官在审前形成预断,进而对被追诉人造成不公审判。心理学研究显示,预断很难被推翻,即便是审判中出现了新的证据。② 例如,美国辩诉交易司法参与的批评者指出,法官在审前介入,此时掌握的信息有限,或将难以适当评估审判后的刑罚,但在此情况下预断已经形成,“即使法官在收到更多信息后有改变看法的权利……那么这些信息的分量也比它们应有的分量小”。③ 其二,证据禁用的效果。尽管德国在立法中明确规定了假如法庭否认交易,被追诉人的供述不能作为证据使用,“然而,被告将在审判中面对曾经参与失败协商的同一名法官(的审判)。德国法并没有对这些情形下法官的失格予以规定,因此极大地降低了被告供述在庭审中被排除作为证据的实践价值”④,“法院虽然从形式上脱离了协议,但是,‘在内心里’,尚不能从被告人作

① [美]约书亚·德雷斯勒、艾伦·C.迈克尔斯:《美国刑事诉讼法精解:第二卷·刑事审判》(第4版),魏晓娜译,北京大学出版社2009年版,第186页。

② 参见[德]托马斯·魏根特:《德国刑事诉讼程序》,岳礼玲、温小洁译,中国政法大学出版社2004年版,第133页。

③ [美]约书亚·德雷斯勒、艾伦·C.迈克尔斯:《美国刑事诉讼法精解:第二卷·刑事审判》(第4版),魏晓娜译,北京大学出版社2009年版,第186页。

④ [德]托马斯·魏根特、[美]吉安娜·朗其瓦·特纳:《德国协商性刑事裁判的合宪性》,吕泽华译,载彭海青等编著:《德国司法危机与改革——中德司法改革比较与相互启示》,法律出版社2018年版,第157页。

出有罪供述这个事实中解放出来”[①]。在上述因素影响下，很难说被追诉人获得了公正审判权。

四是可能导致法官滥权。如同司法实践中检察官为了追求认罪认罚从宽制度适用率而给予被追诉人以畸高或畸低的量刑建议一样，由法官主导进行的协商，也可能造成法官为了快速结案而滥用协商程序的结果。[②]“假如量刑的减少仅仅为了追求加快诉讼进程和减少累案压力，并因而保持在反映被告有责性程度以下，而牺牲社会正义”；或者“对拒绝‘交易’而坚持完全审判的被告由法庭给予量刑加重”，均违背了罪责刑相适应原则。[③] 事实上，域外的司法实践中的确出现了这样的案例。案例中，一位法官告诉一位犹豫不决的年轻辩护律师，“年轻人，我不会告诉你要做什么，但我可以告诉你我会做什么”。然后他解释了其量刑原则，据此，接受审判的被追诉人得到的监禁刑要翻倍。理由是“他占用了我的时间——我也要占用他的时间”。被追诉人立即接受了答辩条件。[④]

五是可能给以审判为中心、庭审实质化带来不利影响。如在德国的司法实践中，对于大多数案件，“审判”仅被用于正式认可或宣布此前已经达成的私下交易。如果协商结果在审判期日前达成，则“审判”通常会被简化为一个空洞的仪式；如果协商发生在审判开始之后，被追诉人方与法院之间对话的顺利结束通常会导致被追诉人方依赖沉默权、先前已经延续了几周或几个月的审判“突然中止”；当审判成为一种形式化的表达，很难说实现了以审判为中心和庭审的实质化。

---

① ［德］鲁兹·迈尔－高斯纳：《检察机关和被告人决定判决内容？——建立在〈基本法〉之上的法治国的判决协商》，载［德］汉斯－约格·阿尔布莱希特、魏武编译：《德国检察纵论》，中国检察出版社2021年版，第268页。

② 参见王兆鹏：《新刑诉·新思维》，中国检察出版社2016年版，第134页。

③ 参见［德］托马斯·魏根特、［美］吉安娜·朗其瓦·特纳：《德国协商性刑事裁判的合宪性》，吕泽华译，载彭海青等编著：《德国司法危机与改革——中德司法改革比较与相互启示》，法律出版社2018年版，第152页。

④ 参见［美］约书亚·德雷斯勒、艾伦·C.迈克尔斯：《美国刑事诉讼法精解：第二卷·刑事审判》（第4版），魏晓娜译，北京大学出版社2009年版，第185页。

三、小结

通过域外考察可以发现,在美国,虽然检察官主导的辩诉交易被指为“专横的正义”,[①]但司法参与辩诉交易的观点至今仍未能成为主流。在德国,由法官主导的审辩协商虽然已为立法所确认,但也并非毫无争议。通过对审辩协商的利弊分析,总体而言,支持审辩协商的理由相对薄弱,而反对审辩协商的声音却颇有声势,这或许也是我国的认罪认罚从宽制度选择控辩协商而非审辩协商的重要考量。

当然,对于我国的认罪认罚从宽制度为何最终选择了控辩协商,笔者并没有找到相关立法解读,学界也少有论及。仅可在2016年中央政法工作会议的相关新闻报道中觅得点滴踪迹:“2016年,中央政法委将会同政法各单位,在借鉴诉辩交易等制度合理元素基础上,抓紧研究提出认罪认罚从宽制度试点方案,经全国人大常委会授权后,选择有条件的地方开展试点。”[②]

如果从理论上推演,上述反对审辩协商的理由反过来说即为支持控辩协商的理论支撑。但如前所述,我国的认罪认罚从宽制度选择控辩协商从根本上而言还是由我国的国情和制度价值选择所决定的。

一是我国检察机关的宪法定位、检察官的客观公正义务。我国《宪法》和《人民检察院组织法》均规定,人民检察院是国家的法律监督机关。[③] 2017年修正后的《检察官法》中也首次明确了检察官的客观公正立场,要求在办案中尊重和保障人权,做到不枉不纵。因此,由检察官主导进行控辩协商在我国具有现实合理性。

二是从制度构造上而言,我国也不具备域外学者在改进审辩协商制

---

① 参见[美]吉安娜·J.戴维斯:《专横的正义:美国检察官的权力》,李昌林、陈川陵译,中国法制出版社2012年版,第45~61页。

② 周斌、蔡长春:《借鉴诉辩交易元素试点认罪从宽制度》,载《法制日报》2016年1月23日,第3版。

③ 参见《宪法》第134条、《人民检察院组织法》第2条第1款。

度时所提出的"实现进行协商谈判的法庭和谈判失败时负责审判程序的法庭'不混同'"[①],抑或"如果协商失败,应禁止参与答辩协商的法官主持审判"[②]的相关制度和配套条件。如果采行审辩协商,那么"没有达成协议或者达成协议后又破裂的需要继续接受庭审的被告人将要面对曾经积极实施了未达成协商的同一名庭审法官(的审判)"[③]的现实威胁在我国也将同样存在。

三是制度的效率追求。简言之,就是越早认罪越好,越早认罪"优惠"的幅度就会越大。反映在制度架构上,即为控辩协商而非审辩协商。例如,我国的认罪认罚从宽制度在诉讼的全过程均适用,要求不同阶段的认罪在量刑上也体现出一定的差异,其间蕴含着鼓励被追诉人尽早认罪、促进司法资源节约的价值追求。法官介入或在审判阶段方才适用显然具有滞后性,一定程度上会影响制度价值的发挥。

回到本章开篇学者提出的问题,在笔者看来,我国的司法传统、司法环境不会因为是控辩协商抑或审辩协商而在短期内发生根本性改变,同时经由前述分析也能看出,由法官主导协商,审辩之间的不平等并不会减少,被追诉人可能会失去最后的救济途径。从诉讼原理上看,审辩协商也有损控审分离、审判中立的理论价值。反观我国的认罪认罚从宽制度,依然坚持了法官保留原则,定罪量刑最终仍由法官决定;通过一般应当提出确定刑量刑建议外加一般应当采纳的条款设计,也能够实现增强被追诉人预期、减少不必要上诉,从而达致提升诉讼效率、节约司法资源等制度价值。

比较耐人寻味的是,对于德国由法官主导的审辩协商,针对司法实践

---

① [德]贝恩德·许乃曼:《公正程序(公正审判)与刑事诉讼中的协商(辩诉交易)》,刘昶译,载陈光中主编:《公正审判与认罪协商》,法律出版社2018年版,第37页。

② [美]约书亚·德雷斯勒、艾伦·C.迈克尔斯:《美国刑事诉讼法精解:第二卷·刑事审判》(第4版),魏晓娜译,北京大学出版社2009年版,第186页。

③ [德]托马斯·魏根特、[美]吉安娜·朗其瓦·特纳:《德国协商性刑事裁判的合宪性》,吕泽华译,载彭海青等编著:《德国司法危机与改革——中德司法改革比较与相互启示》,法律出版社2018年版,第165页。

中“普遍不遵守法律规定的调查结果”，宪法法院最后试图求诸检察官，“委托检察官实施宪法要求的主要责任。作为‘法律的守护人’，检察官必须拒绝参与没有遵从法定要求的协商，并且他们必须对违反了法律的审辩交易提出上诉”①。这似乎也在说明，在制度设计上由谁主导并无定法，加强权力之间的监督制约才是保障制度健康运行的正解。

第二节 退隐——认罪认罚从宽制度中审辩关系的表征

传统意义上比较具有代表性的审判场景为控辩平等对抗、法官居中裁判，控辩双方共同推动审判进程，法官据以作出最终的判决。此中的辩方和审方为说服者和判断者的关系。此前，对于审辩关系的讨论更多聚焦在异化的审辩冲突上。② 但在认罪认罚案件中，由于诉讼重心的前移，庭审中控辩间的激烈对抗不再，辩方的意见也已经蕴含在了经由检察机关向法院提出的作为诉讼合意载体的量刑建议中，法官庭审中审查的重点也有所调整，审辩关系呈现退隐之势。

一、审辩冲突：不认罪案件中审辩关系的异化样态

在对抗式诉讼模式中，控辩双方就诉讼主张展开激烈交锋，共同推动诉讼进程，法官则“兼听则明”、居中裁判。此中，辩方和审方为说服者和

① ［德］托马斯·魏根特、［美］吉安娜·朗其瓦·特纳：《德国协商性刑事裁判的合宪性》，吕泽华译，载彭海青等编著：《德国司法危机与改革——中德司法改革比较与相互启示》，法律出版社2018年版，第160～162页。

② 参见王彪：《刑事诉讼中的“辩审冲突”现象研究》，载《中国刑事法杂志》2015年第6期；李章仙：《刑事审辩关系：模式的异化与回归》，载《学术交流》2017年第4期；亢晶晶：《说服与判断：审辩关系的异化及回归》，载《河南大学学报（社会科学版）》2017年第3期；琚明亮：《刑事法官诉讼角色的再考察——以审辩冲突为中心》，载《北方法学》2020年第5期；曹刚果：《刑事审辩关系异化问题研究——以审辩冲突为考察对象》，湘潭大学2019年博士学位论文，第20～25页；等等。

判断者的关系,按说二者之间原本不应该存在冲突。

曾经审辩冲突成为热门话题,至今仍余音绕梁。法庭之上,辩护人不是对阵公诉人,而是将法官视为对手,甚至演变成了"死磕"。总体而言,审辩冲突大致分为三类:一是程序问题,如回避、管辖等;二是证据问题,如非法证据排除等;三是诉讼行为问题,如法官向控方"递纸条"被辩方当场举报等。[①] 冲突的结果多为律师被警告、训诫、驱逐出法庭、拘留或者律师自身退庭、集体抗议等。从危害后果上看,审辩冲突不仅会损害司法公信力和司法权威性,还加剧了二者间的紧张关系,阻碍法律职业共同体的形成。此外,也进一步加剧了改善辩护律师职业环境的难度,影响其辩护职能的有效发挥,最终也会损害当事人的合法利益。如同有学者所叹,"法官与律师的冲突是一场互相毁灭的战争,在这场战争中没有赢家。并且,这场战争无论于社会还是于个人而言,所带来的后果都是灾难性"[②]。

其中,与律师辩护保障制度尚不完善,律师辩护质量有待提高,有的律师不当行使甚至是滥用权利不无干系。但从公权力机关一方观之,似仍存在一定改进之处。例如,法律职业共同体的价值理念尚未形成。实践中,有的法官并未将辩护律师作为协助自己作出正确裁判的助手对待,而是将其视为竞争对手甚至是异己力量。一些法官仍然存在"重实体、轻程序"的观念,所以对于辩护律师提出的一些程序性辩护意见经常以各种理由驳回或置之不理,等等。[③]

上述对于审辩关系异化为审辩冲突甚至出现了"死磕"情形的简要回顾,对于审视当下认罪认罚案件中审辩关系并加以改进不无裨益。从上述论述中,可以获得三点启发:其一,公权力机关的权力行使需自我克

① 参见王彪:《刑事诉讼中的"辩审冲突"现象研究》,载《中国刑事法杂志》2015 年第 6 期。

② 毛兴勤:《法律职业的内在冲突与调适:以法官与律师的关系为中心》,载《法治研究》2013 年第 9 期。

③ 参见曹刚果:《刑事审辩关系异化问题研究——以审辩冲突为考察对象》,湘潭大学 2019 年博士学位论文,第 76 页。

制和适度的权力倾斜。其二,在认罪认罚案件中,被追诉人有时也会表达进一步从轻的诉求,辩护律师有时甚至会作无罪辩护,此时尤其需要法官关注辩方意见,注重吸收采纳其中的合理成分。其三,在审辩冲突的改进建议中,有学者提出可以将民事诉讼中的协同主义诉讼模式或者说诉讼理念引入刑事诉讼中,以有效缓解审辩间的紧张关系,实现审辩间的良性互动与有效协作,并通过法官职权的适度倾斜,弥补辩方的弱势地位,尽可能消解控辩间的力量差势。[①] 后文也将论及,协同主义对于认罪认罚案件中的审辩关系的建构与调适依然具有很强的指导价值,鉴于控辩失衡在一定时期内客观存在的实际,协同主义甚至一定程度上指引着审辩关系的未来。

二、构造使然:认罪认罚案件中审辩关系的退隐之势

早期的刑事司法坚持报应观念、斗争哲学,国家与个人处于激烈对抗的两端。审判一般表现为,在控辩双方持续的质疑、反驳声中,法官对证据取舍、事实真伪予以裁决。而在合意型诉讼模式中,传统的控辩两造对抗、法官居中裁判的诉讼格局不再,控辩双方从对抗走向了合作,案件证据、事实在双方的合作中得以发现和澄清,并形成较为稳固的共识,诉讼的重心发生了前移,庭审在更大程度上成为对该种共识的确认。[②] 认罪认罚从宽制度,作为一种合意型诉讼模式,对我国以对抗式为基调的刑事诉讼制度的方方面面均产生了深刻的影响。[③]

---

① 参见亢晶晶:《协同主义诉讼模式在刑事诉讼中的导入——兼谈我国控辩审关系的反思与重构》,载《法律科学(西北政法大学学报)》2015 年第 3 期;李章仙:《刑事审辩关系:模式的异化与回归》,载《学术交流》2017 年第 4 期;曹刚果:《刑事审辩关系异化问题研究——以审辩冲突为考察对象》,湘潭大学 2019 年博士学位论文,第 95 ~ 102 页。

② 参见董坤:《认罪认罚案件量刑建议精准化与法院采纳》,载《国家检察官学院学报》2020 年第 3 期;李奋飞:《论"确认式庭审"——以认罪认罚从宽制度的入法为契机》,载《国家检察官学院学报》2020 年第 3 期。

③ 参见樊崇义:《刑事诉讼模式的转型——评〈关于适用认罪认罚从宽制度的指导意见〉》,载《中国法律评论》2019 年第 6 期。

就诉讼构造而言，从纵向上看，协商性司法的一个突出特点是审前程序在诉讼格局中的地位凸显。在该种诉讼构造中，检察机关是程序的“主宰者”，主导着认罪认罚案件的诉讼进程，在承上启下把握程序分流的同时，还在一定程度上决定着案件的实体处分。从横向上看，认罪认罚从宽制度形塑了一种基于合作的控辩审三方关系，即从控辩平等对抗之于法官居中裁判的“等腰三角形”演变成为控辩合意之于法官审查确认的“类二元”构造。① 无论是纵向构造中的起诉主导抑或横向构造中的“类二元”审判，其背后的机理均在于作为认罪认罚从宽制度载体的量刑建议具有了“权力＋权利”的复合属性。

诉讼构造的改变也在很大程度上影响着控诉方式、辩护方式以及审理方式的改变。就控诉方式而言，变化最大的莫过于由控辩对抗转向控辩合作，以及作为控辩合意载体的量刑建议尤其是确定刑量刑建议的提出，量刑建议越具体越符合被追诉人对于稳定性的预期。就辩护方式而言，虽然有的律师基于辩护策略考量，对于被追诉人认罪认罚案件，在庭上进行独立的无罪辩护或罪轻辩护，但辩护重心的前移已经是不争的事实。

诉讼构造的改变对于审理裁判方式的影响也尤为深刻。有学者将其归纳为前置条件的实体化、审查对象的特定化、裁判结论的耦合化，由此认为在认罪认罚案件中出现了一种与“实质化庭审”并行的“确认式庭审”模式。② 前置条件实体化是指对于适用简易和速裁程序的认罪认罚案件，均满足了案件事实清楚、证据确实充分的开庭要求；审查对象特定化是指法官无需全面审查，只需聚焦认罪认罚的自愿性及具结书内容的真实性、合法性。有学者更进一步指出，此时的法官只需围绕《刑事诉讼法》第 201 条规定的错认罪、认错罪等五种例外情形进行审查，如果没有，

---

① 参见王迎龙：《认罪认罚从宽制度中的控审构造》，载《中国刑事法杂志》2021 年第 6 期。

② 参见李奋飞：《论“确认式庭审”——以认罪认罚从宽制度的入法为契机》，载《国家检察官学院学报》2020 年第 3 期。

直接采纳检察机关提出的量刑建议即可;[①]裁判结论的耦合化是指法院一般应当采纳检察机关指控的罪名和提出的量刑建议。此外,还有学者指出,合意型诉讼模式加重了法官的庭前阅卷任务,带来了审判方式的变革。因为此时法官无法再通过控辩双方“你来我往”的争辩来“兼听则明”,所以更加需要进行认真的庭前阅卷,再通过当庭听取控辩双方意见加以综合判断。总而言之,在这种“检察建议,法院审核”的诉讼构造下,无论案件最终适用何种审判程序,因控辩双方无论对于事实抑或法律通常已无争议,所以坚持对案件进行实体审理既无必要也不可行。[②]

综上所述,有别于不认罪案件的诉讼构造,对于认罪认罚案件的审理,其本质上是以检察机关提出量刑建议,然后再由法院加以审查和核准的方式进行,当然这种量刑建议中也蕴含了被追诉人方的意见;对于认罪认罚案件的审判,在一定程度上也就变成了审核。此种情形下,审辩关系较之不认罪案件呈退隐之势实属正常。

三、小结

作为一种异化现象,伴随认罪认罚案件中对抗因素的减少,以“死磕”为典型代表的审辩冲突风险也会随之降低。但引发审辩冲突的风险因子依然需要引起关注,如诉讼结构的失衡等。伴随诉讼重心的前移,庭审中的实体审理也就失去了必要性和可行性,法庭审理成为“审核”,审辩关系呈现出应然的退隐之势。变革带来了活力,同时也暗含着风险。“无论纵向构造上检察主导,抑或横向构造中的‘类二元’审判,都蕴含着权力异化的风险。”[③]效率价值导向下的控审关系还存在着天然的合作倾向,异化了的形式化审查下的法庭审判也可能会增加刑事误判的风险。正是上述风险隐患的存在,使审辩协同较之不认罪案件变得更加必要。

---

① 参见王迎龙:《认罪认罚从宽制度中的控审构造》,载《中国刑事法杂志》2021 年第 6 期。

② 参见卞建林:《认罪认罚案件审理程序的若干问题》,载《中国刑事法杂志》2022 年第 1 期。

③ 王迎龙:《认罪认罚从宽制度中的控审构造》,载《中国刑事法杂志》2021 年第 6 期。

第三节　协同——认罪认罚从宽制度中审辩关系的方向

协同主义的概念最先为德国学者贝特曼在民事诉讼中使用，后为德国学者巴沙曼加以诠释，旨在调和民事诉讼中的职权主义与辩论主义之间的关系，促进法官从一个消极维持诉讼规则的“旁观者”变为一个积极能动的审理者。[①] 此前，我国也有学者将协同主义引入刑事诉讼领域，旨在反思与重构控辩审三方关系；[②]具体到审辩关系而言，协同主义可作为消解审辩冲突的有益参照。[③] 认罪认罚从宽制度语境下，导入协同主义，有助于通过进一步强调法官和被追诉人方的协同性义务，对于当下的现状加以改善。

一、为何审辩协同

协同主义是民事诉讼领域中的一个重要理论。根据德国学者巴沙曼的观点，协同主义是与辩论主义完全不同的一种崭新诉讼结构，更为强调法官、当事人三方的协同关系。[④] 在协同主义的诉讼关系中，案件事实既不是由法官单方去发现，也是不单纯由当事人方去证明，而是强调由法官和当事人相互协同共同去发现。此中，当事人方是第一责任人，法官是第二责任人；法官负有释明义务，当事人方更是负有真实义务。协同主义理念的基础在于，当事人方是纠纷实情最好的情报源，基于“自我负责”的责任机制，具有内在动力；法官仅具有补偿功能，旨在对当事人方的弱势地位起到一定援助作用。“协同主义使得诉讼向更有利于‘弱者’的方向

---

① 参见唐力：《辩论主义的嬗变与协同主义的兴起》，载《现代法学》2005 年第 6 期。

② 参见亢晶晶：《协同主义诉讼模式在刑事诉讼中的导入——兼谈我国控辩审关系的反思与重构》，载《法律科学（西北政法大学学报）》2015 年第 3 期。

③ 参见李章仙：《刑事审辩关系：模式的异化与回归》，载《学术交流》2017 年第 4 期。

④ 转引自唐力：《辩论主义的嬗变与协同主义的兴起》，载《现代法学》2005 年第 6 期。

转变,平衡当事人双方的诉讼能力和诉讼地位,这一点已构成了协同主义的主要机能之一。”[①]

我国民事诉讼法学者认为,协同主义带有一定职权主义色彩,是一种法官运用职权作用,与当事人实现充分沟通协作,在事实发现、程序推进等方面共同促进诉讼程序的程序模式。[②] 它是在充分尊重当事人辩论权、处分权的前提下,针对因诉讼程序复杂化、专业化所造成的当事人行使诉讼权利困难以及因程序权滥用而导致的诉讼迟延、成本增加等弊端,为促进案件真实发现、节约司法资源,而确定法官与当事人必须协同行使诉讼权利、履行诉讼义务的一种诉讼模式。[③] 民事诉讼中的协同主义主要包括:法官有阐明权(义务);法官有为形成心证、发现真实所必要的诸如询问当事人、依职权勘验等权力;法官有指出要适用的法律的义务;当事人有真实陈述义务;当事人有诉讼促进义务;等等。[④] 总之,协同主义可视为对传统辩论主义缺陷的一种纠偏,通过确保法官权力运用与责任强化,促进法官与当事人在诉讼中的互动。

在刑事诉讼领域,我国学者对于导入协同主义的讨论更多着眼于调适审辩冲突,即通过协同主义理念的引入,重新搭建起审辩间的沟通交流平台,让审辩间的说服者与被说服者的关系复归正常,并通过法官职权向诉讼弱方的适度倾斜,弥补控辩间诉讼能力的巨大差异。[⑤] 在民事诉讼领域的讨论中,认为“当事人的真实义务与法官的释明义务和讨论义务,共同构成了协同主义的核心内容”“协同主义使得诉讼向更有利于‘弱者’的方向转变,平衡当事人双方的诉讼能力和诉讼地位”。[⑥] 协同主义

---

① 唐力:《辩论主义的嬗变与协同主义的兴起》,载《现代法学》2005年第6期。

② 参见肖建华:《构建协同主义的民事诉讼模式》,载《政法论坛》2006年第5期。

③ 参见田平安、刘春梅:《试论协同型民事诉讼模式的建立》,载《现代法学》2003年第1期。

④ 参见肖建华:《构建协同主义的民事诉讼模式》,载《政法论坛》2006年第5期。

⑤ 参见亢晶晶:《协同主义诉讼模式在刑事诉讼中的导入——兼谈我国控辩审关系的反思与重构》,载《法律科学(西北政法大学学报)》2015年第3期;李章仙:《刑事审辩关系:模式的异化与回归》,载《学术交流》2017年第4期。

⑥ 唐力:《辩论主义的嬗变与协同主义的兴起》,载《现代法学》2005年第6期。

在刑事诉讼领域的导入，也基本上沿袭了上述讨论内容与方向，主要围绕强化司法人员对辩护律师程序参与重要性认识、促进审辩间对话与沟通、辩方真实义务的承担、法官给予辩方更多的关照等。

在笔者看来，如果说此前在不认罪案件中引入协同主义理念是为了消解审辩冲突尚属个别现象，那么在认罪认罚从宽制度的适用已经成为新常态的当下，有着较之以往更为巨大的价值空间。

一方面，更好发挥法官职能作用，对于控辩失衡加以纠偏，助益解决有违自愿性的"假认罪"问题。如前所述，有学者从认罪认罚从宽制度赋予检察官从定罪量刑权的角度出发，将其定性为中国版的"检察官司法"，并指出其中蕴藏认罪认罚的自愿性、真实性、案件处理公正性难以得到保障等三大风险。[①] 在笔者看来，上述风险与控辩失衡均有莫大干系，在理念更新、制度架构、配套机制等均存在一定欠缺、尚未跟上的情况下，认罪认罚从宽制度的确立有进一步加剧控辩失衡的风险。正如有学者所言，认罪认罚从宽制度打破了刑事诉讼中原有的控辩审三方关系及力量对比，但原本以控辩平等协商为设计思路的认罪认罚从宽制度，并没有弥合控辩间的原有差距，公权力机关获得了新的交易筹码变得更为强势，反观辩方地位却没有明显改善依然脆弱。[②] 公权力机关有能力也有动力使协商性司法异化为压制型司法。[③] 在此情形下，迫切需要法官转变理念、强化诉讼关照义务，尤其是释明义务、加强裁判文书说理等，给予诉讼弱势一方以更多的关照，以弥合控辩双方客观上存在的诉讼能力"差势状态"，切实发挥审查核实作用，促进控辩实质上的平衡，保障被追诉人认罪认罚的自愿性或者说"理性"。

另一方面，辅之被追诉人方以"消极的真实义务"，助益解决有违真

---

① 参见孙长永：《中国检察官司法的特点和风险——基于认罪认罚从宽制度的观察与思考》，载《法学评论》2022 年第 4 期。

② 参见魏晓娜：《结构视角下的认罪认罚从宽制度》，载《法学家》2019 年第 2 期。

③ 参见龙宗智：《完善认罪认罚从宽制度的关键是控辩平衡》，载《环球法律评论》2020 年第 2 期。

实性的“认假罪”问题。有学者统计了 2019 ~ 2021 年“裁判文书网”上公布的全国法院一审适用认罪认罚从宽制度裁判生效后启动再审的案件，在共计 426 件案件中原判决认定事实错误启动再审的有 177 件，占 44.5%，其中就包括一些“顶包”、冒用他人身份等对于被追诉人同一性认定错误案件。[①] 有学者也发现，近年来涉毒类假案现象也有所抬头，原因在于吸毒者如被发现则可能面临两年的强制隔离戒毒，所以很多吸毒者宁愿对小额的“零包”贩毒案认罪，刑期却最多为 6 个月到 1 年，甚至在强制隔离戒毒期间有的吸毒者会选择“自首”“认领”小额贩毒案。此外，现实社会中还存在所谓“服刑养老”的“无辜者认假罪、罪轻者揽重罪”等非正常现象。[②] 在笔者看来，在合意型诉讼模式中，真诚是有效沟通的前提，对于该类“认假罪”情况，仅仅进行自愿性审查似不足以应对，被追诉人方应承担“消极的真实义务”，并且基于“自我负责”原则，如因被追诉人故意误导而产生错案，被追人同样应承担相应责任。当然，基于无罪推定、沉默权等有利于被追诉人原则的存在，这种“真实义务”是有限的，需要通过口供补强法则等继续强化法官的审查核实责任，以保障被追诉人认罪认罚的真实性。

二、如何审辩协同

虽名为协同，实则更加强调通过法官职能作用发挥调节控辩失衡，尽可能避免冤假错案的发生。同时，在合意型诉讼模式中，由于证明规则和证明方式的变化，法官对认罪认罚案件实际审核的力度会有所减弱，故而被追诉人方也要承担一定的真实义务。通过审辩协同合力保障被追诉人认罪认罚的自愿性、真实性，实现制度初衷，促进制度长远发展。

---

① 参见孙长永：《中国检察官司法的特点和风险——基于认罪认罚从宽制度的观察与思考》，载《法学评论》2022 年第 4 期。

② 参见詹建红、李清龙：《认罪认罚从宽制度的程序偏离问题之反思》，载《中国法律评论》2023 年第 3 期。

(一)自愿性保障

1. 更新理念,更加重视辩方意见

如前所述,审辩冲突的原因之一即在于法官"重公诉、轻辩护"的传统观念等,[①]如裁判文书中对于辩护意见往往也缺乏详细分析论证,仅是简单回应没有事实或法律依据、不予采纳等。

法官应该将辩护律师视为"帮手"而非"对手",要善于利用辩方意见审视案件,做到"兼听则明",同时利用辩方意见帮助自己厘清思路,以增强裁判的公正性、合理性、可接受性。实证研究也表明,一些重大刑事冤案的发生,往往与忽视辩护律师合理意见有一定关系。[②]

正如有学者所指出的,鼓励尽早认罪的规定,虽然与节约诉讼资源的制度设计目的相一致,但一定意义上也是鼓励在信息更加不对称的情况下,推进认罪认罚程序,这对被追诉人也存在不利的一面。[③] 从审辩协同角度出发,认罪认罚案件中尤其需要关注律师的独立辩护意见。由于被追诉人与辩护人在身份地位、立场观点、专业背景、能力水平等的不同,二者的意见想法不相一致实属正常。即便在认罪认罚案件中,有时也会出现被追诉人认罪,而辩护人作无罪或罪轻辩护等情况,当然此中不乏策略性考量。对于此种情况下能否适用认罪认罚从宽制度,此前并没有明确规定,实践中也做法各异。2021 年 12 月,最高人民检察院《量刑建议指导意见》第 35 条予以明确,认为在此种情况下并不影响认罪认罚从宽制度的继续适用。但正如有学者所指出的,此种情形下虽然不影响制度适用,但无疑会造成制度运行的阻滞,进而影响制度效率价值,当这种带有诉讼策略的意图被识破时,可能会在量刑上有不利反应,造成得不偿失的

---

① 参见曹刚果:《刑事审辩关系异化问题研究——以审辩冲突为考察对象》,湘潭大学 2019 年博士学位论文,第 33 ~ 34 页。

② 参见顾永忠:《刑事冤案发生的深层认识原因剖析——以刑事审判为分析视角》,载《法学杂志》2013 年第 12 期。

③ 参见詹建红、李清龙:《认罪认罚从宽制度的程序偏离问题之反思》,载《中国法律评论》2023 年第 3 期。

结果。[①] 但从审辩协同的角度，在认罪认罚案件中，法官尤其应该关注这种独立辩护的价值。这是因为除了一些纯粹的诉讼策略情形以外，此时的独立辩护很可能是在被追诉人并非出于自愿、反映内心真实的情况下选择了认罪认罚，而辩护人却基于职责而作出的正确选择。对此，需要法官用足够的耐心，用心倾听、认真对待，切实发挥好最后的审查核实作用。

2. 更好履行诉讼关照义务

诉讼关照义务最初源于德国，该理论认为诉讼程序的进行应符合司法形式、照顾周到并符合目的，以保障被追诉的权利。[②] 有德国学者认为，诉讼关照义务并非在法律中明确规定的一项原则，《德意志联邦共和国基本法》第1条和第20条所体现的法制与社会国家思想，可被视为诉讼关照义务的宪法法律基础；[③]法律规定的法院、刑事追究机关对被追诉人和其他刑事程序参加人负有告诉、提示义务是体现关照义务原则的范例；诉讼关照义务原则要求法院、刑事追究机关有义务帮助不熟悉刑事程序的被告人主张自己的权利，作用在于应当使实际上不存在的手段同等性得到平衡。[④] 德国刑事诉讼中的关照义务主要体现在以下几方面：(1)法官有权利也有义务对所特定的事实和指控人进行调查与裁决，尤其是在使用刑法条文时，不受当事人申请的限制；(2)法官应当向被追诉人告知相关权利和相关诉讼行为的后果；(3)法院变更公诉中的法律依

---

① 参见闫召华：《辩护冲突中的意见独立原则：以认罪认罚案件为中心》，载《法学家》2020年第5期。

② 参见[德]法兰克·阿罗特：《检察官的自行回避与申请回避》，载[德]汉斯-约格·阿尔布莱希特、魏武编译：《德国检察纵论》，中国检察出版社2021年版，第183页。

③ 《德意志联邦共和国基本法》第1条规定："一、人之尊严不可侵犯，尊重及保护此项尊严为所有国家机关之义务。二、因此，德意志人民承认不可侵犯与不可让与之人权，为一切人类社会以及世界和平与正义之基础。三、下列基本权利拘束立法、行政及司法而为直接有效之权利。"第20条规定："一、德意志联邦共和国为民主、社会之联邦国家。二、所有国家权力来自人民。国家权力，由人民以选举及公民投票，并由彼此分立之立法、行政及司法机关行使之。三、立法权应受宪法之限制，行政权与司法权应受立法权与法律之限制。四、凡从事排除上述秩序者，如别无其它救济方法，任何德国人皆有权反抗之。"

④ 参见[德]约阿希姆·赫尔曼：《〈德国刑事诉讼法典〉中译本引言》，载《德国刑事诉讼法典》，李昌珂译，中国政法大学出版社1995年版，第12～13页。

据或事实依据时,向被追诉人说明变更的影响并询问其意见;(4)法院变更公诉中的量刑主张时应对被追诉人进行必要的指示。①

我国学者认为,诉讼关照义务源于控辩之间实质上的不平衡,作为公权力机关应尽到必要信息告诉义务、不利情况提示义务、协助实现权利义务以及其他有利于被追诉人方权利行使的义务。② 如同域外学者在解析冤错案件时所指出的,“这些把他们控制起来的公务人员,在法律上不仅应该对他们负起照顾的责任,基于人道与关怀的最低标准,他们更应该立即采取措施来保护这样无助且错乱的被逮捕者。比如有一位律师陪同应该是最起码的条件,这群真相猎捕者本就应该注意到这个部分”③。认罪认罚案件中法官的诉讼关照义务,更多体现在对被追诉人自愿性的审查和保障上。如前述案例中提及的在审查起诉阶段检察官对于可能给被追诉人带来不利益情形的提醒,缓刑可能带来的附随后果等,在法院审理阶段对于法官而言同样如此。法官在法庭审理阶段也负有此类诉讼关照义务,在可能发生对被追诉人不利益情形时,要进行重点提醒,重点询问被追诉人是否知悉并了解相关法律规定的内容和具体含义,确保被追诉人至少是理性地作出选择。

(二)真实性保障

1. 被追诉人方承担“消极的真实义务”

对于真实义务,此前主要聚焦于辩护律师的忠诚义务要求。我国《刑事诉讼法》明确要求公安机关在刑事诉讼中必须以事实为依据。虽然《律师法》中也要求律师必须以事实为依据,委托人故意隐瞒与案件有关的重要事实的,其有权拒绝辩护或代理。但这并不意味着律师要与公安机关承担同样的“真实义务”。因为发现案件真相或保障案件真相发现

---

① 参见[德]克劳思·罗科信:《刑事诉讼法》,吴丽琪译,法律出版社2003年版,第190~196页。

② 参见龙宗智:《检察官客观公正义务的理据与内容》,载《人民检察》2020年第13期。

③ [德]托马斯·达恩史戴特:《失灵的司法:德国冤错案启示录》,郑惠芬译,法律出版社2017年版,第90页。

的责任是公安机关的责任,而非律师责任。如果说公安机关承担的是一种以恢复案件事实本来面貌为目的的“积极的真实义务”,那么辩护律师承担的仅为一种“消极的真实义务”,即不得毁灭、伪造证据,不得诱导或怂恿委托人及其亲属提供虚假材料,不得妨害证人作证,不得实施包庇行为等,是对于辩护律师执业准则的底线要求。① 否则将会出现一种委托了辩护人的被追诉人比没有辩护人的被追诉人处于更为不利境地的尴尬局面,这既有违常理也有悖于辩护制度设置初衷。②

论及认罪认罚案件中的错案追责问题时,有学者指出,因被追诉人自愿“揽责、自黑”造成错案的,其本人要承担主要责任。③ 在笔者看来,上述观点除了“自我负责”的责任机制可用以解释以外,“消极的真实义务”也可以作为有力注脚。因为在认罪认罚案件中,被追诉人的诉讼主体地位进一步提升,表现在自治性、处分权进一步增强上;与此相对应,其避免故意使自己陷入不利境地的义务也要相应增加。虽然被追诉人受到禁止强迫自证其罪原则的保护,但它所禁止的不是被追诉人“主动的”自证其罪,而禁止的是“被强迫的”自证其罪;如果被追诉人主动放弃了这一特权,其作出的不利于己的供述当然是可以被采纳为证据的。④ 此外,虽然受不自证其罪特权保护,被追诉人不会因为虚假陈述而被积极地科以伪证罪制裁,但其理应因此负有消极的责任承担义务。从此种意义上说,认罪认罚案件中被追诉人承担一种“消极的真实义务”是适当的。这与我国《刑事诉讼法》中规定的被追诉人应当“如实回答”的规定精神也十分契合。肯定了被追诉人的这种“消极的真实义务”的存在,同时也就意味着否定了虚假的自认。当然,即便让被追诉人承担“消极的真实义务”,

① 参见李奋飞:《论辩护律师忠诚义务的三个限度》,载《华东政法大学学报》2020年第3期。

② 参见[日]佐藤博史:《刑事辩护的技术与伦理》,于秀峰、张凌译,法律出版社2012年版,第37页。

③ 参见胡云腾:《完善认罪认罚从宽制度改革的几个问题》,载《中国法律评论》2020年第3期。

④ 参见陈光中主编:《刑事诉讼法》(第7版),北京大学出版社2021年版,第97页。

也还是要坚持只有被追诉人口供不能单独定案的原则以及相关的证明标准。

2. 对于口供补强法则的强调

口供补强法则，简言之，即必须有其他独立于口供之外的证据作为补强，否则单凭被追诉人的口供不能认定其有罪。我国《刑事诉讼法》第55条规定的“只有被告人供述，没有其他证据的，不能认定被告人有罪和处以刑法”即为此意。口供补强法则符合马克思主义唯物主义辩证法，具有防止误判、防止偏重自白的诉讼基础。[①] 口供补强法则要求补强证据必须独立于被补强的口供，也即补强证据必须具有独立性。我国立法中并没有明确规定认罪认罚还需要其他外部证据补强，诉讼合意常常使司法人员放松了审查要求。“这就导致在司法实践中有时会对认罪认罚的口供直接放弃补强或采取虚假补强，口供补强法则被架空的风险增大。”[②]

例如，在司法实践中，“检察官只要获得犯罪嫌疑人依法签署的认罪认罚具结书，就可以按照认罪认罚从宽制度提起公诉，至于案件的事实证据是否符合提起公诉的法定要求，完全取决于检察官的个人判断”[③]。庭审过程中，“认罪认罚具结书原本应为控方的证明对象，却被作为了被告人认罪认罚真实性、自愿性和合法性的证明手段”[④]。这似乎陷入了一个以认罪认罚具结书为载体的循环论证的怪圈，案件的真实性成为最终的牺牲品。“被告人认罪供述由‘事实上的供述’转变为‘技术上的供述’，由丰满的‘细节性供述’转变为‘对于起诉事实回应式供述’，进而转变为‘单纯承认有罪的供述’，供述究竟是否真实似乎越来越不重要了。法官往往仅将认罪供述与案卷内容简单比照、印证，即所谓‘口供兑现’，甚至

---

① 参见徐美君：《口供补强法则的基础与构成》，载《中国法学》2003年第6期。

② 张威：《被告人认罪认罚真实性保障机制研究》，载《法商研究》2022年第6期。

③ 孙长永：《中国检察官司法的特点和风险——基于认罪认罚从宽制度的观察与思考》，载《法学评论》2022年第4期。

④ 韩旭：《认罪认罚从宽制度中的量刑建议：确定刑抑或幅度刑》，载《法治研究》2023年第1期。

根据秘定的认罪供述径直定案，不作任何实质性法庭调查。”[①]所以，为了避免陷入“交易型真相”的陷阱，对于认罪认罚案件，应当重视对于非同源性证据对口供内容的补强，不能把讯问笔录、录音录像等与口供同源证据作为口供补强的基础。

三、小结

“失衡”是认罪认罚案件中控辩关系最为显著的特征。“冲突”既是认罪认罚案件中控审关系一个时期以来的表现，也被作为此前异化了的审辩关系加以讨论。“协同”能够为未来的审辩关系指明方向，通过法院职权作用的发挥，能够在对控辩失衡起到一定纠偏作用的同时，更好地保障被追诉人认罪认罚的自愿性、真实性。

---

① 印波：《以宪法之名回归法律文本：德国量刑协商及近期的联邦宪法判例始末》，载《法律科学》2017 年第 5 期。

结　语

有学者曾经预测，未来以认罪认罚从宽制度为代表的合意型司法模式将成为中国刑事司法的主流。[①] 现在，认罪认罚从宽制度常态化实现了 85% 以上的适用率，可以说，未来已来。

对于多数案件而言，庭审不再是刑事诉讼程序的高潮。从根源上来说，“正式的审判制度本身并不是目的，它只是服务于更高层次的社会目的的手段。从社会的角度看，充分发挥当事人的程序主体作用，鼓励被告人以合作换取宽大处理，鼓励当事人自律地设定自己与社会今后的关系，并尽量在程序及其结果中予以反映，这较正式审判具有更为积极的社会效益”[②]。

我国认罪认罚从宽制度正是在这样一种大背景之下积极回应我国刑事司法现实需求的产物。“认罪认罚从宽制度代表着我国从政策性治理到法律程序治理的转变，从权力主导性的治理到权力—权利平衡治理的转变。”[③]从此种意义上而言，认罪认罚从宽制度的确立可以说是近年来我国刑事司法实践中一场影响最为深刻的历史性变革。

诚如有学者所言，“认罪认罚从宽制度的增设，并非刑事诉讼中增设

---

① 参见李训虎：《无社会危险性被追诉人羁押替代性措施强制适用之反思》，载《政治与法律》2018 年第 7 期。

② 魏晓娜：《背叛程序正义：协商性刑事司法研究》，法律出版社 2014 年版，第 134 页。

③ 卫跃宁、李佳威：《刑事诉讼处分原则之“承认”的规范重构》，载《北方法学》2022 年第 4 期。

几个条文那么简单"[①]。制度创新的命运并非取决于那些欣赏规则完备性的法律人,而是主要取决于新制度与其所植根的国情、制度、文化等的兼容性。[②] 诸多关于程序应当如何运作的规定,并不会自动成为刑事诉讼程序中行为模式的一部分,更何况我国的认罪认罚从宽制度在具体适用过程中依然存在模糊地带,还需要经历一个不断调试和完善的过程。

作为一种合意型诉讼模式,就控辩关系而言,重在从"失衡"走向"平衡",如此才能保障认罪认罚的自愿性、诉讼合意的真实性,而这些正是合意型诉讼模式正当性的根基。其实,当被追诉人处于被追究法律责任的状态时,不可能没有压力,这里的自愿性更多指的是一种理性,即被追诉人在对犯罪事实、处罚理由有理性认知的情况下,自由决定是否认罪认罚。[③] 而所谓的"控辩平等"也只是一种"设想",因为"平等当事人"即便在民事领域也很难完全实现。[④] 对此,科学的刑事司法程序建构是:一方面,限制国家刑事司法权的膨胀和刑事司法手段的滥用,实现国家权力的自我抑制;另一方面,赋予被追诉人充分的防御权利,借以抵御国家权力的侵犯。[⑤] 认罪认罚从宽制度中的控辩关系亦应遵循此道。

认罪认罚从宽制度之于控审双方,犹如一个只猜中开头没猜中结尾的"故事",在均知晓该项制度因以审判为中心诉讼制度改革而生的情况下,却没承想对自身会产生如此之巨大的影响。于检察机关而言,被赋予了权力和责任,但能力跟上可能尚需时日;于法院而言,长远看来该项制度的科学运行应于己有利,但在理念上、内心中或一时难以平静接受。或

① 魏晓娜:《认罪认罚从宽制度中的诉辩关系》,载《中国刑事法杂志》2021 年第 6 期。

② 参见曾亚:《认罪认罚从宽制度中的控辩平衡问题研究》,载《中国刑事法杂志》2018 年第 3 期。

③ 参见秦宗文:《检察官在量刑建议制度中的角色定位探究》,载《法商研究》2022 年第 2 期。

④ 参见林钰雄:《刑事诉讼法(总论编)》(上册),中国人民大学出版社 2005 年版,第 63 页。

⑤ 参见谢佑平、万毅:《刑事诉讼法原则:程序正义的基石》,法律出版社 2002 年版,第 176 页。

许，只有在时间的长河中，控审之间才能实现“双向奔赴”，从零和博弈走向纳什均衡。彼时，在中国式现代化的远景中或许能够看到认罪认罚从宽制度流畅的线条。

于审辩关系而言，有别于不认罪案件中控辩平等对抗、法官居中裁判的典型三方构造，认罪认罚案件中，庭审中控辩间的激烈对抗不再，审辩关系呈现退隐之势。其实，对于认罪认罚案件，诉讼的重心已经发生了前移，辩方的意见也已经蕴含在了经由检察机关向法院提出的作为诉讼合意载体的量刑建议中，因此此种隐退之势亦属正常。但鉴于认罪认罚案件中非自愿性风险的存在，审辩间应走向协同以对抗协商过程中控方的压制性，从而有效保障认罪认罚的自愿性、真实性。

总体而言，认罪认罚从宽制度与控辩审三方关系之间存在辩证统一的关系。一方面，随着认罪认罚从宽制度不断完善，控辩审三方关系也会更加科学合理；另一方面，当前，控辩审三方关系在司法实践中仍暴露出不少问题，对这些问题的妥善处理，也会进一步推动认罪认罚从宽制度的不断完善。

最后，所谓“工夫在诗外”，域外的经验告诉我们，刑事协商制度在很大程度上是刑事诉讼正当化达到一定程度的结果。“只有被追诉人有在完整审判程序中获得更加公正严格审判的机会，才有可能在认罪认罚案件中获得公平对待，也才有砝码和资本与控方进行对等协商。”①而我国的认罪认罚从宽制度走的是一种类似“弯道超车”的路子，是在“第三范式”尚未发育成熟的情况下直接迈向“第四范式”，②存在一定风险，所以要靠继续推进以审判为中心的诉讼制度改革，才能倒逼认罪认罚从宽制度更加完善、更好地适用。

---

① 杜磊：《认罪认罚从宽制度适用中的职权性逻辑和协商性逻辑》，载《中国法学》2020年第4期。

② 参见熊秋红：《比较法视野下的认罪认罚从宽制度——兼论刑事诉讼“第四范式”》，载《比较法研究》2019年第5期。

主要参考文献

一、中文著作

1. 习近平:《论坚持全面依法治国》,中央文献出版社 2020 年版。

2. 李心鉴:《刑事诉讼构造论》,中国政法大学出版社 1992 年版。

3. 李文健:《刑事诉讼效率论》,中国政法大学出版社 1999 年版。

4. 谢佑平、万毅:《刑事诉讼法原则:程序正义的基石》,法律出版社 2002 年版。

5. 宋英辉主编:《刑事诉讼原理》,法律出版社 2003 年版。

6. 林钰雄:《刑事诉讼法(总论编)》(上册),中国人民大学出版社 2005 年版。

7. 王兆鹏:《美国刑事诉讼法》,北京大学出版社 2005 年版。

8. 冀祥德:《建立中国控辩协商制度研究》,北京大学出版社 2006 年版。

9. 吴宏耀、种松志主编:《中国刑事诉讼法典百年(1906 年 ~ 2012 年)》(中册),中国政法大学出版社 2012 年版。

10. 施鹏鹏:《法律改革,走向新的程序平衡?》,中国政法大学出版社 2013 年版。

11. 魏晓娜:《背叛程序正义:协商性刑事司法研究》,法律出版社 2014 年版。

12. 刘计划:《控审分离论》,法律出版社 2013 年版。

13. 叶青主编:《刑事诉讼法学》(第 2 版),中国人民大学出版社 2014

年版。

14. 王兆鹏:《新刑诉·新思维》,中国检察出版社 2016 年版。

15. 王爱立主编:《中华人民共和国刑事诉讼法释义》,法律出版社 2018 年版。

16. 冀祥德:《控辩平等论》(第 2 版),法律出版社 2018 年版。

17. 陈光中主编:《公正审判与认罪协商》,法律出版社 2018 年版。

18. 彭海青等编著:《德国司法危机与改革——中德司法改革比较与相互启示》,法律出版社 2018 年版。

19. 胡云腾主编:《认罪认罚从宽制度的理解与适用》,人民法院出版社 2018 年版。

20. 童建明主编:《〈人民检察院组织法〉学习读本》,中国检察出版社 2019 年版。

21. 邓子滨:《刑事诉讼原理》,北京大学出版社 2019 年版。

22. 孙谦主编:《认罪认罚从宽制度实务指南》,中国检察出版社 2019 年版。

23. 张晋藩:《中国法律的传统与近代转型》(第 4 版),法律出版社 2019 年版。

24. 陈瑞华:《刑事审判原理论》(第 3 版),法律出版社 2020 年版。

25. 童建明、万春主编:《〈人民检察院刑事诉讼规则〉理解与适用》,中国检察出版社 2020 年版。

26. 陈国庆主编:《认罪认罚从宽制度司法适用指南》,中国检察出版社 2020 年版。

27. 陈瑞华:《比较刑事诉讼法》(第 2 版),北京大学出版社 2021 年版。

28. 韩旭:《认罪认罚从宽制度研究》,中国政法大学出版社 2020 年版。

29. 童建明主编:《检察视角下的中外司法制度》,中国检察出版社 2021 年版。

30. 陈瑞华:《刑事诉讼法》,北京大学出版社 2021 年版。

31. 张军、姜伟、田文昌:《新控辩审三人谈》,北京大学出版社 2020 年版。

32. 孙长永主编:《中国刑事诉讼法制四十年:回顾、反思与展望》,中国政法大学出版社 2021 年版。

33. 最高人民法院刑事审判第一、二、三、四、五庭编:《刑事审判参考》总第 127 辑,人民法院出版社 2021 年版。

34. 李少平主编:《最高人民法院关于适用〈中华人民共和国刑事诉讼法〉的解释理解与适用》,人民法院出版社 2021 年版。

35. 闫召华:《合作式司法的中国模式:认罪认罚从宽研究》,中国政法大学出版社 2022 年版。

36. 喻海松:《刑事诉讼法修改与司法适用疑难解析》,北京大学出版社 2021 年版。

二、译著

1. [美]马丁·P. 戈尔丁:《法律哲学》,齐海滨译,生活·读书·新知三联书店 1987 年版。

2. [美]约翰·罗尔斯:《正义论》,何怀宏、何包钢、廖申白译,中国社会科学出版社 1988 年版。

3. [美]拜尔等:《法律的博弈分析》,严旭阳译,法律出版社 1999 年版。

4. [美]迈克尔·D. 贝勒斯:《法律的原则——一个规范的分析》,张文显等译,中国大百科全书出版社 1996 年版。

5. [法]卡斯东·斯特法尼等:《法国刑事诉讼法精义》,罗结珍译,中国政法大学出版社 1999 年版。

6.《法国刑事诉讼法典》,余叔通、谢朝华译,中国政法大学出版社 1997 年版。

7. [美]E. 博登海默:《法理学:法律哲学与法律方法》,邓正来译,中国政法大学出版社 1999 年版。

8. [日]田口守一:《刑事诉讼法》,刘迪等译,法律出版社 2000 年版。

9. [德]托马斯·魏根特:《德国刑事诉讼程序》,岳礼玲、温小洁译,中国政法大学出版社 2004 年版。

10. [德]卡尔·拉伦茨:《法学方法论》,陈爱娥译,商务印书馆 2003 年版。

11. [美]约翰·亨利·梅利曼:《大陆法系》,顾培东、禄正平译,法律出版社 2004 年版。

12. [意]莫诺·卡佩莱蒂:《比较法视野中的司法程序》,徐昕、王奕译,清华大学出版社 2005 年版。

13. [美]迈克尔·D. 贝勒斯:《程序正义——向个人的分配》,邓海平译,高等教育出版社 2005 年版。

14. [英]麦高伟等:《陪审制度与辩诉交易——一部真实的历史》,陈碧等译,中国检察出版社 2006 年版。

15. [日]松尾浩也:《日本刑事诉讼法》(上卷)(新版),丁相顺、张凌译,中国人民大学出版社 2005 年版。

16. [美]约书亚·德雷斯勒、艾伦·C. 迈克尔斯:《美国刑事诉讼法精解:第一卷·刑事侦查》(第 4 版),吴宏耀译,北京大学出版社 2009 年版。

17. [美]约书亚·德雷斯勒、艾伦·C. 迈克尔斯:《美国刑事诉讼法精解:第二卷·刑事审判》(第 4 版),魏晓娜译,北京大学出版社 2009 年版。

18. [美]肯尼斯·卡尔普·戴维斯:《裁量正义》,毕洪海译,商务印书馆 2009 年版。

19. [日]田口守一:《刑事诉讼的目的》,张凌、于秀峰译,中国政法大学出版社 2011 年版。

20. [英]肯·宾默尔:《自然正义》,李晋译,上海财经大学出版社

2010 年版。

21. [美]卡罗尔·S. 斯泰克编:《刑事程序故事》,吴宏耀等译,中国人民大学出版社 2012 年版。

22. [美]安吉娜·J. 戴维斯:《专横的正义:美国检察官的权力》,李昌林、陈川陵译,中国法制出版社 2012 年版。

23. [美]乔治·费希尔:《辩诉交易的胜利——美国辩诉交易史》,郭志媛译,中国政法大学出版社 2012 年版。

24. [美]虞平、郭志媛编译:《争鸣与思辨:刑事诉讼模式经典论文选译》,北京大学出版社 2013 年版。

25. [美]马尔科姆·M. 菲利:《程序即是惩罚——基层刑事法院的案件处理》,魏晓娜译,中国政法大学出版社 2014 年版。

26. [美]米尔伊安·R. 达玛什卡:《司法和国家权力的多种面孔:比较视野中的法律程序》(修订版),郑戈译,中国政法大学出版社 2015 年版。

27. [美]艾瑞克·卢拉、[英]玛丽安·L. 韦德主编:《跨国视角下的检察官》,杨先德译,法律出版社 2016 年版。

28.《世界各国刑事诉讼法》编辑委员会编译:《世界各国刑事诉讼法》,中国检察出版社 2016 年版。

29. [美]戴维·T. 约翰逊:《日本刑事司法的语境与特色:以检察起诉为例》,林喜芬等译,上海交通大学出版社 2017 年版。

30. [美]斯蒂芬诺斯·毕贝斯:《庭审之外的辩诉交易》,杨先德、廖钰译,中国法制出版社 2018 年版。

31. [瑞士]古尔蒂斯·里恩:《美国和欧洲的检察官——瑞士、法国和德国的比较分析》,王新玥等译,法律出版社 2019 年版。

32. [日]田口守一:《刑事诉讼法》(第 7 版),张凌、于秀峰译,法律出版社 2019 年版。

33. [美]琼·E. 雅各比、爱德华·C. 拉特利奇:《检察官的权力——刑事司法系统的守门人》,张英姿、何湘萍等译,法律出版社 2020 年版。

34. [法]菲利普·米尔本等:《法国检察官:司法使命与政治功能》,刘林呐、单春雪译,中国检察出版社2021年版。

35. [德]汉斯-约格·阿尔布莱希特、魏武编译:《德国检察纵论》,中国检察出版社2021年版。

36. [德]托马斯·魏根特:《德国刑事程序法原理》,江溯等译,中国法制出版社2021年版。

三、论文

1. 汪建成:《辩诉交易的理论基础》,载《政法论坛》2002年第6期。

2. 田平安、刘春梅:《试论协同型民事诉讼模式的建立》,载《现代法学》2003年第1期。

3. 徐美君:《口供补强法则的基础与构成》,载《中国法学》2003年第6期。

4. 刘梅湘:《犯罪嫌疑人知悉权初探》,载《国家检察官学院学报》2004年第4期。

5. 肖建华:《构建协同主义的民事诉讼模式》,载《政法论坛》2006年第5期。

6. 唐力:《辩论主义的嬗变与协同主义的兴起》,载《现代法学》2005年第6期。

7. 朱孝清:《检察官客观公正义务及其在中国的发展完善》,载《中国法学》2009年第2期。

8. 朱孝清:《论量刑建议》,载《中国法学》2010年第3期。

9. 杨波:《被追诉人阅卷权探究——以阅卷权权属为基点的展开》,载《当代法学》2012年第1期。

10. 陈瑞华:《论被告人的阅卷权》,载《当代法学》2013年第3期。

11. 亢晶晶:《协同主义诉讼模式在刑事诉讼中的导入——兼谈我国控辩审关系的反思与重构》,载《法律科学(西北政法大学学报)》2015年第 3 期。

12. 佀化强:《事实认定“难题”与法官独立审判责任落实》,载《中国法学》2015 年第 6 期。

13. 陈卫东:《认罪认罚从宽制度研究》,载《中国法学》2016 年第 2 期。

14. 朱孝清:《认罪认罚从宽制度的几个问题》,载《法治研究》2016 年第 5 期。

15. 陈光中、马康:《认罪认罚从宽制度若干重要问题探讨》,载《法学》2016 年第 8 期。

16. 胡铭:《认罪协商程序:模式、问题与底线》,载《法学》2017 年第 1 期。

17. 亢晶晶:《说服与判断:审辩关系的异化及回归——以“商谈理论”为视角》,载《河南大学学报(社会科学版)》2017 年第 3 期。

18. 李章仙:《刑事审辩关系:模式的异化与回归》,载《学术交流》2017 年第 4 期。

19. 秦宗文:《认罪认罚从宽制度的效率实质及其实现机制》,载《华东政法大学学报》2017 年第 4 期。

20. 王戬:《认罪认罚从宽的程序性推进》,载《华东政法大学学报》2017 年第 4 期。

21. 印波:《以宪法之名回归法律文本:德国量刑协商及近期的联邦宪法判例始末》,载《法律科学》2017 年第 5 期。

22. 姚莉:《认罪认罚程序中值班律师的角色与功能》,载《法商研究》2017 年第 6 期。

23. 赵恒:《论从宽的正当性基础》,载《政治与法律》2017 年第 11 期。

24. 叶青:《认罪认罚从宽制度的若干程序展开》,载《法治研究》2018 年第 1 期。

25. 孙长永:《认罪认罚案件的证明标准》,载《法学研究》2018 年第 1 期。

26. 樊崇义:《认罪认罚从宽协商程序的独立地位与保障机制》,载《国家检察官学院学报》2018 年第 1 期。

27. 韩旭:《认罪认罚从宽制度中的值班律师——现状考察、制度局限以及法律帮助全覆盖》,载《政法学刊》2018 年第 2 期。

28. 曾亚:《认罪认罚从宽制度中的控辩平衡问题研究》,载《中国刑事法杂志》2018 年第 3 期。

29. 张泽涛:《值班律师制度的源流、现状及其分歧澄清》,载《法学评论》2018 年第 3 期。

30. 卞建林、谢澍:《认罪认罚从宽与台湾地区刑事协商之比较研究》,载《法学杂志》2018 年第 5 期。

31. 郭松:《被追诉人的权利处分:基础规范与制度构建》,载《法学研究》2019 年第 1 期。

32. 魏晓娜:《结构视角下的认罪认罚从宽制度》,载《法学家》2019 年第 2 期。

33. 蔡元培:《从控辩协商走向辩审协商:我国认罪协商制度之反思》,载《大连理工大学学报(社会科学版)》2019 年第 2 期。

34. 曹东:《论检察机关在认罪认罚从宽制度中的主导作用》,载《中国刑事法杂志》2019 年第 3 期。

35. 孙长永:《认罪认罚从宽制度的基本内涵》,载《中国法学》2019 年第 3 期。

36. 陈学权:《论被追诉人本人的阅卷权》,载《法商研究》2019 年第 4 期。

37. 陈瑞华:《刑事诉讼的公力合作模式——量刑协商制度在中国的兴起》,载《法学论坛》2019 年第 4 期。

38. 张建伟:《检察机关主导作用论》,载《中国刑事法杂志》2019 年第 6 期。

39. 闫召华:《听取意见式司法的理性建构——以认罪认罚从宽制度为中心》,载《法制与社会发展》2019 年第 4 期。

40. 熊秋红:《比较法视野下的认罪认罚从宽制度——兼论刑事诉讼“第四范式”》,载《比较法研究》2019年第5期。

41. 陈国庆:《量刑建议的若干问题》,载《中国刑事法杂志》2019年第5期。

42. 张军:《关于检察工作的若干问题》,载《国家检察官学院学报》2019年第5期。

43. 樊崇义:《刑事诉讼模式的转型——评〈关于适用认罪认罚从宽制度的指导意见〉》,载《中国法律评论》2019年第6期。

44. 苗生明、周颖:《认罪认罚从宽制度适用的基本问题——〈关于适用认罪认罚从宽制度的指导意见〉的理解和适用》,载《中国刑事法杂志》2019年第6期。

45. 万毅:《论检察官在刑事程序中的主导地位及其限度》,载《中国刑事法杂志》2019年第6期。

46. 汪海燕:《认罪认罚从宽制度中的检察机关主导责任》,载《中国刑事法杂志》2019年第6期。

47. 闵春雷:《回归权利:认罪认罚从宽制度的适用困境及理论反思》,载《法学杂志》2019年第12期。

48. 宋善铭:《认罪认罚从宽案件中法官作用的实证研究》,载《法律适用》2019年第13期。

49. 赵恒:《法官参与认罪认罚案件具结活动的模式和法律制度前瞻》,载《政治与法律》2021年第1期。

50. 林喜芬:《论量刑建议制度的规范结构与模式——从〈刑事诉讼法〉到〈指导意见〉》,载《中国刑事法杂志》2020年第1期。

51. 吴思远:《我国控辩协商模式的困境及转型——由“确认核准模式”转向“商谈审查模式”》,载《中国刑事法杂志》2020年第1期。

52. 卞建林、陶加培:《认罪认罚从宽制度中的量刑建议》,载《国家检察官学院学报》2020年第1期。

53. 龙宗智:《完善认罪认罚从宽制度的关键是控辩平衡》,载《环球法律评论》2020 年第 2 期。

54. 张建伟:《协同型司法:认罪认罚从宽制度的诉讼类型分析》,载《环球法律评论》2020 年第 2 期。

55. 郭烁:《控辩主导下的“一般应当”:量刑建议的效力转型》,载《国家检察官学院学报》2020 年第 3 期。

56. 董坤:《认罪认罚案件量刑建议精准化与法院采纳》,载《国家检察官学院学报》2020 年第 3 期。

57. 韩旭:《认罪认罚从宽制度实施检察机关应注意避免的几种倾向》,载《法治研究》2020 年第 3 期。

58. 李奋飞:《论“确认式庭审”——以认罪认罚从宽制度的入法为契机》,载《国家检察官学院学报》2020 年第 3 期。

59. 郭烁:《在自愿与真实之间:美国阿尔弗德答辩的启示》,载《当代法学》2020 年第 4 期。

60. 闫召华:《检察主导:认罪认罚从宽程序模式的构建》,载《现代法学》2020 年第 4 期。

61. 杜磊:《认罪认罚从宽制度适用中的职权性逻辑和协商性逻辑》,载《中国法学》2020 年第 4 期。

62. 左卫民:《量刑建议的实践机制:实证研究与理论反思》,载《当代法学》2020 年第 4 期。

63. 叶青、韩东成:《轻罪刑事政策下认罪认罚从宽制度的司法适用程序若干问题研究》,载《中国刑事法杂志》2020 年第 5 期。

64. 闫召华:《辩护冲突中的意见独立原则:以认罪认罚案件为中心》,载《法学家》2020 年第 5 期。

65. 魏晓娜:《冲突与融合:认罪认罚从宽制度的本土化》,载《中外法学》2020 年第 5 期。

66. 闵丰锦:《检察主导抑或审判中心:认罪认罚从宽制度中的权力冲突与交融》,载《法学家》2020 年第 5 期。

67. 王迎龙:《协商性刑事司法错误:问题、经验与应对》,载《政法论坛》2020 年第 5 期。

68. 王新清:《合意式刑事诉讼论》,载《法学研究》2020 年第 6 期。

69. 郭烁:《认罪认罚背景下屈从型自愿的防范——以确立供述失权规则为例》,载《法商研究》2020 年第 6 期。

70. 李奋飞:《论认罪认罚量刑建议与量刑裁决的良性互动》,载《暨南学报(哲学社会科学版)》2020 年第 12 期。

71. 孙远:《"一般应当采纳"条款的立法失误及解释论应对》,载《法学杂志》2020 年第 6 期。

72. 朱孝清:《刑事正当程序视野下的认罪认罚从宽制度》,载《法学》2020 年第 8 期。

73. 刘泊宁:《认罪认罚从宽制度中司法承诺之考察》,载《法学》2020 年第 12 期。

74. 龙宗智:《检察官客观公正义务的理据与内容》,载《人民检察》2020 年第 13 期。

75. 孙长永:《认罪认罚从宽制度实施中的五个矛盾及其化解》,载《政治与法律》2021 年第 1 期。

76. 印波:《绩效考核指标对刑事程序法治的冲击与反制》,载《法学论坛》2021 年第 2 期。

77. 韩轶:《认罪认罚案件中的控审冲突及其调和》,载《法商研究》2021 年第 2 期。

78. 路旸:《"检察主导"的内涵辨析、权力构成与实践趋势》,载《中国政法大学学报》2021 年第 3 期。

79. 韩旭:《认罪认罚从宽案件中有效法律帮助问题研究》,载《法学杂志》2021 年第 3 期。

80. 胡莲芳:《刑事诉讼构造的系统化研究——兼析传统"三方诉讼构造"对刑事诉讼实践的分析缺陷》,载《法学论坛》2021 年第 3 期。

81. 陈实:《认罪认罚案件量刑建议的争议问题研究》,载《法商研究》2021 年第 4 期。

82. 左卫民:《刑事诉讼中的“人”:一种主体性研究》,载《中国法学》2021年第5期。

83. 陈实:《论认罪认罚案件量刑从宽的刑事一体化实现》,载《法学家》2021年第5期。

84. 施鹏鹏:《认罪认罚从宽的类型化与制度体系的再梳理》,载《比较法研究》2021年第5期。

85. 魏晓娜:《认罪认罚从宽制度中的诉辩关系》,载《中国刑事法杂志》2021年第6期。

86. 王迎龙:《认罪认罚从宽制度中的控审构造》,载《中国刑事法杂志》2021年第6期。

87. 叶青:《程序正义视角下认罪认罚从宽制度中的检察机关沟通之维》,载《政治与法律》2021年第12期。

88. 顾永忠:《〈法律援助法〉立法历程中的六个重要问题》,载《中国检察官》2021年第19期。

89. 熊秋红:《〈法律援助法〉的三点归纳和两点讨论》,载《中国检察官》2021年第19期。

90. 卞建林:《认罪认罚案件审理程序的若干问题》,载《中国刑事法杂志》2022年第1期。

91. 胡铭:《认罪认罚案件中的量刑协商和量刑建议》,载《当代法学》2022年第2期。

92. 杨波:《刑事诉讼事实形成机理探究》,载《中国法学》2022年第2期。

93. 秦宗文:《检察官在量刑建议制度中的角色定位探究》,载《法商研究》2022年第2期。

94. 刘泊宁:《我国控辩协商程序的规范进路:以认罪认罚案件为视角》,载《法学》2022年第2期。

95. 王禄生:《我国司法改革的内卷化风险及其治理》,载《法商研究》2022年第3期。

96. 孙长永:《中国检察官司法的特点和风险——基于认罪认罚从宽制度的观察与思考》,载《法学评论》2022 年第 4 期。

97. 卫跃宁、李佳威:《刑事诉讼处分原则之“承认”的规范重构》,载《北方法学》2022 年第 4 期。

98. 陈子奇:《论认罪认罚案件证据开示的两种逻辑》,载《法律科学(西北政法大学学报)》2022 年第 4 期。

99. 龙宗智:《认罪认罚案件如何实现“以审判为中心”》,载《中国应用法学》2022 年第 4 期。

100. 陈文聪:《论审判中心主义改革与认罪认罚从宽制度的关系》,载《华东政法大学学报》2022 年第 5 期。

101. 张威:《被告人认罪认罚真实性保障机制研究》,载《法商研究》2022 年第 6 期。

102. 韩旭、李唐宁澜:《值班律师提供法律帮助活动记录随案移送具体规则的构建》,载《人民检察》2022 年第 14 期。

四、报纸文章

1. 周斌、蔡长春:《借鉴诉辩交易元素试点认罪从宽制度》,载《法制日报》2016 年 1 月 23 日。

2. 施鹏鹏、褚侨:《德国刑事协商制度的新动态》,载《检察日报》2019 年 4 月 3 日。

3. 卞建林:《多重角色决定检察机关在认罪认罚从宽中承担主导责任》,载《检察日报》2019 年 4 月 22 日。

4. 熊秋红:《域外检察机关作用差异与自由裁量权相关》,载《检察日报》2019 年 4 月 22 日。

5. 卞建林:《认罪认罚从宽制度赋予量刑建议全新内容》,载《检察日报》2019 年 7 月 29 日。

6. 陈卫东:《刑诉中检察主导地位:形成、发展与未来——评〈美国和欧洲的检察官〉》，载《检察日报》2019 年 8 月 21 日。

7. 朱孝清：《检察机关在认罪认罚从宽制度中的地位和作用》，载《检察日报》2019 年 5 月 13 日。

8. 朱孝清：《认罪认罚从宽制度对检察机关和检察制度的影响》，载《检察日报》2019 年 5 月 28 日。

9. 樊崇义：《我国当代刑事诉讼模式的转型图景》，载《检察日报》2019 年 12 月 25 日。

10.《关于认真学习贯彻十三届全国人大常委会第二十二次会议对〈最高人民检察院关于人民检察院适用认罪认罚从宽制度情况的报告〉的审议意见的通知》，载《检察日报》2020 年 12 月 11 日。

11. 张连刚：《开之有“度”示之有“法”》，载《检察日报》2021 年 3 月 20 日。

12. 韩旭：《认罪认罚案件中证据开示制度的构建》，载《检察日报》2021 年 9 月 8 日。

13. 卞建林、钱程：《关注诉讼制度改革实施　健全刑事程序法治体系》，载《检察日报》2022 年 1 月 5 日。

14. 卞建林：《深化刑事司法改革提供更优法治产品》，载《检察日报》2022 年 10 月 10 日。

15. 陈国庆：《新时代中国刑事司法改革取得历史性进展》，载《检察日报》2022 年 10 月 10 日。